Itinerario Descriptivo Militar De España: Cataluña Y Valencia, Volume 4...

Cuerpo de Estado Mayor del Ejercito

ITINERARIO
DESCRIPTIVO MILITAR DE ESP

FORMADO Y PUBLICADO POR EL DEPÓSITO DE LA GUERRA,

CON LOS DATOS RECOGIDOS SOBRE EL CAMPO,

POR EL CUERPO DE ESTADO MAYOR DEL EJÉRCITO.

TOMO IV.

CATALUÑA Y VALENCIA.

MADRID.—1866.

IMPRENTA Y ESTEREOTIPIA DE M. RIVADENEYRA, IMPRESOR DEL DEPÓSITO DE LA GUERRA,
calle del Duque de Osuna, número 3.

CAPITANÍA GENERAL

DE

CATALUÑA.

NÚMERO 500.

DE BARCELONA Á MADRID

POR LÉRIDA, ZARAGOZA, CALATAYUD Y GUADALAJARA.—*V. Núm.*

26 etapas.—618 kilómetros.

RESÚMEN POR ETAPAS.

	Núm.	Kilóm.
De Barcelona á Molins de Rey.	1	14,5
» Esparraguera.	2	22,5
» Igualada.	3	29
» Cervera..	4	35
» Mollerusa.	5	33,5
» Lérida.	6	22,5
» Fraga.	7	26,5
» Candasnos..	8	25
» Bujaralóz.	9	18
» Osera.	10	38,5
» Puebla de Alfinden.	11	18
» Zaragoza.	12	13,5
» La Muela.	13	23
Suma y sigue. . .		319,5

		Núm.	Kilóm.
	Suma anterior. . .		319,5
De Barcelona á	La Almunia de Doña Godina. .	14	26
»	El Frasno.	15	16,5
»	Calatayud.	16	19,5
»	Ateca.	17	14,5
»	Ariza.	18	27,5
»	Somaen..	19	28,5
»	Alcolea del Pinar.	20	31
»	Algora.	21	22,5
»	Trijueque.	22	34,5
»	Guadalajara.	23	22
»	Alcalá de Henares.	24	26
»	Torrejon de Ardoz.	25	10
»	Madrid.	26	20
	Total.	26	618

NÚMERO 501.

DE BARCELONA Á GERONA.

5 etapas.—106,5 kilómetros.

RESÚMEN POR ETAPAS.

	Núm.	Kilóm.
De Barcelona á Masnou.	1	17,5
» Mataró.	2	14
» Calella.	3	23
» Vidreras (2 k. *d.*).	4	29
» Gerona.	5	23
TOTAL.	5	106,5

PUEBLOS.	Vecindario.	Distancia en kilómetros.	Número de etapas.	OBSERVACIONES DE LOS PUEBLOS.	OBSERVACIONES DEL CAM
Taulat, *barr.* de Barcelona. . .	»	4,0	1ª	Regulares condiciones para alojamiento de tropas.	Forma parte, con los *números* 5 y órden de Madrid á la Junquera, q Perpignan.
San Adrian de Besós, *v.* (*i.*). . .	59	4,0		Poca capacidad y cortos recursos.	
Badalona, *v.*	1910	2,5		Buenas condiciones para alojamiento	La carretera recorre un terreno l

PUEBLOS.	Vecindario.	Distancia en kilómetros.	Número de etapas.	OBSERVACIONES DE LOS PUEBLOS.	OBSERVACIONES DEL (
				de infantería; carece de cuadras; tiene estacion en el ferro-carril de Barcelona á Gerona por el litoral.	do por acequias de riego y va separan los diferentes cultivos lona y Masnou. A 7,5 k. se va
Mongat, *barr.* de Tiana. . . .	80	3,5	1ª	Poca capacidad y cortos recursos; tiene estacion en el mismo ferro-carril.	
Masnou, *l.*.	958	3,5	1ª	Buenas condiciones para alojamiento de infantería; carece de cuadras; tiene estacion en el ferro-carril citado.	
Premiá de Mar, *l.*	302	4,0	2ª	Regulares condiciones para alojamiento; carece de cuadras, y lo mismo el siguiente.	Tres k. ántes de Mataró pas rio y el Besós están casi sien avenidas, que dificultan el pa
Vilasar de Mar, *l.*.	701	3,5	2ª		
Mataró, *c.*	3498	6,5	2ª	Buenas. Los tres pueblos de esta etapa tienen estacion en el ferro-carril citado, y en Mataró la hay telegráfica, de servicio de dia, completo. Mataró es fondeadero y está en construcion un muelle; dista 15,5 millas de Barcelona, y el tráfico entre ambos puntos es de cabotaje.	La carrretera sigue muy p desde Badalona, y entre amb celona á Gerona por el litoral da, la carretera en construcci
Caldas de Estrach ó Caldetas, *l.* .	125	7,5	3ª	Poca capacidad y cortos recursos; tiene establecimiento de baños salino-termales, y estacion en el ferro-carril citado, así como los demas pueblos de esta etapa.	Continúa á la orilla del m por algunas rieras y barranc tes cultivos. En Arenys arran Sant-Celoni (núm. 545).
Arenys de Mar, *v.*	1105	3,0	3ª	Buenas. Carece de cuadras para caba-	

PUEBLOS.	Vecindario.	Distancia en kilómetros.	Número de etapas.	OBSERVACIONES DE LOS PUEBLOS.	OBSERVACIONES DEL CAM…
				lleria, así como los demas pueblos de esta etapa.	
Canet de Mar, *v.*	724	4,0	3ª	Buenas condiciones para alojamiento.	
San Pol de Mar, *v.*	308	4,5		Regulares.	
Calella, *v.*	774	4,0		Buenas. Tiene un faro de tercer órden.	
Pineda, *v.*	400	3,5	4ª	Buenas. Carece de cuadras, así como los demas pueblos de esta etapa. Tiene estacion en el ferro-carril á Gerona por el litoral.	Sigue, como en las etapas anteri… ráneo hasta Malgrat, que se separa… da, y el terreno se accidenta más. A… la derecha, el camino á Castellon d… Tordera se cruza el de Blanes á Vic… del mismo nombre por vado. Este ri… es propenso á avenidas, que impid… las provincias de Barcelona y Geron… Despues de cruzar el Tordera se a… toral. Pasado Tordera, las estribaci… que está á la derecha, accidentan el… blemente ántes de llegar á Vidreras… la derecha, un camino á Tosa (*núm.*… siguiente hay que recorrer, ademas… en la casilla correspondiente, los d… de la carretera.
Santa Susana, *l.* (0,5 k. *i.*). . .	108	2,0		Regulares.	
Malgrat, *v.* (0,5 k. *d.*).. . . .	771	3,0		Buenas. Tiene estacion en el citado ferro-carril.	
Palafolls, *l.* (1 k. *i.*)..	207	1,0		Regulares.	
Tordera, *v.*	676	6,5		Buenas. Tiene estacion en el ferro-carril indicado.	
Vidreras, *l.* (2 k. *d.*).	374	13,0		Buenas.	
Franciach, *l.* (0,5 k. *d.*). . . .	60	11,0	5ª	Poca capacidad y cortos recursos, y lo mismo el siguiente.	Atraviesa un terreno llano, cubie… vo, y pasa algunas rieras y arroyos… en las inmediaciones de las ventas…
Santa Eugenia, *l.* (0,5 k. *i.*). . .	53	10,5			
Gerona, *c.*	3020	1,5		Capital de la provincia. Tiene estacion	

PUEBLOS.	Vecindario.	Distancia en kilómetros.	Número de etapas.	OBSERVACIONES DE LOS PUEBLOS.	OBSERVACIONES DEL (
				en el ferro-carril de Barcelona por el interior y por la costa. Es plaza de guerra, pasa por ella el rio Onyá, sobre el que hay tres puentes, y tiene estacion telegráfica, de servicio de dia, completo.	camino de Lloret de Mar á San á 8,5 empalma, por la izquierd *mero* 544), y á 19 el de Vich á (

NÚMERO 502.

DE BARCELONA Á TARRAGONA POR VILLAFRANCA DEL PANA

4 etapas.—94 kilómetros.

RESÚMEN POR ETAPAS.

	Núm.	Kilóm.
De Barcelona á Molins de Rey.	1	14,5
» Villafranca del Panadés. . . .	2	32
» Torredembarra.	3	34
» Tarragona.	4	13,5
TOTAL.	4	94

PUEBLOS.	Vecindario.	Distancia en kilómetros.	Número de etapas.	OBSERVACIONES DE LOS PUEBLOS.	OBSERVACIONES DEL CA
De Barcelona á Molins de Rey. .	»	14,5	1	V. *Núm.* 5.	Es carretera de primer órden, na á Valencia. Arranca á la derec (*núm.* 5), entre Molins de Rey y Pa

PUEBLOS.	Vecindario.	Distancia en kilómetros.	Número de etapas.	OBSERVACIONES DE LOS PUEBLOS.	DEL (
Cervelló, *v.*	99	6.0	2ª	Villafranca del Panadés es poblacion cerrada, y reune buenas condiciones para alojamiento. No sucede lo mismo á los demas pueblos de esta etapa, por su corta capacidad y escasos recursos. La expresada villa tiene estacion en el ferro-carril de Barcelona á Valencia.	Desde el arranque empieza l pendiente al principio, y más f vado, por los montes de Ordal del barranco de Vallirana, que y se atraviesa diferentes veces j de Vallirana empieza el descer vertientes; entra en terreno on tinúa hasta Villafranca, de do mino á Tarrasa, y cruza el de Vil
Vallirana, *v.*	241	2,5			
San Estéban de Ordal, *l.* (0,5 k. *d.*).	72	10,5			
Cantallops, *l.*	24	4,5			
San Cugat Sasgarrigas, *l.* (0,5 k. *d.*).	126	4,5			
Villafranca del Panadés, *v.* . . .	1299	4,0			
Monjós, *l.*	42	4,5	3ª	Vendrell y Torredembarra tienen buenas condiciones para alojamiento, y regulares Arbós; los demas pueblos son de corta capacidad y escasos recursos.	Desciende suavemente por para pasar, á 5 k. de Monjós, p Arbós, límite por esta parte d Tarragona; y el ferro-carril de despues con fuerte pendiente l cender á la riera de Vendrell, núa por terreno ondulado, cub ma al Mediterráneo, hasta Torr el ferro-carril de Barcelona á ' da, un camino á aquella capita derecha se separan los que cor (*números* 588, 589 y 581).
Santa Margarita, *l.* (0,5 k. *i.*). .	70	»			
Arbós, *v.*	339	7,0		Escasea el agua, que es de cisterna ó de un pozo próximo.	
Gornal, *ald.*	85	1,5			
Bellvey, *l.*	190	2,0			
Vendrell, *v.*	1150	4,5			
Creixell, *l.* (0,5 k. *d.*).	141	11,0			
Clará, *l.* (*d.*).	14	2,0			
Torredembarra, *v.*	405	1,5		Es poblacion cerrada.	
Altafulla, *v.*	238	2,0	4ª	Regulares condiciones para alojamiento.	Continúa por terreno ligera tivos cercados y á corta distan bastante en Molnás. A 1 k. de puente de piedra, de tres arcos cha, un camino á Igualada (*nú*
Ferran, *l.* (0,5 k. *d.*).	17	1,0		Poca capacidad y cortos recursos, y lo mismo el siguiente.	
Molnás-Término (0,5 k. *d.*). . .	22	5,5			
Tarragona, *c.*	3705	5,0		Capital de la provincia y plaza de	

BARCELONA Á TARRAGONA.

PUEBLOS.	Vecindario.	Distancia en kilómetros.	Número de etapas.	OBSERVACIONES DE LOS PUEBLOS.	DEL CA[MINO]
				guerra. Tiene estacion en el ferro-carril á Barcelona, á Valencia y en el de Lérida, y telegráfica, de servicio permanente. Es puerto de mar y tiene un faro de sexto órden. En aquel tocan semanalmente dos vapores, que hacen el servicio entre Barcelona y Tortosa, distando Tarragona 49 millas del primer punto y 68,5 del segundo; de esta última distancia se recorren por mar 44 hasta los Alfaques, y las 24,5 restantes por el Ebro; dichos vapores hacen escala en Villanueva y la Geltrú, distante 24 millas de Barcelona y 25 de Tarragona. Ademas suelen arribar á Tarragona, pero sin dia fijo, algunos vapores de los que hacen servicio entre los distintos puertos del Mediterráneo, y los cuales tocan en Valencia, distante 138 millas.	

NÚMERO 503.

DE BARCELONA Á TARRAGONA POR LA COSTA.

4 etapas.—94,5 kilómetros.

RESÚMEN POR ETAPAS.

	Núm.	Kilóm.
De Barcelona á San Baudilio de Llobregat. . .	1	11
» Sitges.	2	28
» Vendrell..	3	27,5
» Tarragona.	4	28
TOTAL.	4	94,5

PUEBLOS.	Vecindario.	Distancia en kilómetros.	Número de etapas.	OBSERVACIONES DE LOS PUEBLOS.	DE
					Arranca, á la derecha de (*núm.* 5), 1 k. ántes de esta De Barcelona á Vendrell s de segundo órden, de la que lómetros.

PUEBLOS.	Vecindario.	Distancia en kilómetros.	Número de etapas.	OBSERVACIONES DE LOS PUEBLOS.	OBSERVACIONES DEL CAMI
Hostafranchs, *cas.* de Barcelona.	1249	1,5	1ª	Buenas condiciones para alojamiento de tropas.	La carretera está concluida en esta ligeramente ondulado, sin accidente cha el camino de hierro de Barcelor en San Baudilio se vadea el rio Llo un estrecho puente de madera sobre mente para infantería y á la desfilad
Bordeta, *ald.*	37	1,5		Poca capacidad; tiene estacion en el ferro-carril de Valencia, así como los dos pueblos siguientes.	
Hospitalet, *v.*	500	3,0		Regulares condiciones para alojamiento, así como el siguiente.	
Cornellá, *v.*	311	2,5			
San Boy de Llobregat (San Baudilio), *v.*	594	2,5		Buenas.	
Viladecans, *v.*.	246	4,5	2ª	Regulares condiciones para alojamiento, así como la villa siguiente.	De San Baudilio hay dos caminos, poblacion; uno de mejores condicio mediacion de un canal de riego, q puentes de madera; el otro, más di natural, abierto en terreno ondulado por las montañas de Vall-Grasa, Emp viesa ántes de Castell várias rieras s fuertes avenidas. Desde este último p difícil tránsito en 5 k., por lo arenisco por seguir muy inmediato á la costa montes de Garraf. Las vertientes de estremo difíciles y áun peligrosos, co
Gabá, *v.*.	260	1,5			
Castell de Fels, *v.*.	72	3,0		Poca capacidad y cortos recursos.	
Sitges, *v.*	785	19,0		Buenas condiciones.	
Vilanoveta, *arr.* de Villanueva (*d.*).	15	5,5			Desde Sitges el camino vuelve á se núa por la costa y atraviesa un terren cados y bastante ondulado. En Villa por la derecha, la carretera de este p A 2,5 k. de Cubellas está el límite lona y Tarragona, y en Vendrell em Valencia á Tarragona (*núm.* 502).
Villanueva y la Geltrú, *v.*	2557	3,0		Buenas condiciones para alojamiento, así como Vendrell; los demas pueblos son de corta capacidad y escasos recursos. En el puerto de Villanueva y la Geltrú se está cons-	
Cubellas, *v.*	193	5,0			
Cunit, *l.*.	47	3,5			
Calafell, *l.*	193	6,0			
Vendrell, *v.*	1150	4,5			

PUEBLOS.	Vecindario.	Distancia en kilómetros.	Número de etapas.	OBSERVACIONES DE LOS PUEBLOS.	DEL
				truyendo un faro de sexto órden, y tocan semanalmente dos vapores de los que hacen la travesía entre Barcelona y Tortosa. Dista 24 millas de Barcelona y 25 de Tarragona.	
De Vendrell á Tarragona. . . .	»	28,0	2	V. *Núm.* 502.	

NÚMERO 504.

DE BARCELONA Á LÉRIDA.—*V. Núm.* 5.

6 etapas.—157 kilómetros.

RESÚMEN POR ETAPAS.

	Núm.	Kilóm.
De Barcelona á Molins de Rey.	1	14,5
» Esparraguera.	2	22,5
» Igualada.	3	29
» Cervera..	4	35
» Mollerusa.	5	33,5
» Lérida.	6	22,5
Total.	6	157

NÚMERO 505.

DE GERONA Á BARCELONA.—*V. Núm.* 501.

5 etapas.—106,5 kilómetros.

RESÚMEN POR ETAPAS.

	Núm.	Kilóm.	
De Gerona á Vidreras (2 k. *i.*)..	1	23	A estas distancias hay que a[illegible] dista de la carretera.
» Calella.	2	29	
» Mataró.	3	23	
» Masnou.	4	14	
» Barcelona.	5	17,5	
TOTAL.	5	106,5	

NÚMERO 506.

DE GERONA Á LÉRIDA.

De Gerona á Barcelona. . . **5 etapas.— 106,5 Kil.**—*V. Núm.* 501.
De Barcelona á Lérida.. . . **6** » —**157** » —*V. Núm.* 5.

RESÚMEN POR ETAPAS.

	Núm.	Kilóm.
De Gerona á Vidreras (2 k. i.)..	1	23
» Calella.	2	29
» Mataró..	3	23
» Masnou.	4	14
» Barcelona..	5	17,5
» Molins de Rey.	6	14,5
» Esparraguera..	7	22,5
» Igualada.	8	29
» Cervera.	9	35
» Mollerusa.	10	33,5
» Lérida.	11	22,5
TOTAL.	11	263,5

A estas distancias hay que añad
está separado de la carretera.

NÚMERO 507.

DE GERONA Á LÉRIDA POR VICH, MANRESA Y CERVEI

9 etapas.—229 kilómetros.

RESÚMEN POR ETAPAS.

	Núm.	Kilóm.
De Gerona á Amer.	1	23,5
» Santa María de Corcó ó el Esquirol.	2	27
» Vich.	3	14
» Moyá.	4	24,5
» Manresa.	5	27,5
» Calaf.	6	33
» Cervera..	7	23,5
» Mollerusa.	8	33,5
» Lérida..	9	22,5
TOTAL.	9	229

PUEBLOS.	Vecindario.	Distancia en kilómetros.	Número de etapas.	OBSERVACIONES DE LOS PUEBLOS.	OBSERVACIONES DEL CA[MINO]
					De Gerona á Manresa está proye carretera de segundo órden, de l trozos. De Calaf á Cervera se está órden.
Santa Eugenia, *l*..	53	1,5	1ª	Salt, Anglés y la Sellera reunen regulares condiciones para alojamiento de infantería, pues carecen de cuadras para el de caballería. Amér tiene buenas condiciones, y los demas pueblos son de corta capacidad y escasos recursos.	De Gerona á Salt se está constr en esta etapa es un camino de carr curso del rio Ter, por un valle lim biertas de bosque y matorral. Poco despues de salir de la Sell barca de maroma, y abandona s Amér, su afluente, el que, con esc ántes de llegar al pueblo del mism
Domeny, *l*. (1 k. *d*.).	20	1,0			
Salt, *l*.	288	0,5			
Vilablareix, *l*. (0,5 k. *i*.).	69	1,5			
Mont-fullá, *l*. (0,5 k. *i*.).	27	0,5			
Bescanó, *l*..	113	1,5			
Constantins, *l*. (0,5 k. *d*.)	44	4,5			
Anglés, *v*.	225	4,5			
Sellera (La), *l*.	274	2,5			
Amér, *v*.	598	5,5			
Planas (Las), *l*.	175	7,5	2ª	Poca capacidad y cortos recursos.	Remonta el curso del rio Amér do y limitado por montañas cubier vadea el rio ántes de Las Planas. E de herradura y malo. Desde San Fe tránsito, y con fuertes pendientes, de Uria la cordillera de Grau de O de la Magdalena; en la divisoria, á se encuentra el límite de las provin En Fonigrós el camino vuelve á s etapa. Hay otro que partiendo de L llera á la izquierda del descrito, y de las provincias; es 1,5 k. más cor por lo que es preferible seguir el a
San Feliu de Pallarols, *v*.	337	3,5		Regulares condiciones para alojamiento.	
Fonigrós, *ald*..	28	13,0		Poquísima capacidad.	
Santa María de Corcó ó el Esquirol, *v*.	239	3,0		Regulares condiciones para alojamiento.	

PUEBLOS.	Vecindario.	Distancia en kilómetros.	Número de etapas.	OBSERVACIONES DE LOS PUEBLOS.	DE[L]
					En el Esquirol, arranca, (*núm.* 533).
San Martin Sescorti, *v.* (1 k. *d.*)..	66	4,5	3ª	Poca capacidad y escasísimos recursos.	Desde Santa María de Cor[illegible] dura y terreno accidentado por un puente de mamposte[illegible] y desde este punto á Vich el por terreno ondulado, el cur[illegible] ántes de llegar á Vich. Dicho rio, aunque de poco imposibilitan su paso; cuan[illegible] camino que arranca por la Regué, atraviesa el rio por e[illegible] el anterior ántes de Vich.
Roda, *v.*	423	2,5		Buenas condiciones para alojamiento.	
Vich, *c.*.	2457	7,0		Buenas; es poblacion cerrada.	
Mallá, *v.* (0,5 k. *d.*)..	49	5,0	4ª	Poca capacidad y cortos recursos, así como la siguiente.	Desde aquella ciudad está pasa el rio Merder por un pu[illegible] sigue la carretera de Barcelo[illegible] que se deja á la izquierda, á con no fuertes pendientes y divisoria de aguas del Ter y general, y se conoce en dich[illegible] pina; la bajada se hace sin c[illegible] concluir sigue por un terren[illegible] camino de Mollet á Berga (*nú*[illegible]
Collsuspina, *v.*	85	12,0			
Moyá, *v.*	638	7,5		Buenas condiciones para alojamiento.	
Calders, *l.*	141	10,0	5ª	Regulares condiciones para alojamiento, así como el lugar siguiente.	Continúa por un terreno o[illegible] y cubierto de monte y bosqu[illegible] denta notablemente el terre[illegible]
San Fructuoso de Bagés, *l.* . . .	215	12,0			
Manresa, *c.*	3425	5,5		Buenas; es poblacion cerrada; tiene	

PUEBLOS.	Vecindario.	Distancia en kilómetros.	Número de etapas.	OBSERVACIONES DE LOS PUEBLOS.	OBSERVACIONES DEL CAMI[NO]
				estacion en el ferro-carril de Zaragoza á Barcelona, telegráfica de servicio y una fábrica de pólvora.	montes Abrinos. A 3,5 k. de Calders lona á la frontera (*núm.* 527). A 9,0 k. pasa el rio Llobregat por de San Fructuoso se separa, por la d celona á Puigcerdá (*núm.* 526); el te puente hasta Manresa.
Rajadell, *l.*.	66	12,0		Su caserío está diseminado en extenso término; tiene estacion en el ferro-carril de Zaragoza á Barcelona.	De Manresa á Calaf el camino es de izquierda de la carretera de Barcelon el puente sobre el rio Cardener, á 1 k terreno ondulado; 2 k. ántes de Rajad Zaragoza á Barcelona, y en aquel pue Berga (*núm.* 569). El ferro-carril, que sigue por la der Castellar y á la salida de San Pedro. F quierda, un camino á Villanueva (*núm* de Orgaña y Felquel (*números* 539 y 57 atraviesa el ferro-carril á las minas de Pasalás.
Castellar, *parr.* (*i.*).	47	4,5	6ª	Corta capacidad y escasos recursos, así como el siguiente.	
San Pedro Salavinera, *l.* (*i.*).	74	10,0			
Calaf, *v.*	296	6,5		Regulares condiciones para alojamiento; tiene estacion en el camino de hierro de Zaragoza á Barcelona, y es poblacion cerrada.	
Mirambell, *l.* (1 k. *d.*).	17	2,5		Los pueblos de esta etapa, excepto Cervera, son de escasa capacidad é insignificantes recursos.	En esta etapa se está construyendo den, que atraviesa un terreno ondulad Pujalt está el límite entre las provinci á 3 k. de Santa Fé, cruza el rio Sió p 1,5 k. ántes de Cervera el ferro-carril c En aquella ciudad empalma con la c celona (*núm.* 5), por la que se continúa
Guardia Pilosa (La), *l.* (0,5 k. *i.*).	16	1,0			
Pujalt, *l.*	74	5,0			
Santa Fé de Segarra, *l.* (0,5 k. *d.*).	39	6,5	7ª		
Montfalcó Murallat, *l.* (0,5 k. *i.*).	22	2,5		Es poblacion cerrada, como lo indica su nombre.	
Olujas, *l.* (0,5 k. *d.*).	103	1,5			
Castellnou de Montfalcó, *l.* (1 k. *d.*).	13	0,5			
Cervera, *c.*.	989	4,0		Buenas condiciones para alojamiento;	

PUEBLOS.	Vecindario.	Distancia en kilómetros.	Número de etapas.	OBSERVACIONES DE LOS PUEBLOS.	DEL
				tiene estacion en el ferro-carril de Zaragoza á Barcelona y es poblacion cerrada.	
De Cervera á Lérida..	»	56,0	2	V. *Núm*. 5.	

NÚMERO 508.

DE GERONA Á TARRAGONA.

De Gerona á Barcelona. . . . . **5 etapas.—106,5 Kil.**— *V. Núm.* 501.
De Barcelona á Tarragona.. . . . . **4** » — **94** » .— *V. Núm.* 502.

RESÚMEN POR ETAPAS.

	Núm.	Kilóm.	
De Gerona á Vidreras (2 k. *i.*).	1	25	A estas distancias hay que añadir los está separado de la carretera.
» Calella.	2	29	
» Mataró.	3	23	
» Masnou..	4	14	
» Barcelona.	5	17,5	
» Molins de Rey.	6	14,5	
» Villafranca del Panadés. . . .	7	32	
» Torredembarra.	8	34	
» Tarragona..	9	13,5	
TOTAL.	9	200,5	

NÚMERO 509.

DE TARRAGONA Á BARCELONA

POR { VILLAFRANCA DEL PANADÉS. . . . **4 etapas.—94 Kil.**—*V. Núm.*
LA COSTA. . . . . **4 » —94,5 »** —*V. Núm.*

RESÚMEN POR ETAPAS.

		Núm.	Ki
Por Villafranca. .	De Barcelona á Molins de Rey.	1	[illegible]
	» Villafranca del Panadés. . .	2	[illegible]
	» Torredembarra.	3	[illegible]
	» Tarragona..	4	[illegible]
	TOTAL.	4	[illegible]
Por la Costa. . . .	De Barcelona á San Baudilio.	1	[illegible]
	» Sitges.	2	[illegible]
	» Vendrell.	3	[illegible]
	» Tarragona..	4	[illegible]
	TOTAL.	4	[illegible]

NÚMERO 510.

DE TARRAGONA Á LÉRIDA

POR { VALLS. . . . . **4 etapas.—91 Kil.**—*V. Núm.* 416
REUS. . . . . **4** » —**98,5** » —*V. Núm.* 418

RESÚMEN POR ETAPAS.

		Núm.	Kilóm.
Por Valls.	De Tarragona á Valls.	1	18,5
	» Espluga de Francolí.	2	21,5
	» Juneda.	3	31,5
	» Lérida.	4	19,5
	TOTAL.	4	91
Por Reus.	De Tarragona á la Selva.	1	20
	» Montblanch.	2	21
	» Borjas.	3	32,5
	» Lérida.	4	25
	TOTAL.	4	98,5

NÚMERO 511.

DE TARRAGONA Á GERONA.

De Tarragona á Barcelona. . . . . **4 etapas.— 94 Kil.**—*V. Núm.* 502.
De Barcelona á Gerona. . . . . . **5 » —106,5 »** —*V. Núm.* 501.

RESÚMEN POR ETAPAS.

	Núm.	Kilóm.	
De Tarragona á Torredembarra.	1	13,5	
» Villafranca del Panadés. . . .	2	34	
» Molins de Rey.	3	32	
» Barcelona..	4	14,5	
» Masnou.	5	17,5	
» Mataró..	6	14	
» Calella..	7	23	A estas distancias hay que aña
» Vidreras (2 k. *d.*).	8	29	está separado de la carretera.
» Gerona..	9	23	
TOTAL.	9	200,5	

NÚMERO 512.

DE LÉRIDA Á BARCELONA.—*V. Núm.* 5.

6 etapas.—157 kilómetros.

RESÚMEN POR ETAPAS.

	Núm.	Kilóm.
De Lérida á Mollerusa.	1	22,5
» Cervera..	2	33,5
» Igualada.	3	35
» Esparraguera.	4	29
» Molins de Rey.	5	22,5
» Barcelona..	6	14,5
TOTAL.	6	157

NÚMERO 513.

DE LÉRIDA Á GERONA.—*V. Núm.* 507.

9 etapas.—229 kilómetros.

RESÚMEN POR ETAPAS.

	Núm.	Kilóm.
De Lérida á Mollerusa.	1	22,5
» Cervera.	2	33,5
» Calaf..	3	23,5
» Manresa..	4	33
» Moyá..	5	27,5
» Vich..	6	24,5
» Santa María de Corcó ó el Esquirol.	7	14
» Amer.	8	27
» Gerona.	9	23,5
Total.	9	229

NÚMERO 514.

DE LÉRIDA Á TARRAGONA

POR { VALLS. . . . . **4 etapas.—91 Kil.**—*V. Núm.* 416
REUS. . . . . **4 » —98,5 »** —*V. Núm.* 418

RESÚMEN POR ETAPAS.

		Núm.	Kilóm.
Por Valls. .	De Lérida á Juneda.	1	19,5
	» Espluga de Francolí.	2	31,5
	» Valls.	3	21,5
	» Tarragona.	4	18,5
	TOTAL.	4	91
Por Reus. .	De Lérida á Borjas.	1	25
	» Montblanch.	2	32,5
	» La Selva.	3	21
	» Tarragona.	4	20
	TOTAL. . . .	4	98,5

NÚMERO 515.

DE BARCELONA Á VALENCIA POR TARRAGONA, TORTOSA Y CASTELL(

De Barcelona á Tarragona.	**4 etapas.** — **94**	**Kil.** — *V. Núm.* 50	
De Tarragona á Castellon de la Plana. . .	**8** » — **212**	» — *V. Núm.* 51	
De Castellon de la Plana á Valencia. . .	**3** » — **66,5**	» — *V. Núm.* 59	

RESÚMEN POR ETAPAS.

	Núm.	Kilóm.
De Barcelona á Molins de Rey..	1	14,5
» Villafranca del Panadés.. . . .	2	32
» Torredembarra.	3	34
» Tarragona.	4	13,5
» Cambrils.	5	17,5
» Perelló.	6	41
» Tortosa.	7	30,5
» Ulldecona.	8	29,5
» Vinaróz..	9	14,5
» Alcalá de Chisbert.	10	29
» Torreblanca.	11	12,5
» Castellon de la Plana.	12	37,5
» Núles.	13	19
» Murviedro.	14	23
» Valencia.	15	24,5
TOTAL.	15	372,5

Del Perelló á Vinaróz hay otra carret
Ebro por la barca de Amposta.
Las etapas del Perelló á Vinaróz son
Amposta.. . . .
Vinaróz. . . . .
La longitud total de la carretera por

NÚMERO 516.

DE BARCELONA Á ZARAGOZA POR LÉRIDA.—*V. Núm.*

12 etapas.—296,5 kilómetros.

RESÚMEN POR ETAPAS.

	Núm.	Kilóm.
De Barcelona á Molins de Rey..	1	14,5
» Esparraguera.	2	22,5
» Igualada..	3	29
» Cervera.	4	35
» Mollerusa.	5	33,5
» Lérida.	6	22,5
» Fraga.	7	26,5
» Candasnos.	8	25
» Bujaralóz.	9	18
» Osera.	10	38,5
» Puebla de Alfinden.	11	18
» Zaragoza.	12	13,5
TOTAL.	12	296,5

NÚMERO 517.

DE TARRAGONA Á CASTELLON DE LA PLANA POR AMPO[S]

7 etapas.—192 kilómetros.

RESÚMEN POR ETAPAS.

	Núm.	Kilóm.
De Tarragona á Cambrils.	1	17,5
» Perelló.	2	41
» Amposta.	3	23,5
» Vinaróz.	4	31
» Alcalá de Chisbert.	5	29
» Torreblanca.	6	12,5
» Castellon de la Plana.	7	37,5
TOTAL.	7	192

PUEBLOS.	Vecindario.	Distancia en kilómetros.	Número de etapas.	OBSERVACIONES DE LOS PUEBLOS.	OBSERVACIONES DEL C
					Es carretera de primer órden *ro* 502, de la línea de Barcelona

PUEBLOS.	Vecindario.	Distancia en kilómetros.	Número de etapas.	OBSERVACIONES DE LOS PUEBLOS.	OBSERVACIONES DEL CAM
Canonja (La), *l.* (0,5 k. *d.*). . .	222	6,0	1ª	Regulares condiciones para alojamiento.	Atraviesa un terreno bastante ond xima á la costa á la salida de Tarr A 2 k. se vadea el Francolí, sobre e do y habilitado para el tránsito de por una alcantarilla ; á 6,5 de Vilas las ramblas ó rieras de Riudons y (na se separa, por la derecha, la ca da *núm.* 416); á 2, y despues de pas el mismo lado, la que conduce á la (*núm.* 417); á 2,5 k. de La Canonja Lérida, y á 1,5 de Vilaseca la carre *ro* 597). Antes de pasar la riera d derecha, el camino de Reus *núm.*
Vilaseca, *l.*	799	3,0		Buenas; tiene estacion en el ferro-carril de Tarragona á Lérida.	
Cambrils, *v.*	557	8,5		Buenas condiciones; es poblacion cerrada y tiene estacion en el ferro-carril de Valencia.	
Hospitalet, *l.*	67	14,5	2ª	Poca capacidad y cortos recursos; tiene estacion en el ferro-carril de Valencia.	En los 17,5 k. primeros de esta un terreno ondulado y cultivado ; d pendiente, para ganar, á 6,5 k. de guer (puerto), en el monte del mism sierra de Prades, que á su vez lo rápida y termina á 8 k., y la carrete bierto de monte. A 11,5 k. de Hosp las Forcas, y á 21, el de Catalá, de gular pendiente al Perelló. En los b varios que la carretera atraviesa, n rillas. Desde Cambrils hasta el barranco distancia de la costa. A 17,5 y 18,5 tran las ventas de Pous y del Platé, El ferro-carril de Tarragona á Va
Perelló, *l.*	463	26,5		Regulares condiciones para alojamiento.	

PUEBLOS.	Vecindario.	Distancia en kilómetros.	Número de etapas.	OBSERVACIONES DE LOS PUEBLOS.	DEL (
					la carretera, que lo cruza á 4 talet; á 4 k. de este punto s acercase á la costa.
Amposta, *v.*	582	23,5	3ª	Buenas condiciones para alojamiento; tiene estacion en el ferro-carril de Valencia, y está situada ántes del Ebro y á la derecha de la carretera.	Desciende insensiblemente cubierto en lo general de mon trada de Amposta. El Ebro di gona de la comandancia gener generales de Cataluña y Vale un faro de segundo órden. A 7 ventas de la Ampolla, Nueva dad. A 18 k. arranca, por la d se vuelve á unir á esta carretera y en Amposta un camino á Me cha del Ebro (*num.* 650). El ferro-carril de Valencia á la izquierda de la carretera, q mal á Tortosa. De Amposta se separan, por herradura, recorre un terren barranco de Galera á 6 k., y á sa (*núm.* 518), á la altura de cerro de Noncianet, y empalm Tortosa ó 12 de Ulldecona, en
San Cárlos de la Rápita, *c.* . . .	528	11,0		Regulares condiciones. En la punta de la Senieta hay un faro de sexto órden. En el puerto, distante 29 millas de la	Se sigue por un terreno lig á corta distancia de la costa d De Amposta á esta ciudad h quierdo, unos prados pantano

PUEBLOS.	Vecindario.	Distancia en kilómetros.	Número de etapas.	OBSERVACIONES DE LOS PUEBLOS.	OBSERVACIONES DEL CAMI
				Alfaquer y 90 de Valencia, suele tocar algun pequeño vapor de los que entran en el Ebro para dirigirse á Tortosa.	Muncia, estribo de los montes de B por la derecha, hasta 9 k. de San C grupo de casas dependientes de la cruza por el puente de este nombre
Vinaroz, *v*.	2356	20,0	4ª	Buenas; tiene estacion en el ferro-carril de Valencia á Tarragona; es poblacion cerrada y hay estacion telegráfica con servicio permanente. En la extremidad de la roca conocida por Punta de la Galera hay un faro de sexto órden. Se están efectuando obras de importancia para hacer un buen puerto; en la actualidad sólo tocan algunos buques de vela, y la mayoría de ellos de pequeño porte. Dista 82 millas de Valencia y 8 de San Cárlos de la Rápita.	rio Cenia, límite de las provincias tellon. Antes del puente se separa, por retero de 2,5 k., que remonta el c Alcanar, villa de 882 vecinos, desd para empalmar á 8 k. con el ramal d A 16,5 k. de San Cárlos se pa por un puente de piedra, y á 19 el r ma clase. A la entrada en Vinaroz empaln de Tortosa (*núm*. 518). De Vinaroz parte, por el mismo teo por la Jana (*núm*. 658), y un cam lig (*núm*. 637).
Benicarló, *v*.	1769	7,0		Buenas condiciones para alojamiento; tiene estacion en el ferro-carril de Valencia á Tarragona.	Continúa por terreno de la mism la costa, hasta pasar Benicarló, y d Alcalá de Chisbert por várias cordi de Peñagolosa. A 3,5 y 6,5 k. se vadean las ramb vera, y á 4 y 11,5 de Benicarló, y Púlpes, cuyo curso remonta desde En Benicarló, y á 9,5 k., se separa minos á Peñíscola (*núm*. 663). En Be recha, un camino carretero natural remonta el curso de la rambla de C
Santa Magdalena, *l*.	268	13,0	5ª	Poca capacidad.	
Alcalá de Chisbert, *v*.	1491	9,0		Buenas condiciones; tiene estacion en el citado ferro-carril.	

PUEBLOS.	Vecindario.	Distancia en kilómetros.	Número de etapas.	OBSERVACIONES DE LOS PUEBLOS.	OBSERVACIONES DEL
					con los de Vinaroz á San Ma na (*números* 659 y 660); este i la carretera, en el mismo pue En Alcalá de Chisbert se s Castellote por Cuevas de Vin En el mismo punto se sepa de longitud, que asciende atalayas de Alcalá, y á 10 k. sadella, donde se une con la
Torreblanca, *v.*	604	12,5	6ª	Regulares condiciones; tiene estacion en el ferro-carril ya citado.	La carretera asciende suav cado, para salvar á 3,5 k. el la sierra de San Benito, ra los cuales desciende en la m garra, á 9 k. y continuar á T En esta villa se separa, p de Vinromá (*núm.* 669).
Oropesa, *v.* (*i.*).	122	16,5	7ª	Poca capacidad; tiene estacion en el ferro-carril de Valencia á Barcelona. En el cabo de Oropesa hay un faro de tercer órden.	Atraviesa terreno de igua aproximándose á la costa á n A 3 k. se cruza el barranc esta parte la comandancia ge cia militar de Castellon.
Benicasim, *l.*	151	8,0		Reune las mismas condiciones que Oropesa.	A 14 k. se atraviesa por u que sólo arrastra agua en la mas que nacen de la sierra carretera faldea.
Castellon de la Plana, *c.* . . .	4456	13,0		Capital de la provincia de su nombre; tiene estacion en el ferro-carril citado, y telegráfica, con servicio de dia, completo. A 5 k. de la ciudad	En Oropesa empieza el as monte, para salvar á 3 k., por

PUEBLOS.	Vecindario.	Distancia en kilómetros.	Número de etapas.	OBSERVACIONES DE LOS PUEBLOS.	OBSERVACIONES DEL CAMI
				está el puerto del Grao, unido con aquella por una carretera. De este puerto salen únicamente los buques destinados al cabotaje. En la cumbre de la mayor de las islas Columbretes, situadas al frente de Castellon, hay un faro de primer órden.	tes de la misma denominacion, deri de Peñagolosa. El descenso, rápido de Benicasim, y la carretera contin ondulado y cultivado, al pié de las s ta Agueda y de Borriol, y á bastante Las citadas sierras originan gran atraviesa la carretera, las cuales arr tidad en la época de lluvias. Al final de la bajada del puerto la sosten, que es batido por las olas. A 12 k. de Benicasim se pasa el ba de Oropesa, y á 1 y 11,5 de Benicasi de Valencia á Tarragona. A 8,5 y 9,5 de Torreblanca se enc Frailes y de la Senieta con 52 y 60 blanca arranca, por la derecha, un desierto de las Palmas, que vuelve 5 ántes de Castellon (*núm.* 664). En Benicasim se separa, por el Alcora (*núm.* 680).

NÚMERO 518.

DE TARRAGONA Á CASTELLÒN DE LA PLANA POR TORT

8 etapas.—212 kilómetros.

RESÚMEN POR ETAPAS.

	Núm.	Kilóm.
De Tarragona á Cambrils.	1	17,5
» Perelló.	2	41
» Tortosa.	3	30,5
» Ulldecona.	4	29,5
» Vinaróz.	5	14,5
» Alcalá de Chisbert.	6	29
» Torreblanca.	7	12,5
» Castellon de la Plana. . . .	8	37,5
TOTAL.	8	212

PUEBLOS.	Vecindario.	Distancia en kilómetros.	Número de etapas.	OBSERVACIONES DE LOS PUEBLOS.	DE
De Tarragona al Perelló. . . .	»	58,5	2	V. *Núm.* 517.	Es carretera de primer ór Tarragona á Castellon por A ta Nueva, ó 18 del Perelló,

PUEBLOS.	Vecindario.	Distancia en kilómetros.	Número de etapas.	OBSERVACIONES DE LOS PUEBLOS.	DEL ...
Tortosa, *c.*	4951	30,5	3ª	Buenas condiciones para alojamiento; es plaza de guerra. Tiene estacion en el ferro-carril de Valencia á Barcelona, y telegráfica, con servicio de dia, completo.	Desde el arranque sigue por en la Vega del Ebro, despues e te el Coll de San Onofre, en lo En Tortosa arranca, por la d la orilla izquierda del Ebro (*nú* Flix con el que de Mequinenza ta (*núm.* 569). El ferro-carril sigue en algu la carretera.
Roquetas, *l.* (1 k. *d.*).	847	0,5	4ª	Buenas condiciones para alojamiento.	A la salida de Tortosa se p Ebro, límite de la provincia mi dancia general del Maestrazgo, Cataluña y Valencia. A ménos de 1 k. de Tortosa s mino á Arnés (*núm.* 654), y en cho lado el citado camino de M y sigue por esta carretera hast quierda para continuar á Ampos se dirige por la orilla izquierda y ligeramente ondulado. A 3,5 k. se pasa el barranco pues con suave pendiente la c extension, y entra en terreno garroferales (algarrobos). A 15 k. pasa el barranco de la y asciende con regular pendien rivacion de los montes de Bece la cañada formada por dicha de
Santa Bárbara, *v.* (0,5 k. *d.*). . .	446	13,5		Tiene gran parte de sus casas esparcidas por el término de la villa.	
Freginals, *l.* (0,5 k. *i.*).. . . .	185	5,5		Poca capacidad, y lo mismo el barrio siguiente.	
Ventalles, *barr.* de Ulldecona (*d.*)..	»	2,5			
Ulldecona, *v.*	1204	7,5		Buenas condiciones para alojamiento; es poblacion cerrada y tiene estacion en el ferro-carril de Valencia á Barcelona.	

PUEBLOS.	Vecindario.	Distancia en kilómetros.	Número de etapas.	OBSERVACIONES DE LOS PUEBLOS.	OBSERVACIONES DEL C
					Muncia, por la que continúa ha sobre el Ebro en Tortosa se se de carretera de tercer órden al á Morella (*núm.* 655). A 3 y 4 k. del mismo punto, cion del de navegacion de Am la primera vez por puente, y po En Ulldecona se separa, por (*núm.* 656), y otro por la izqui Cenia, y conduce á Alcanar, vi de Ulldecona y 2,5 de la carrete A 14 k. de Tortosa, se separ de herradura, de 8 k. de longit Galera, y conduce, por un ter Amposta, donde empalma con *mero* 517). A 17,5 k. de la misma ciuda un camino carretero natural, q y empalma, á 13,5 k., en Ampos El ferro-carril se aproxima, p sa; se cruza á 10, y continúa, p carretera.
Vinaroz, *v*.	2356	14,5	5ª	Buenas condiciones para alojamiento; tiene estacion en el ferro-carril en construccion de Valencia á Barcelona; es poblacion cerrada, y hay estacion telegráfica, con servicio permanente.	A 1,5 k. se cruza por un puen de las provincias civiles de Tar sigue por terreno cultivado y c piedra el barranco Barbeguera la entrada en Vinaroz empalma ce á Castellon por Amposta (*núm*

TARRAGONA Á CASTELLON DE LA PLANA.

PUEBLOS.	Vecindario.	Distancia en kilómetros.	Número de etapas.	OBSERVACIONES DE LOS PUEBLOS.	OBSERVACIONES DEL CA
				En la extremidad de la roca conocida por Punta de la Galera, hay un faro de sexto órden. Se están efectuando obras de importancia para hacer un buen puerto; en la actualidad sólo tocan algunos buques de vela, y la mayor parte de pequeño porte. Dista 82 millas de Valencia y 8 de San Cárlos de la Rápita.	El ferro-carril sigue por la de la anterior etapa.
De Vinaroz á Castellon de la Plana.	»	79,0	3	V. *Núm.* 517.	

NÚMERO 519.

DE TARRAGONA Á TERUEL POR GANDESA, ALCAÑIZ Y MONT

De Tarragona á Caserás.	**5 etapas.—103,5 Kil.**	—*V. Núm.* 417.
De Caserás á Rillo.	**6** » —**146** »	—*V. Núm.* 429.
De Rillo á Teruel.	**2** » — **46,5** »	—*V. Núm.* 409.

RESÚMEN POR ETAPAS.

	Núm.	Kilóm.
De Tarragona á Riudecols.	1	25,5
» Falset.	2	20,5
» Mora de Ebro..	3	18
» Gandesa.	4	22
» Calaceite.	5	24,5
» Valdealgorfa.	6	24
» Alcañiz.	7	11,5
» Alcorisa.	8	29,5
» Gargallo.	9	21,5
» Montalban.	10	25
» Rillo.	11	29,5
» Alfambra.	12	19
» Teruel.	13	27,5
TOTAL.	13	296

NÚMERO 520.

DE TARRAGONA Á ZARAGOZA

POR	VALLS Y LÉRIDA.	**10 etapas.**	**—230,5**	**Kil.**	—*V. Núm.* 416.
	GANDESA Y QUINTO.	**10**	» **—250,5**	»	—*V. Núm.* 417.
	REUS Y LÉRIDA.	**10**	» **—238**	»	—*V. Núm.* 418.
	REUS Y FRAGA.	**9**	» **—222**	»	—*V. Núm.* 419.
	GANDESA Y ALCAÑIZ.	**10**	» **—254,5**	»	—*V. Números* 466,

RESÚMEN POR ETAPAS.

		Núm.	Kilóm.
Por Valls y Lérida.	De Tarragona á Valls.	1	18,5
	» Espluga de Francolí.	2	21,5
	» Juneda. . . .	3	31,5
	» Lérida.. . . .	4	19,5
	» Fraga.	5	26,5
	» Candasnos. . .	6	25
	» Bujaralóz. . . .	7	18
	» Osera.	8	38,5
	» Puebla de Alfinden.	9	18
	» Zaragoza. . . .	10	13,5
	TOTAL.	10	230,5

Por Gandesa y Quinto.	De Tarragona á Riudecol[s]
	» Falset. .
	» Mora de [...]
	» Gandesa.
	» Maella. .
	» Caspe. .
	» Escatron.
	» Quinto..
	» Fuentes [...]
	» Zaragoza.
	TOTA[L]

		Núm.	Kilóm.	
Por Reus y Lérida.	De Tarragona á la Selva.	1	20	
	» Montblanch.	2	21	
	» Borjas..	3	32,5	
	» Lérida..	4	25	
	De Lérida á Zaragoza.	6 etapas.	139,5	*V. el itine*
	Total.	10	238	
Por Reus y Fraga.	De Tarragona á Alforja..	1	28	
	» Ulldemolins..	2	22	
	» Granadella.	3	21	
	» Fraga.	4	38	
	De Fraga á Zaragoza..	5 etapas.	113	*V. el itine*
	Total.	9	222	
Por Gandesa y Alcañiz.	De Tarragona á Gandesa..	4 etapas.	86	*V. el itine*
	» Calaceite..	5	24	
	» Alcañiz.	6	35,5	
	» Hijar.	7	33,5	
	» Quinto.	8	32,5	
	» Fuentes de Ebro.	9	16	
	» Zaragoza..	10	27	
	Total.	10	254,5	

NÚMERO 521.

DE LÉRIDA Á ZARAGOZA.—*V. Núm.* 5.

6 etapas.—139,5 kilómetros.

RESÚMEN POR ETAPAS.

	Núm.	Kilóm.
De Lérida á Fraga.	1	26,5
» Candasnos.	2	25
» Bujaralóz.	3	18
» Osera.	4	38,5
» Puebla de Alfinden.	5	18
» Zaragoza.	6	13,5
TOTAL. . . .	6	139,5

NÚMERO 522.

DE LÉRIDA Á HUESCA.—*V. Núm* 427.

5 etapas.—116 kilómetros.

RESÚMEN POR ETAPAS.

	Núm.	Kilóm.
De Lérida á Almacellas..	1	20
» Monzon..	2	28,5
» Barbastro.	3	18
» Angües..	4	27
» Huesca.	5	22,5
TOTAL.	5	116

NÚMERO 523.

DE GERONA AL PORTÚS POR LA JUNQUERA.

2 etapas.—53 kilómetros.

RESÚMEN POR ETAPAS.

	Núm.	Kilóm.
De Gerona á Figueras.	1	35,5
» La Junquera.	2	17,5
TOTAL.	2	53

PUEBLOS.	Vecindario.	Distancia en kilómetros.	Número de etapas.	OBSERVACIONES DE LOS PUEBLOS.	OBSERVACIONES DEL CAM
					Forma parte, con los *números* 5 mer órden denominada de la Ju pignan por el Portús.
Pont-major (Puente-mayor), *arr.* de Gerona.	135	3,0	1ª	Sarriá reune regulares condiciones para alojamiento, y Figueras buenas; los demas pueblos son de escasa capacidad y muy reducidos recursos.	Desde Gerona la carretera, domi el curso del rio Ter, que pasa, á la puente de piedra de diez arcos, er ranca, por la derecha, la carreter Sarriá se separa, por la izquierda (*núm.* 528).
Sarriá, *l.*	219	0,5			
Medinyá (Mediñá), *l.*.	90	5,5			
Vilafraser, *l.* (1 k. *i.*).	41	4,5			
Orriols, *l.* (0,5 k. *d.*).	68	5,0			

PUEBLOS.	Vecindario.	Distancia en kilómetros.	Número de etapas.	OBSERVACIONES DE LOS PUEBLOS.	OBSERVACIONES DEL
Báscara, *v.* (*i.*)	90	4,0	1ª	Es poblacion cerrada.	Desde Mediña se aleja el T un terreno ondulado suavemen y de viñas y olivares despues; 1 por un puente de piedra, el r corta distancia. A 1 k. de Mediña arranca, p cala (*núm.* 548). A 1,5 k. de Báscara se vade Figueras el rio Manol, seco la el anterior, propenso á avenida de Besalú á Rosas y Cadaqué camino de Llansá (*números* 55
Pontós, *l.* (1 k. *i.*)	114	3,5			
Armadás, *cas.* (0,5 k. *d.*)	7	»			
Santa Leocadia de Algama, *l.* (0,5 k. *i.*)	62	4,5			
San Pablo de la Calzada, *cas.* (*d.*)	3	2,5			
Figueras, *v.*	2375	2,5		Es plaza de guerra y tiene estacion telegráfica, de servicio limitado.	
Pont de Molins, *l.*	121	6,0	2ª	Poca capacidad y cortos recursos.	Atraviesa un terreno suavem y olivares; á la entrada en P por un puente de piedra de tres to, se separa, por la izquierda, la frontera (*núm.* 555). La carretera remonta el curs que atraviesa, á 5 k. de Pont de de dos arcos. Antes de llegar á se va adelantando, el terreno s áspero, cubriéndose de bosque rio por un puente de piedra d mino y el rio entran en un est áspera sierra de Fitonell á la á la izquierda, ambos pertenec Cinco k. despues se encuentra el pueblo frances llamado el P retera, y en territorio frances Portús empieza la carretera de
Junquera (La), *v.*	416	11,5		Buenas condiciones para alojamiento; es poblacion cerrada, y en ella está la aduana de la frontera y la estacion telegráfica, de servicio permanente.	
Portús (El)	»	5,5		Este pueblo pertenece á Francia.	

NÚMERO 524.

DE BARCELONA Á PUIGCERDÁ por VICH Y RIPOLL.

6 etapas.—156,5 kilómetros.

RESÚMEN POR ETAPAS.

	Núm.	Kilóm.
De Barcelona á Granollers.	1	28
» Ayguafreda..	2	20,5
» San Hipólito de Voltregá. . .	3	27
» Ripoll.	4	28
» Tosas..	5	29,5
» Puigcerdá.	6	23,5
Total.	6	156,5

PUEBLOS.	Vecindario.	Distancia en kilómetros.	Número de etapas.	OBSERVACIONES DE LOS PUEBLOS.	OBSERVACIONES DEL CAM[INO]
					Es carretera de segundo órden, r[...] zos, y pone en comunicacion la cap[...] louse y Perpignan.

PUEBLOS.	Vecindario.	Distancia en kilómetros.	Número de etapas.	OBSERVACIONES DE LOS PUEBLOS.	DEL C
Clot (El), *l*..	223	2,0	1ª	Regulares condiciones para alojamiento de tropas; tiene estacion en el ferro-carril de Barcelona á Gerona por el interior.	Recorre un terreno accidenta de los ferro-carriles de Barce el interior; el primero se sepa tera á 2 k. de Barcelona, á 3 d mediatamente despues la carre 3 k. de Mollet se vadea el rio R pero de fuertes avenidas, y á casi seco la mayor parte del añ por la izquierda, un camino á (*núm.* 527), y á 5 de Moncada el
San Martin de Provensals, *v*. (1 k. *d*.)	2026	1,0		Buenas.	
San Andres de Palomar, *l*.. . . .	2326	2,5		Buenas; tiene estaciones en los ferro-carriles de Barcelona á Zaragoza y á Gerona por el interior.	
Moncada, *l*..	157	5,5		Regulares, así como los dos pueblos siguientes; tiene estaciones en dichos ferro-carriles.	
Mollet, *v*.	250	7,0		Tiene estacion en el ferro-carril de Barcelona á Gerona por el interior.	
Parets, *v*. (1 k. *i*.).	199	4,0			
Granollers, *v*..	981	6,0		Buenas; tiene estacion en el mismo ferro-carril.	
Llerona, *v*. (*d*.).	124	4,5	2ª	Regulares condiciones para alojamiento, así como la villa siguiente.	Atraviesa al principio de la e dulado por el valle del Congos á corta distancia de la carreter pieza á estrecharse, limitándol tellá y Gargá por la izquierda, Moncan por la derecha; pasa de estas montañas. A 0,5 k. arr á Gerona (*núm.* 553). El ferro-ca guido por dicho lado, se separa
Garriga (La), *v*.	325	3,5			
Figaró, *l*. (*d*.)..	107	5,0		Poca capacidad y escasos recursos, y lo mismo el siguiente.	
Valldepen, *l*. (*i*.).	150	7,0			
Ayguafreda, *v*.	130	0,5		Regulares condiciones para alojamiento.	
Centellas, *v*. (1 k. *i*.).	434	3,5	3ª	Buenas condiciones para alojamiento.	El terreno en esta etapa es distancia lo limitan, por la izq llas y de Tona; á 3 k. de este p
Baleñá, *v*. (*d*.).	73	2,0		Poca capacidad.	

PUEBLOS.	Vecindario.	Distancia en kilómetros.	Número de etapas.	OBSERVACIONES DE LOS PUEBLOS.	OBSERVACIONES DEL CAM
Tona, *v.*.	292	3,0	3ª	Regulares condiciones para alojamiento.	la carretera de Gerona á Lérida (*nú* que se describe hasta Vich, donde cha; en dicho punto se entra en el viesa, á la entrada en esta ciudad, el piedra de tres arcos. De Vich arra minos á Mataró y á Blanes (*número* da uno á Berga (*núm.* 537).
Malla, *v.* (0,5 k. *i.*).	49	3,5		Poca capacidad.	
Vich, *c.*.	2457	5,0		Buenas condiciones para alojamiento; es poblacion cerrada.	
Gleva (La), *l.* (*i.*).	39	8,5		Poca capacidad y cortos recursos; tiene barca sobre el Ter.	
San Hipólito de Voltregá, *v.* (0,5 k. *i.*)	198	1,5		Regulares condiciones para alojamiento.	A 1,5 y 3 k. de Vich pasa por pon za y Cors; á 5 el rio Sorreix por ur un arco; este rio desagua en el Ter un recodo que forma más adelante
Vinyolas (Viñolas), *l.* (0,5 k. *i.*). .	57	3,5	4ª	Los pueblos de esta etapa son de corta capacidad y escasos recursos; se exceptúa Ripoll, que reune buenas condiciones para alojamiento.	El terreno que recorre en esta e dentado; la carretera remonta el cu A 4 k. de San Hipólito se encuentra de longitud, que por la derecha blecimiento de remonta para la art
San Quirse (San Quirico) de Besora, *v.* (0,5 k. *d.*).	154	9,5			
Montesquiu, *v.*	118	1,5			
Ripoll, *v.*	487	13,5			A 2 k. de Montesquiu está el l Barcelona y Gerona. En esta etapa bre rieras ó torrentes. En Ripoll carretera de Gerona á Puigcerdá p por la izquierda, un camino á Be Olot por Vallfogona (*números* 531 y
San Cristobal Campdevánol, *l.*. .	110	4,0	5ª	Ribas reune regulares condiciones para alojamiento; en su término hay un establecimiento de aguas acídulo-salinas; los demas pueblos	La carretera concluye ántes de punto está en proyecto; el tránsit de herradura, que por un estrech rio Freser, afluente del Ter. En Ri m[illegible]ro de dichos rios, y se sigue
Ribas, *l.*	186	11,0			

PUEBLOS.	Vecindario.	Distancia en kilómetros.	Número de étapas.	OBSERVACIONES DE LOS PUEBLOS.	DEL
Planolas, *l.*.	91	5,5	5ª	son de reducido caserío é insignificantes recursos.	rio y más estrecho. A 7 k. de de piedra llamado de Cabret arroyos insignificantes. En F camino á la frontera (*núm.* mismo lado, otro á la citada empalma, por la izquierda,
Planés, *l.*	19	1,5			
Tornells de la Montaña, *l.*	45	5,0			
Tosas, *l.*.	66	2,5			
Escardars, *cas.*	7	15,5	6ª	Puigcerdá reune buenas condiciones para alojamiento; los demas pueblos son insignificantes por su cortísimo vecindario.	Continúa el camino de b estrecho valle del Rigart, bosque y matorral; en Tosas á pasar la cordillera divisori puerto de Tosas, á 4 k.; pas estrecho valle del rio Alp, qu do ya en el llano de la Cerd rio por el puente Soler, de pi pues á Puigcerdá, último pu can dos carreteras para Perp departamentos des Pirinées atraviesan la frontera á 1 villa.
Astoll, *ald.* (0,5 k. i.).	11	»			
Ventajola, *l.* (0,5 k. i.).. . . .	6	7,5			
Puigcerdá, *v.*	464	0,5			

NÚMERO 525.

DE BARCELONA Á ANDORRA por MANRESA, CARDONA Y SEO DE

7 etapas.—196 kilómetros.

RESÚMEN POR ETAPAS.

	Núm.	Kilóm.
De Barcelona á Molins de Rey	1	14,5
» Esparraguera	2	22,5
» Manresa	3	29
» Cardona	4	32
» San Llorens de Morunys	5	41,5
» Fornols	6	18,5
» Seo de Urgel	7	16
» Andorra	»	22
Total	7	196

PUEBLOS.	Vecindario.	Distancia en kilómetros.	Número de etapas.	OBSERVACIONES DE LOS PUEBLOS.	OBSERVACIONES DEL CAMI
					Es carretera de segundo órden construccion desde esta villa á la de ra está sin estudiar el proyecto de ca ha de unir dichos puntos.

PUEBLOS.	Vecindario.	Distancia en kilómetros.	Número de etapas.	OBSERVACIONES DE LOS PUEBLOS.	OBSERVACIONES DEI
Barcelona al Bruch de Arriba. .	»	47,0	2	Hasta Esparraguera, V. *Núm.* 5.	Arranca, á la izquierda de (*núm.* 5), 1,5 k. ántes del Bri
Salsellas, *ald.* (1 k. *i.*).. . . .	11	14,0	3ª	Poca capacidad y escasísimos recursos.	Atraviesa en esta etapa u de espesos bosques de pinos taña de Monserrat; á la altu vadean las rieras de Guardi Manresa pasa el rio Cardene ve arcos. Se puede acortar madera, transitable sólo par del de piedra. En las inmediaciones de C del Bruch de Arriba, arranc Manresa, y por la izquierda primero empalma con el que de esta ciudad se cruza el fe
Manresa, *c.*	3425	5,0		Buenas condiciones para alojamiento de tropas. Es poblacion cerrada; tiene estacion en el ferro-carril de Zaragoza á Barcelona, telegráfica, de servicio, y una fábrica de pólvora.	
San Martin de Torruella, *ald.* (*d.*).	36	7,5	4ª	Suria reune regulares condiciones para alojamiento, y Cardona buenas; los demas pueblos son de reducido caserío y de muy pocos recursos.	Remonta el curso del Card izquierda, por un terreno on pero y quebrado, y se estrec mitado por elevadas alturas y de viñas y olivos en sus fal viesa el Cardener, por un p suaviza el terreno desde dic tes de Suria empalma, por l Berga (*núm.* 569), y en Suria
Suria, *l.*	305	8,5			
San Salvador de Torruella, *ald.* (*i.*).	35	5,0			
Coromina, *barr.* de Cardona (*d.*).	98	8,5			
Cardona, *v.*	918	2,5		Es plaza de guerra.	
Santa Susana, *l.* (*d.*).	15	9,5	5ª	Solsona tiene buenas condiciones para alojamiento, y regulares San Llo-	A la salida de Cardona pas de San Juan, de piedra, con
Ontoneda, *l.* (*i.*)..	88	3,0			

PUEBLOS.	Vecindario.	Distancia en kilómetros.	Número de etapas.	OBSERVACIONES DE LOS PUEBLOS.	OBSERVACIONES DEL CAM
				rens; los demas pueblos son de escasa capacidad y recursos.	herradura, de difícil tránsito; en e recha, el de Calaf á Berga (*núm.* 54 con el que se describe. A 2,5 k. á 4,5 está el límite de las provin á 5,5 se pasa un puente en mal es camino sigue por la loma divisoria Negro, hasta Solsona, donde atrav doce arcos. Desde dicha ciudad el terreno, sumamente áspero, está cu cultivo; al llegar a San Lorenzo es tes de Solsona se separa, por la d Berga, que empalma en Solsona, que se describe, los 2 citados kilóm cruza el camino de Calaf á Organyá izquierda, otro á Cervera (*núm.* 540
Solsona, *c.* (*i.*)	600	6,5	5ª	Es poblacion cerrada.	
Guixés, *ald.* (*i.*)	54	21,0			
San Llorens San Lorenzo) de Morunys ó dels Piteus, *v.* (*d.*)	283	1,5		Es poblacion cerrada.	
Pedra y Coma, *l.*	202	4,5	6ª	Son dos parroquias, que forman un ayuntamiento. Tiene malas condiciones para alojar tropas, por su corta capacidad y escasos recursos, en cuyo caso están tambien los dos pueblos siguientes.	Continúa por terreno áspero y po serie de barrancos y desfiladeros, en tiempo de guerra; las sierras de el camino por la derecha, y la ele la izquierda. A la salida de Tuxent y Tosa, y ántes de Fornols, la de C
Tuxent, *l.*	95	8,5			
Fornols, *l.*	76	5,5			
Bastida de Hortons (La), *l.*	33	12,0	7ª	Poca capacidad y cortos recursos.	El camino, aunque de herradura esta etapa mejores condiciones de divide las aguas de la riera de Navi entrada en Seo de Urgel pasa el Seg con estribos de piedra. En Seo de rida á Puigcerdá (*núm.* 563).
Seo de Urgel, *c.*	594	4,0		Buenas condiciones para alojamiento; es plaza de guerra.	

PUEBLOS.	Vecindario.	Distancia en kilómetros.	Número de etapas.	OBSERVACIONES DE LOS PUEBLOS.	DEL
Anserall. *l*..	41	2,0		Poca capacidad y cortos recursos.	Es camino de herradura, y por un valle limitado por ele rall se encuentra el barranco y la república de Andorra, y mismo nombre, distante 13 k.
Andorra, *v*.	»	20,0		Es capital de la república de su nombre.	

NÚMERO 526.

DE BARCELONA Á PUIGCERDÁ POR MANRESA Y BERGA.

9 etapas.—190 kilómetros.

RESÚMEN POR ETAPAS.

	Núm.	Kilóm.
De Barcelona á Molins de Rey.	1	14,5
» Esparraguera.	2	22,5
» Manresa..	3	29
» Sallent.	4	14
» Gironella.	5	28
» Berga.	6	10
» Pobla de Lillet..	7	29
» Tosas.	8	19,5
» Puigcerdá.	9	23,5
TOTAL.	9	190

PUEBLOS.	Vecindario.	Distancia en kilómetros.	Número de etapas.	OBSERVACIONES DE LOS PUEBLOS.	OBSERVACIONES DEL CAM[INO]
					Manresa y Berga están unidas po[r] órden. De Berga á Pobla de Lillet [e]cion de otra carretera de tercer órde[n]

PUEBLOS.	Vecindario.	Distancia en kilómetros.	Número de etapas.	OBSERVACIONES DE LOS PUEBLOS.	DEL
De Barcelona á Manresa. . . .	»	66,0	3	V. *Núm.* 525.	Arranca, á la derecha de l: á 4 k. de Manresa.
San Fructuoso de Bagés, *l.* (0,5 k. *d.*)	215	5,5	4ª	Poca capacidad y cortos recursos, así como el barrio siguiente.	Atraviesa un terreno ondul ca, por la derecha, un camir
Cuadra de Cabriana, *barr.* de Sallent (1 k. *d.*).	»	5,5			
Sallent, *v.*.	936	3,0		Buenas condiciones para alojamiento.	
Balsareny, *l.*	231	5,5	5ª	Regulares condiciones para alojamiento.	Remonta el curso del rio L en Puigreig se convierte en u cubiertas de bosque.
Gremolar, *ald.* (0,5 k. *d.*).. . .	16	6,0		Poca capacidad y cortos recursos, así como los dos pueblos siguientes.	
Puigreig, *l.*	76	8,0			
Gironella, *l.*	154	8,5			
Berga, *v.*	1129	10,0	6ª	Buenas condiciones para alojamiento; es poblacion cerrada.	Continúa como en la etapa á 5 k., pasa el Llobregat por p se abandona su curso para di riente de la riera de Antic. A camino de Mollet por Prats d arranca, por la izquierda, otr
Serchs, *l.*	95	7,0	7ª	Poca capacidad y cortos recursos.	Desde Berga se sigue un ma vierno se pone intransitable, este país. Atraviesa un terrenc sible á infantería, y continúa gat, que pasa á 6 y 11 k. de S ría; á 8 k. se vadea la riera F por un puente de madera, y s A 2 k. de Berga arranca, por
Pobla de Lillet (La), *v.*.	515	22,0		Regulares condiciones para alojamiento.	

PUEBLOS.	Vecindario.	Distancia en kilómetros.	Número de etapas.	OBSERVACIONES DE LOS PUEBLOS.	OBSERVACIONES DEL CAM
					don (*núm.* 531), y en la Pobla emp Barcelona á la Frontera (*núm.* 527).
Castellar de Nuch, *l.*	226	8,0	2	Poca capacidad y escasos recursos.	Se continúa por terreno de las pasa el Llobregat, por un puente d tellar está el límite entre las provir y en Fornells empalma este camin lona á Puigcerdá (*núm.* 524), por l se separa el de Barcelona á la fron en la Pobla.
Fornells de la Montaña, *l.*	45	9,0			
De Fornells á Puigcerdá.	»	26,0		V. *Núm.* 524.	

NÚMERO 527.

DE BARCELONA Á LA FRONTERA

POR SABADELL, PRATS DE LLUSANÉS Y LA POBLA DE LILLET.

5 etapas.—150,5 kilómetros.

RESÚMEN POR ETAPAS.

	Núm.	Kilóm.
De Barcelona á Sabadell.	1	22,5
» Artés.	2	39
» Prats de Llusanés.	3	28
» Pobla de Lillet.	4	37
» Dorriá.	5	20
» Frontera.	»	4
TOTAL.	5	150,5

PUEBLOS.	Vecindario.	Distancia en kilómetros.	Número de etapas.	OBSERVACIONES DE LOS PUEBLOS.	OBSERVACIONES DEL
					Arranca, á la izquierda de cerdá por Vich (núm. 524), 2 k capital. Es carretera de tercer órden concluida desde el arranque á

PUEBLOS.	Vecindario.	Distancia en kilómetros.	Número de etapas.	OBSERVACIONES DE LOS PUEBLOS.	OBSERVACIONES DEL CAM
Clot (El), *l*..	223	2,0	1ª	Regulares condiciones para alojamiento; tiene estacion en el ferro-carril de Barcelona á Gerona por el interior.	Recorre un terreno ondulado y c y 1 ántes de Sabadell, atraviesa e Barcelona, y en aquella villa se sep retera á Tarrasa (*núm.* 584).
San Martin de Provensals, *v.* (0,5 k. *d.*).	2026	1,0		Buenas condiciones para alojamiento, así como el pueblo siguiente.	
San Andres de Palomar, *l*.. . .	2326	2,5		Tiene estacion en el ferro-carril citado, y en el de Zaragoza á Barcelona.	
Barbará, *v*.	122	13,0		Poca capacidad y cortos recursos.	
Sabadell, *v*.	2927	4,0		Buenas condiciones para alojamiento; tiene estacion en el ferro-carril de Zaragoza á Barcelona.	
San Juan de Matadepera, *v*. . .	104	9,0	2ª	Poca capacidad y cortos recursos, y lo mismo el siguiente.	El camino es de herradura, y sigu dulado, cubierto de bosque claro y badell cruza otra vez el ferro-carr á 5 de San Juan se encuentra el m cual pueden transitar carros; á 7 k. la áspera cuesta de la Mata, y se d á 5,5 de Santa María se hallan lo de 7 vecinos, y 1 k. despues se vad lómetro cruza la carretera de Geron
Santa María de Talamanca, *l*. . .	104	19,0			
Artés, *v*.	365	11,0		Regulares condiciones para alojamiento.	
Avinyó (Aviñó), *l*.	226	8,0	3ª	Regulares condiciones para alojamiento, así como los dos pueblos siguientes.	Continúa el camino con las mism terior etapa. A 3 k. se hallan los cas á 5 se vadea el rio Gabarresa, adem ras y arroyos, que sólo llevan agu Prats de Llusanés corta el camino d
San Feliu Saserra, *l*..	222	11,0			
Prats de Llusanés, *v*.	446	9,0			

PUEBLOS.	Vecindario.	Distancia en kilómetros.	Número de etapas.	OBSERVACIONES DE LOS PUEBLOS.	DEL
					y empalma, por la izquierda derecha arranca el de Vich (
Borredá, *l.*	249	18,0	4ª	Poca capacidad y cortos recursos, así como el lugar siguiente.	Continúa de herradura y terreno áspero, cubierto de torrentes. A 11 k. se vadea Margansol, por un puente d camino de Berga á Camproc de la provincia de Barcelona sale, para volver á la prime En la Pobla de Lillet em de Barcelona á Puigcerdá (
San Jaume de Frontanyá (San Jaime de Frontañá).	90	8,0			
Pobla de Lillet (La), *v.*	515	11,0		Regulares condiciones para alojamiento.	
Castellar del Nuch, *l.*	226	8,0	5ª	Regulares condiciones para alojamiento.	De Pobla de Lillet á Forn acabada de citar, y en el seg un camino de herradura, Dorriá.
Fornells de la Montaña, *l.*	45	9,0		Poca capacidad, así como el siguiente.	
Dorriá, *l.*	48	3,0			Continúa con las mismas c el Plá (llano) de las Salinas cordillera de los Pirineos, c año, lo que imposibilita el Francia y España, y el cami empalmar con la carretera d
Frontera.	»	4,0			

NÚMERO 528.

DE GERONA Á PUIGCERDÁ POR OLOT Y RIPOLL.

6 etapas.—140,5 kilómetros.

RESÚMEN POR ETAPAS.

	Núm.	Kilóm.
De Gerona á Besalú.	1	29,5
» Olot.	2	22,5
» San Juan de las Abadesas.	3	23
» Ripoll.	4	12,5
» Tosas.	5	29,5
» Puigcerdá.	6	23,5
TOTAL.	6	140,5

PUEBLOS.	Vecindario.	Distancia en kilómetros.	Número de etapas.	OBSERVACIONES DE LOS PUEBLOS.	OBSERVACIONES DEL CAM
					Arranca, á la izquierda de la ca (*núm.* 523), á la salida de Sarriá. Es carretera de segundo órden h de construir una de tercero de Olo y de Ripoll á Camprodon por San J

PUEBLOS.	Vecindario.	Distancia en kilómetros.	Número de etapas.	OBSERVACIONES DE LOS PUEBLOS.	DEL
Pont-major, *arr.* de Gerona. . .	135	3,0	1ª	Bañolas y Besalú reunen buenas condiciones para alojamiento; los demas pueblos son de escasa capacidad y cortísimos recursos.	Atraviesa un terreno ondul accidenta algo. A la salida de laguna de su mismo nombre; carretera las montañas de Roc riñá pasa, por un puente, el r
Sarriá, *l.*	219	0,5			A la entrada en Besalú cruz piedra de dos arcos, y de él *mero* 552). A la altura de Bor por la izquierda, un camino á
Ruidellots de la Creu, *l.* (1 k. *i.*)..	28	5,0			
Palot de la Rebardit, *l.* (1 k. *i.*). .	56	1,0			
Cornellá, *l.* (*d.*).	46	1,5			
Borgoñá, *l.* (0,5 k. *d.*).	15	1,5			
Cors, *l.* (0,5 k. *i.*).	52	0,5			
Bañolas, *v.*	1109	3,5		En su término hay una fuente de aguas sulfurosas.	
Usall, *l.* (1 k. *d.*).	15	4,0			
Seriñá, *l.*	225	2,5			
Fara, *l.*.	8	3,0			
Besalú, *v.*	332	3,5			
Argelaguér, *l.* (*i.*).	158	5,5	2ª	Regulares condiciones para alojamiento, así como los dos siguientes.	Continúa la carretera por u por la izquierda está dominad de alturas, llevando muy próx
Tortellá, *l.* (1 k. *d.*)..	329	0,5			Ántes de Montagut pasa el puente de mampostería de tre
Montagut, *l.* (1 k. *d.*).	226	3,5			En Castellfullit pasa el Fluv truya un puente; este rio se s á pasar á los 7 k. por el puen cuatro arcos.
Castellfullit de la Roca, *l.* . . .	118	5,0		Poca capacidad y escasos recursos.	En Olot empalma, por la iz en Borgoñá (*núm.* 532), y arr Vich y el de Ripoll (*números* 5 conduce á la frontera (*núm.* 5
Olot, *v.*.	2364	8,0		Buenas condiciones para alojamiento; es poblacion cerrada.	
San Juan de las Abadesas, *v.* . .	272	23,0	3ª	Regulares condiciones; en sus inmediaciones existen las minas de carbon de piedra.	En esta etapa el camino es d el terreno quebrado y cultivad aguas entre el Fluviá y el Ter,

GERONA Á PUIGCERDÁ.

PUEBLOS.	Vecindario.	Distancia en kilómetros.	Número de etapas.	OBSERVACIONES DE LOS PUEBLOS.	OBSERVACIONES DEL CAM
					San Juan de las Abadesas se separ á Camprodon (*núm.* 531).
Ripoll, *v.*	487	12,5	4ª	Buenas condiciones para alojamiento.	Esta etapa se hace por un cam diato á su izquierda el rio Ter, que Juan de las Abadesas, por un antig El terreno es bastante quebrado erial y monte bajo en las alturas; deándose unos, y por pontones o Rama. Esta etapa es comun con el ca (*núm.* 531), que se separa, á la der segun se ha indicado en la etapa este camino con la carretera de F *ro* 524).
De Ripoll á Puigcerdá.	»	53,0	2	V. *Núm.* 524.	

NÚMERO 529.

DE RIVAS Á LA FRONTERA POR SETCASAS.

33 kilómetros.

PUEBLOS.	Vecindario.	Distancia en kilómetros.	Número de etapas.	OBSERVACIONES DE LOS PUEBLOS.	OBSERVACIONES DEL
Pardinas, *l.*	128	5,0		Los tres pueblos de este itinerario son de escasa capacidad y cortos recursos.	Arranca en Ribas, á la derec Puigcerdá (*núm.* 524). Es de h monta el curso del rio Segade nas, y se abandona para segu 1 k. ántes de San Martin, por u ría 6 k. despues, y por un pon casas, donde se abandona su c que se vadea seis veces en lo rocas de Maser; 2 más adelante Pirineos y límite entre España Este camino es impracticab biertas de nieve las montañas c y el puerto ó Coll de Siern, de donde empieza la carretera de
San Martin de Vilallonga, *l.*	149	13,0			
Setcasas, *l.*	133	6,0			
Frontera.	»	9,0			

NÚMERO 530.

DE GERONA Á LA FRONTERA POR OLOT Y CAMPRODON.

3 etapas.—81 kilómetros.

RESÚMEN POR ETAPAS.

	Núm.	Kilóm.
De Gerona á Besalú.	1	29,5
» Olot.	2	22,5
» Camprodon.	3	18
» Frontera.	»	11
TOTAL.	3	81

PUEBLOS.	Vecindario.	Distancia en kilómetros.	Número de etapas.	OBSERVACIONES DE LOS PUEBLOS.	OBSERVACIONES DEL CA
De Gerona á Olot..	»	52,0	2	V. *Núm.* 528.	Arranca en Olot, á la derecha Puigcerdá (*núm.* 528).
San Andres de Socarrats, *parr.* .	67	4,0	3ª	Poca capacidad y escasos recursos.	Es carretero, y va por terreno lla desde allí es de herradura, y su tr proporcion que se aproxima á los dres empalma, por la izquierda, e don (*núm.* 531).
Camprodon, *l.*.	285	14,0		Regulares condiciones para alojamiento.	
Frontera..	»	11,0			

PUEBLOS.	Vecindario.	Distancia en kilómetros.	Número de etapas.	OBSERVACIONES DE LOS PUEBLOS.	DEL
					Desde este último pueblo r una extension de 8 k., y le atr de madera y uno de mampost por el Coll d'Arás, donde se y Francia. A 9 k. arranca, po radura, de 2 k. de longitud, vecinos. El Coll d'Arás es transitabl desciende á Prats de Molló, p carretera de Perpignan.

NÚMERO 531.

DE BERGA Á CAMPRODON POR RIPOLL Y SAN JUAN DE LAS ABA

65,5 kilómetros.

PUEBLOS.	Vecindario.	Distancia en kilómetros.	Número de etapas.	OBSERVACIONES DE LOS PUEBLOS.	OBSERVACIONES DEL CAM
					Arranca, á la derecha de la carre dá (*núm.* 526), á 2 k. de Berga.
Borredá, *l*.	249	17,0		Poca capacidad y cortos recursos.	Es de herradura, y atraviesa un te cado por gran número de rieras,
Ripoll, *v*.	487	22,0		Buenas condiciones para alojamiento.	hacen impracticable en invierno. A
San Juan de las Abadesas, *v*.	272	12,5		Regulares.	bregat, por un puente de mampos
San Pablo de Segúries, *l*.	99	8,0		Escasa capacidad y muy limitados recursos.	el límite entre las provincias de Bar
Camprodon, *l*.	285	6,0		Regulares condiciones para alojamiento.	En Borredá cruza el camino de Ba badell (*núm.* 527). El trozo de Ripoll á San Juan de camino que se describe y á la carre (*núm.* 528). A 4 k. de San Pablo emp Gerona á la frontera (*núm.* 530).

NÚMERO 532.

DE GERONA Á RIPOLL POR CALLENT, OLOT Y VALLFOG

72,5 kilómetros.

PUEBLOS.	Vecindario.	Distancia en kilómetros.	Número de etapas.	OBSERVACIONES DE LOS PUEBLOS.	OBSERVACIONES DEL
De Gerona á Borgonyá.	»	12,5		V. *Núm.* 528.	Arranca, á la izquierda de *ro* 528), en Borgonyá, á 12,5 Es carretero natural hasta tante. De Gerona á Olot atraviesa A 1 k. del arranque pasa el mamposteria. En Olot el terr se hace impracticable, á caus y arroyos que atraviesa. A la e un puente de madera, y empa tera de Barcelona á Puigcerdá
Cors, *l.*	52	1,0		Poca capacidad y cortos recursos, así como los dos siguientes.	
Mianegas, *cas.*	10	3,0			
Callent, *l.*	40	15,0			
Olot, *v.*.	2364	13,0		Buenas condiciones para alojamiento; es poblacion cerrada.	
Ridaura, *l.*.	184	7,0		Corta capacidad y escasos recursos.	
Vallfogona, *l.*	265	10,0		Regulares condiciones para alojamiento.	
Ripoll, *v.*	487	11,0		Buenas.	

NÚMERO 533.

DE VICH Á OLOT POR EL ESQUIROL.

39 kilómetros.

PUEBLOS.	Vecindario.	Distancia en kilómetros.	Número de etapas.	OBSERVACIONES DE LOS PUEBLOS.	OBSERVACIONES DEL CAM
De Vich á Santa María de Corcó ó el Esquirol.	»	14,0		V. *Núm.* 507.	Vich y Olot estarán unidas por u cuya construccion se está estudiar Arranca en el Esquirol, á la der Lérida (*núm.* 507). El que ahora se sigue es de herr quebrado y cubierto de matorral y A 5 k. de Esquirol se encuentra cinos; á 11 la venta del Grau y el Barcelona y Gerona; á 14 se vade sarse del mismo modo á 3 k. de H cho rio es una carretera de tercer ór terreno ondulado y cultivado; á 4 k dearse el Fluviá, y en Olot empalm á Puigcerdá *núm.* 528).
Hostalets, *cas*..	93	15,0		Corta capacidad y escasos recursos.	
San Pedro las Presas, *l*..	183	5,0		Regulares condiciones para alojamiento de infantería; escasean las cuadras.	
Olot, *v*..	2364	5,0		Buenas; es poblacion cerrada.	

NÚMERO 534.

DE VICH Á BLANES POR HOSTALRICH Y TORDERA.

65,5 kilómetros.

PUEBLOS.	Vecindario.	Distancia en kilómetros.	Número de etapas.	OBSERVACIONES DE LOS PUEBLOS.	OBSERVACIONES DEL
					Arranca en Vich, á la derec Puigcerdá (*núm.* 524). De Viladrau á Blanes debe cuyo proyecto está sin estudia
Viladrau, *l.*	246	17,5		Regulares condiciones para alojamiento.	De Vich á Viladrau el camin terreno llano y despejado hast
Arbucias, *v.*	587	13,5		Buenas, y lo mismo la villa siguiente.	un puente de mampostería, á
Hostalrich, *v.*	324	15,0		Es poblacion cerrada. Tiene estacion en los ferro-carriles á Gerona por el interior y por la costa, que empalman á pocos kilómetros de la villa. En una montaña que la domina existe un castillo con gobernador y guarnicion.	quierda, un camino á Gerona (za un terreno fragoso, cubiert mite de las provincias de Barc riera de Espinoles, y á 14 pas curso sigue el camino hasta 16 quebrado al Coll de Sapregam desciende rápidamente hasta
Tordera, *v.*	676	12,0		Buenas; tiene estacion en el ferro-carril de Barcelona á Gerona por el litoral.	mente ondulado. A 6,5 k., pas mucha pendiente, por terreno jonada y torrentuosa riera de

VICH Á BLANES.

PUEBLOS.	Vecindario.	Distancia en kilómetros.	Número de etapas.	OBSERVACIONES DE LOS PUEBLOS.	OBSERVACIONES DEL CA[MINO]
Blanes, *v.*	1161	7,5		Buenas condiciones para infantería; carece de cuadras. Tiene estacion en el citado ferro-carril. Es fondeadero, y sus comunicaciones marítimas se reducen al cabotaje.	continuando con marcadas ondul nombre, en el que el camino es car y carretero natural, de piso gredos brado, cubierto de bosque, y don curso de la citada riera, que se va Arbucias. A 11,5 se separa el cam terreno más despejado; á 13,5 cru carril de Barcelona á Gerona por el la derecha, el camino de Granoller comun con el que se describe ha aquel se separa por la izquierda; Tordera, límite de las provincias camino sigue por terreno cubierto dera corta la carretera de Barcelo se vuelve á vadear el Tordera, y á ferro-carril á Gerona por la costa, mente á Blanes, donde empalma de Ampurias (*núm.* 558).

NÚMERO 535.

DE VICH Á GERONA POR SANTA COLOMA DE FARNÉS

66 kilómetros.

PUEBLOS.	Vecindario.	Distancia en kilómetros.	Número de etapas.	OBSERVACIONES DE LOS PUEBLOS.	OBSERVACIONES DEL
					Arranca, á la izquierda de *ro* 534), á 1 k. de Vich, á la Tiene trozos de camino c difícil tránsito, por atravesar de bosque, que dificulta mucl Hasta San Martin atraviesa subida al Coll de Romagat; de mo el camino es de herradu denta notablemente. A 8,5 y las rieras Major y de Escorts, al Coll del Buch (11 k.); en él vincias de Barcelona y Geron de Espinelvas, que pasa po la salida de San Vicente emp por terreno escabroso y de d continúa el camino por el o del que desciende á los 8 k. á ciende aún por terreno muy
San Martin de Riudeperas, *v.*	153	2,5		Regulares condiciones para alojamiento.	
San Vicente de Espinelvas, *l.*	97	14,0		Poca capacidad y cortos recursos.	
San Hilario Sacalm, *l.*	382	9,0		Regulares condiciones; en las inmediaciones hay una fuente de aguas acídulas.	
Santa Coloma de Farnés, *v.*	997	15,5		Buenas condiciones para alojamiento.	
Salitja, *l.*	82	11,0		Cortísimos recursos.	
Perelló, *cas.*	30	7,5			
Gerona, *c.*	3020	6,5		Capital de la provincia y plaza de guerra. Tiene estacion en el ferro-carril á Barcelona por la costa y por el interior, y telegráfica, de servicio de dia, completo.	

VICH Á GERONA.

PUEBLOS.	Vecindario.	Distancia en kilómetros.	Número de etapas.	OBSERVACIONES. DE LOS PUEBLOS.	OBSERVACIONES. DEL CA
					ma, que se vadea á 8 k., y sigue tes pendientes, volviendo á vadea Santa Coloma. En esta villa arra tera á Lloret de Mar (*núm.* 559), hace carretero, y atraviesa un ter los flancos por una serie de colin se vadea el rio Onyá (Oñá), y á 1, 0,5 k. despues, cruza el ferro-car un paso á nivel, y á ménos de 30 de la carretera entre los mismos se continúa.

NÚMERO 536.

DE MOLLET Á BERGA POR CALDAS DE MOMBUY.

4 etapas.—89 kilómetros.

RESÚMEN POR ETAPAS.

	Núm.	Kilóm.
De Mollet á San Feliu de Codines.	1	20
» Moyá..	2	19
» Prats de Llusanés	3	28
» Berga.	4	22
TOTAL.	4	89

PUEBLOS.	Vecindario.	Distancia en kilómetros.	Número de etapas.	OBSERVACIONES DE LOS PUEBLOS.	OBSERVACIONES DEL
					Es carretera de tercer órde herradura la parte restante.
Caldas de Mombuy, v.	679	13,0	1ª	Reune buenas condiciones para alojamiento. Hay varios establecimientos de baños salino-termales, de los que uno es propiedad del ramo de guerra, para los militares enfermos.	Arranca 2 k. ántes de Molle Barcelona á Puigcerdá (núm. etapa; atraviesa varios arroy curso del rio Caldas por su o
San Feliu de Codinas, v.	628	7,0		Regulares condiciones.	

MOLLET Á BERGA.

PUEBLOS.	Vecindario.	Distancia en kilómetros.	Número de etapas.	OBSERVACIONES DE LOS PUEBLOS.	OBSERVACIONES DEL CAM
Castelltersol, *v.*	448	11,0	2ª	Regulares condiciones.	En Castelltersol termina la carrete herradura, que abandona el curso terreno quebrado, cultivado en algu que en otros, y surcado todo por vá
Moyá, *v.*	638	8,0		Buenas.	En Moyá se cruza la carretera de
Estany, *v.*	120	7,0	3ª	Poca capacidad y cortos recursos.	A 1 k. de Oristá, se vadea el rio
Oristá, *v.*	323	11,0		Reducido caserío.	
Prats de Llusanés, *v.*	446	10,0		Regulares condiciones para alojamiento.	
Olvan, *v.*	174	12,0	4ª	Corta capacidad.	Desde Prats de Llusanés se desc vadea á 4 k., y el camino continúa p que en las anteriores etapas hasta palma la carretera de Barcelona á vado del Marles se encuentra la ven pues, la de la Roca. En Prats de Llu Manresa (*núm.* 538), el de Vich (*núm* la frontera (*núm.* 527).
Berga, *v.*	1129	10,0		Buenas condiciones; es poblacion cerrada.	

NÚMERO 537.

DE VICH Á BERGA POR PRATS DE LLUSANÉS.

2 etapas.—47 kilómetros.

RESÚMEN POR ETAPAS.

	Núm.	Kilóm.
De Vich á Prats de Llusanés.	1	25
» Berga.	2	22
TOTAL.	2	47

PUEBLOS.	Vecindario.	Distancia en kilómetros.	Número de etapas.	OBSERVACIONES DE LOS PUEBLOS.	DE[illegible]
Olost, *v*..	247	18,0	1ª	Reducido caserio y cortos recursos.	Es camino de herradura, noso, por las grandes pen[illegible] muy quebrado, las divisoria[illegible] atraviesa. A 4 k. de Vich se encuen[illegible] grós, y á 8 la venta de Font. A 3 k. de Olost se vadea e[illegible] el arroyo Llusanés.
Santa Creu, *barr*. de Olost. . .	»	4,0			
Prats de Llusanés, *v*.	446	3,0		Regulares condiciones para alojamiento.	
De Prats de Llusanés á Berga.. .	»	22,0		V. *Núm*. 536.	En Prats de Llusanés emp[illegible] ga (*núm*. 536), por el que se[illegible]

NÚMERO 538.

DE MANRESA Á PRATS DE LLUSANÉS.

42 kilómetros.

PUEBLOS.	Vecindario.	Distancia en kilómetros.	Número de etapas.	OBSERVACIONES DE LOS PUEBLOS.	OBSERVACIONES DEL CAMI
De Manresa á Sallent.	»	14,0		V. *Núm.* 526.	Arranca en Sellent, á la derecha d á Puigcerdá *núm.* 526). Es camino de herradura, de dificil reno áspero, cubierto de bosque y torrentes. A 5, 9, 11 y 12 k., se vade cuentra la parroquia de este nomb pueden alojarse 200 hombres y 30 c paz casa de Soler, y á 19 la parroqu edificio aislado. En Prats empalma c á la frontera por Sabadell (*núm.* 527
Prats de Llusanés, *v.*	446	28,0		Regulares condiciones para alojamiento.	

NÚMERO 539.

DE CALAF Á ORGANYÁ POR SOLSONA.

73,5 kilómetros.

PUEBLOS.	Vecindario.	Distancia en kilómetros.	Número de etapas.	OBSERVACIONES DE LOS PUEBLOS.	OBSERVACIONES DEL
					Arranca en Calaf, á la dere rida (*núm.* 507). Es camino de herradura, de reno quebrado, cubierto de m A 0,5 k. arranca, por la dere bosque (*núm.* 573); á 2 k. de provincias de Barcelona y Lér cuentra el arrabal de Quadre se halla el santuario de este cha, un camino á Berga (*núm.* Milagro, sólido y capaz edific la riera salada; el camino a á 24,5 k. llega á la cima de la en zic-zac y con fuerte pendie vadea á 29 k., continuando el hasta 32,5, que cruza el Segre ma con el de Lérida á Puigcer se encuentra la parroquia de l de campo diseminadas á gra Mompol, situado á 14 k. En Solsona cruza el camin *ro* 525).
San Pasalás, *arr.* de Calonje. . .	7	4,0		Poca capacidad y escasos recursos, y lo mismo el pueblo siguiente.	
Pinós, *ald*.	27	10,0			
Solsona, *c*.	600	24,0		Buenas condiciones para alojamiento; es poblacion cerrada.	
Organyá, *v*.	244	35,5		Regulares condiciones.	

NÚMERO 540.

DE SOLSONA Á CERVERA POR GUISONA.

50 kilómetros.

PUEBLOS.	Vecindario.	Distancia en kilómetros.	Número de etapas.	OBSERVACIONES DE LOS PUEBLOS.	OBSERVACIONES DEL CAMI
Biosca, *v.*	210	25,0		Guisona y Cervera reunen buenas condiciones para alojamiento; los demas pueblos tienen un caserío muy reducido, y no cuentan con recursos. Tiene estacion en el ferro-carril de Zaragoza á Barcelona, y es poblacion cerrada.	Arranca en Solsona, á la izquier lona á Andorra (*núm.* 525). Es de herradura hasta Guisona, y un terreno casi llano y cultivado has con la carretera de Madrid á Barcelo A 7 y 12 k. de Solsona se encuent Biriota, á 13 se pasa el barranco P tra la iglesia y un grupo de casas de ménos de 1 k. de Biosca corta el (*núm.* 574), y á 3 se vadea el rio Llo vera cruza el camino de hierro de Z
Masoteras, *l.*	79	8,0			
Guisona, *v.*	494	3,0			
Bellvey, *l.*	50	4,0			
Tarroja, *v.*	105	3,0			
Cervera, *c.*	989	7,0			

NUMERO 541.

DE CALAF Á BERGA POR CARDONA.

59 kilómetros.

PUEBLOS.	Vecindario.	Distancia en kilómetros.	Número de etapas.	OBSERVACIONES DE LOS PUEBLOS.	DEL
					Arranca, á la derecha del c
					ro 539), 5 k. despues de Pinó
San Pasalás, *arr.* de Calonje. . .	7	4,0		Poca capacidad y cortos recursos, y lo	Es de herradura; atraviesa
Pinós, *ald.*.	27	10,0		mismo la aldea siguiente.	con algun cultivo, y sigue las
Cardona, *v.*	918	17,5		Buenas condiciones para alojamiento;	nós, de la que desciende á Ca
				es plaza de guerra.	aldea, á cuya distancia está el
Aguilar, *l.* (0,5 k. *i.*).	9	4,5		Poca capacidad y cortos recursos.	y Barcelona. A 6,5 de Pinós a
Gargallá, *l.* (0,5 k. *i.*).	23	2,0			de gran corriente en época de
Pagarolas, *l.* (0,5 k. *i.*).. . . .	8	2,0			derecha, el camino por el bos
Correa, *l.* (1 k. *i.*).	53	5,0			De Cardona á Berga, se est
Aviá, *l.* (1 k. *d.*).	178	11,0		Regulares condiciones para aloja-	de una carretera de tercer ór
				miento.	este camino con el de Barcel
Berga, *v.*	1129	3,0		Buenas; es poblacion cerrada.	se separa, á la derecha, en el
					dener.
					A 2 k. de Pagarolas empalm

CALAF Á BERGA.

PUEBLOS.	Vecindario.	Distancia en kilómetros.	Número de etapas.	OBSERVACIONES DE LOS PUEBLOS.	OBSERVACIONES DEL CAM
					Pons á Berga (*núm.* 542). El que se (Obispo), que corre por la derecha, ladero, de 2 k. de extension; á su algo, y el camino sigue la falda de carpadas montañas, que con los m Lubastrada y sierra de Queralt, l hasta Berga, donde empalma con Puigcerdá (*núm.* 526). A la salida del desfiladero se va vesando despues un gran bosque, l Correa está la venta del Colom, y á y á la entrada y salida de Aviá, la caldas; 2,5 k. ántes de Berga arran no al Bruch (*núm.* 569).

NÚMERO 542.

DE PONS Á BERGA POR SOLSONA.

70,5 kilómetros.

PUEBLOS.	Vecindario.	Distancia en kilómetros.	Número de etapas.	OBSERVACIONES DE LOS PUEBLOS.	DEL
					Arranca en Pons, á la dere cerdá (*núm.* 563). Es de herradura, de difícil quebrado y cubierto en lo ge pasa la sierra de Cambrils, d Segre. A 3 k. de Pons se sep Calaf (*núm.* 574), que continú Vilanova se encuentra el cas jar 300 hombres y 40 caballos De Solsona á Berga tiene es Barcelona á Andorra (*núm.* 5 describe se separa por la izqu rio Cardener, por un puente d vadea el Ayguadora; pocos m provincias de Lérida y Barcel camino con el de Calaf á Berg
Vilanova de la Aguda, *l.*	79	7,0		Poca capacidad y cortos recursos.	
Solsona, *c.*	600	27,0		Buenas condiciones para alojamiento; es poblacion cerrada.	
Naves, *parr.*	33	11,0		Poca capacidad, así como el siguiente.	
Corréa, *l.* (1 k. *i.*)	53	11,5			
Aviá, *l.* (1 k. *d.*)	178	11,0		Regulares condiciones para alojamiento.	
Berga, *v.*	1129	3,0		Buenas; es poblacion cerrada.	

NÚMERO 543.

DE MATARÓ Á GRANOLLERS.

18 kilómetros.

PUEBLOS.	Vecindario.	Distancia en kilómetros.	Número de etapas.	OBSERVACIONES DE LOS PUEBLOS.	OBSERVACIONES DEL CAMI
Argentona, *l.*	353	4,0		Regulares condiciones para alojamiento. En su término hay una fuente de aguas acidulas.	Arranca en Mataró, á la izquierd quera (*núm.* 501). Es carretera de tercer órden en terreno accidentado y várias rieras Argentona á 3 k., que obstruye el tr A la salida de la Roca se vadea el ri A 0,5 k. de Argentona arranca, á la (*núm.* 546), y á 3,5 de La Roca cruza celona á Gerona por el interior. En carretera de Barcelona á Puigcerdá
Roca (La), *v.*	151	10,0		Reducido caserío y cortos recursos.	
Granollers, *v.*	981	4,0		Buenas; tiene estacion en el ferro-carril de Barcelona á Gerona por el interior.	

NÚMERO 544.

DE GRANOLLERS Á GERONA POR HOSTALRICH.

70,5 kilómetros.

PUEBLOS.	Vecindario.	Distancia en kilómetros.	Número de etapas.	OBSERVACIONES DE LOS PUEBLOS.	DEL
					Arranca, á la derecha de la dá (*núm.* 524), á 0,5 k. de Gra Es carretera de segundo ór tero natural desde este punto de Barcelona á Gerona, siend pitales. A pocos metros del arranqu carril de Barcelona á Gerona, cultivado y ondulado á la inn vuelve á cruzar á 5 k. A la ent su nombre, que sólo arrastra blo cruza el camino de Mat carretera, y se sigue un camin so, que atraviesa un terreno ciones; á 1,5 k. se vadea la despues, y á 2,5, el rio Muge que sigue el camino hasta 6 veces. Excepto esta riera, c
Cardedeu, *v.*	357	6,0		Buenas condiciones para alojamiento; tiene estacion en el ferro-carril de Barcelona á Gerona por el interior.	
Llinás, *v.*	126	4,0		Regulares condiciones; tiene estacion en el ferro-carril citado.	
Trentapasos, *arr.* de Villalba Sasera	20	3,5		Poca capacidad y escasos recursos.	
Sant Celoni, *v.*	459	6,5		Buenas condiciones para alojamiento; tiene estacion en el ferro-carril ántes citado.	
Gualba, *l.*	116	4,0		Reducido caserío y pocos recursos; tiene estacion en el indicado ferro-carril.	
Batlloria (La), *l.*	42	2,0		Escasa capacidad.	
Hostalrich, *v.*	324	9,0		Buenas condiciones para alojamiento; tiene estacion en los ferro-carriles de Barcelona á Gerona por el inte-	

PUEBLOS.	Vecindario.	Distancia en kilómetros.	Número de etapas.	OBSERVACIONES DE LOS PUEBLOS.	OBSERVACIONES DEL CA[M…
				rior y por la costa, los que empalman á pocos kilómetros de Hostalrich. En una montaña que domina la villa existe un castillo con su gobernador y guarnicion; la poblacion es cerrada.	sólo tienen agua en la estacion de… Vilamajor y el rio Mugent se cruza… vel, y á 7 k. de Llinás empalma, p… tercer órden en construccion de … (*núm.* 545), por la que se sigue ha… de Trentapasos, y en la confluenci… se vadea el Tordera.
Mallorquinas (Las), *cas*.	33	13,0		Escasa capacidad y recursos.	1,5 k. ántes de Sant Celoni se… nado del Puente, y 1 k. despues … ferro-carril. De Sant Celoni á H… curso del Tordera, por su derecha… dulado. A 1 k. de Sant Celoni se v… jeta á grandes avenidas en la estac… va, la de este nombre, y á 2,5 de … que con el Tordera separa las pro… na; á 5,5 del mismo pueblo, la de… avenidas, que impiden su paso, y … constante. El ferro-carril se cruza… Sant Celoni, y sigue por la izqui… cruzarse á 3,5 y 4 k. de la Batllori… de Hostalrich arranca, por la izq… *mero* 534).
Gerona, *c*.	3020	22,5		Es plaza de guerra y capital de la provincia de su nombre. Pasa por ella el Onyá, sobre el que tiene tres puentes; hay estacion en el ferro-carril de Barcelona por el interior y el litoral, y telegráfica, con servicio de dia, completo.	A ménos de 1 k. de Hostalrich … carretera en proyecto á Blanes (*nú*… de un suave descenso, entra en ter… bosque y ondulado, por el que …

PUEBLOS.	Vecindario.	Distancia en kilómetros.	Número de etapas.	OBSERVACIONES DE LOS PUEBLOS.	OBSERVACIONES DEL
					á 5,5 k., la riera de Masanas; Santa Coloma. A 3 k. cruza el En las Mallorquinas corta la c truccion de Santa Coloma de F y á 8 k. empalma con la carrete que se continúa á Gerona.

NÚMERO 545.

DE ARENYS DE MAR Á SANT CELONI.

27 kilómetros.

PUEBLOS.	Vecindario.	Distancia en kilómetros.	Número de etapas.	OBSERVACIONES DE LOS PUEBLOS.	OBSERVACIONES DEL CAM
Arenys de Munt, *v.*	601	3,0		Buenas condiciones para alojamiento.	Arranca en Arenys, á la izquierd na á Gerona (*núm.* 501). Es carretera de tercer órden en se sigue, hasta que esté terminada sitable en la estacion de las lluvias Sigue en suave ascenso por el que sólo lleva agua en las grandes despejado, que se accidenta y hace donde asciende al Coll-Sacreu, d aquel pueblo, para vadear á 5 la rie por terreno ondulado, cubierto de bos flancos, á empalmar á 5 k. de de Granollers á Gerona (*núm.* 544). se vuelve á vadear la riera de Vallg de Trentapasos.
Vallgorguina, *parr.*	150	6,0		Mal caserío y escasos recursos.	
Sant Celoni, *v.*	459	8,0		Buenas condiciones; tiene estacion en el ferro-carril de Barcelona á Gerona por el interior.	

NÚMERO 546.

DE MATARÓ Á VICH.

56,5 kilómetros.

PUEBLOS.	Vecindario.	Distancia en kilómetros.	Número de etapas.	OBSERVACIONES DE LOS PUEBLOS.
Argentona, *l.*	353	4,0		Regulares condiciones para alojamiento; en su término hay una fuente de aguas acídulas.
Dosrius, *l.*	58	5,0		Pocos recursos y corta capacidad.
Llinás, *v.*	126	6,5		Regulares condiciones; tiene estacion en el ferro-carril de Barcelona á Gerona por el interior.
Vilanova de Vilamajor, *v.*	206	3,0		Regulares condiciones, así como el lugar siguiente.
San Pedro de Vilamajor, *l.*	166	1,5		Poca capacidad y cortos recursos.
Seva, *v.*	226	26,0		
Vich, *c.*	2457	10,5		Buenas condiciones para alojamiento; es poblacion cerrada.

OBSERVACIONES DEL (

Arranca, á la derecha de la
(*núm.* 543), á 0,5 k. de Argento
Tiene trozos de camino carre
den y de herradura. En el arra
carretero natural hasta Dosriu
na, de curso inconstante y do
bosque hasta 1 k. de Dosrius,
derecha, y se entra en la carre
llers á Dosrius, por la que se s
hasta Llinás; en esta villa se
Gerona (*núm.* 544), y se aband
mino de carros de suelo gred
cultivado, para vadear á 2 k. la
trar en Llinás se cruza el ferr
En Vilanova concluye el camin
dura, que atraviesa un terreno
dear la riera de Vilamajor, y s
de bosque y dominado por los

MATARÓ Á VICH.

PUEBLOS.	Vecindario.	Distancia en kilómetros.	Número de etapas.	OBSERVACIONES.	
				DE LOS PUEBLOS.	DEL CAM
					tortas de Molá, que á 10 k. da ent llamada Plá de la Calma, por la qu por el Coll Formich desciende c los 20 k., en que se encuentran dos por terreno ondulado á Seva. De es es transitable á carros, y sigue por vadeándose á 2,5 y 2,7 k. el torrer constante curso; y á 6,5 la riera de próximo por la derecha al rio Gur carretera de Barcelona á Puigcerdá

NÚMERO 547.

DE GERONA Á SAN FELIU DE GUIXOLS.

31,5 kilómetros.

PUEBLOS.	Vecindario.	Distancia en kilómetros.	Número de etapas.	OBSERVACIONES DE LOS PUEBLOS.	OBSERVACIONES DEL
Palot de Oñar, *l.* (0,5 k. *i.*). . .	14	3,0		Escasa capacidad y cortísimos recursos, así como los dos pueblos siguientes.	Es carretera de segundo c Cassá de la Selva á Llagoste Recorre un terreno ondula neral las alturas que por am Al salir de Gerona sigue los 4 k. la deja, para tomar l por un puente de mamposter Atraviesa luégo por peque ras, y á la salida de Llagoste que vierten en el Onyá, de l cha meseta pantanosa es co ques de Barceló. Sigue desp por un puente de piedra el r á 9 el Ridaura.
Quart, *l.* (0,5 k. *i.*).	91	2,0			
Llambillas, *l.* (0,5 k. *i.*). . . .	95	2,5			
Cassá de la Selva, *v.*	770	4,0		Buenas condiciones para alojamiento, así como el siguiente.	
Llagostera, *l.*	753	7,0			
Santa Cristina de Haro, *l.*(1 k. *i.*).	242	9,0		Regulares.	
San Feliu de Guixols, *v.*. . . .	1516	4,0		Buenas. Es fondeadero, y en él tocan semanalmente dos vapores de los que hacen la travesía entre varios puertos del Mediterráneo; dista 55 millas de Barcelona, 5 de Palamós y 58 de Rosas.	

NÚMERO 548.

DE GERONA Á LA ESCALA.

37 kilómetros.

PUEBLOS.	Vecindario.	Distancia en kilómetros.	Número de etapas.	OBSERVACIONES DE LOS PUEBLOS.	OBSERVACIONES DEL CAMI[NO]
Pontmajor, *arr.* de Gerona. . .	135	3,0		Poca capacidad.	Arranca, á la derecha de la carret[...] *mero* 523), á 1 k. de Medinyá. Es carretero natural, de fácil trá[...] de la provincia con uno de los punto[...] costa. Sigue el valle del Ter por terren[...] montañas que lo limitan por la izqui[...] vadea la riera Siñana, de curso con[...] denta, ascendiendo el camino con fu[...] de donde desciende en la misma for[...] gen izquierda del Ter, en terreno se[...] de San Jordi se vadea la riera Roma[...] Verges el camino se separa del rio, [...] pejado, cultivado y gredoso hasta la [...] empalma con el camino de Pineda á [...] *mero* 558).
Sarriá, *l.*	219	0,5		Buenas condiciones para alojamiento.	
Medinyá (Mediñá), *l.*	90	5,5		Poca capacidad y escasos recursos.	
Cerviá, *l.*	172	4,0		Regular capacidad, pero pocos recursos, así como los tres pueblos siguientes.	
San Jordi Desvalls (San Jorge), *l.* .	144	4,0			
Colomés, *l.*	121	3,5		Carece de cuadras.	
Jafré, *l.*	117	2,5			
Verges, *v.*	287	4,0		Regulares condiciones para alojamiento.	
Bellcaire, *l.*	111	4,5		Corta capacidad y escasos recursos.	
Escala (La), *v.*	502	5,5		Buenas condiciones para alojamiento; está situada á la inmediacion de la costa.	

NÚMERO 549.

DE GERONA Á PALAMÓS.

4 etapas.—109 kilómetros.

RESÚMEN POR ETAPAS.

	Núm.	Kilóm.
De Gerona á La Bisbal.	1	28
» Palamós.	2	20,5
TOTAL.	2	48,5

PUEBLOS.	Vecindario.	Distancia en kilómetros.	Número de etapas.	OBSERVACIONES DE LOS PUEBLOS.	DE[L CAMINO]
					Es carretera de segundo de Gerona al Portús (*núm.* 5[…]
Pontmajor, *arr.* de Gerona. . .	135	3,0	1ª	Escasa capacidad.	Sigue la orilla derecha de del Congost, de 2 de exten por la izquierda. La carrete[…] de Celrá pasa la riera de […] á 4,5 la de San Martin, por […] la entrada en San Juan de M[…] la de Bolla, ambas por pont[…] El terreno desde este últi[…] la entrada en Corsá cruza la y 2,5 k. ántes de La Bisbal hierro.
Sarriá, *l.* (*i.*).	219	0,5		Regulares condiciones para alojamiento; los demas pueblos son de escasa capacidad y limitados recursos.	
San Julian de Ramis, *l.* (1 k. *i.*). .	65	3,5			
Celrá, *l.* (*d.*).	311	2,5			
Bordils, *l.* (1 k. *i.*).	161	2,5			
San Juan de Mollet, *l.*	76	3,0			
Flassá, *l.* (0,5 k. *i.*).	82	1,0			
Pera (La), *l.* (0,5 k. *d.*). . . .	89	3,0			
Cassá de Pelrás, *l.* (0,5 k. *d.*).. .	13	3,0			
Corsá, *l.*	132	2,5			
Bisbal (La), *v.*.	981	3,5		Buenas condiciones para alojamiento.	

GERONA Á PALAMÓS.

PUEBLOS.	Vecindario.	Distancia en kilómetros.	Número de etapas.	OBSERVACIONES DE LOS PUEBLOS.	OBSERVACIONES DEL CAM[INO]
					A 1,5 k. de la Pera arranca, por [...] tartit (*núm.* 550).
Vulpellach, *l.* (*i.*).	106	1,5		Este pueblo y los siguientes carecen de capacidad y recursos.	A 1 k. de La Bisbal arranca, po[r ...] Bagur (*núm.* 551); y á 2 se pasa [...] puente de piedra de tres arcos; á [...] Clemente la de Anturó, ambas por [...] Clemente se accidenta más el terre[no ...] será, por un puente de piedra de t[...] turas cubiertas de bosque, estándo [...] la carretera por la derecha.
Fonteta, *l.* (1 k. *d.*).	102	»			
San Clemente de Peralta, *l.* (*d.*)..	36	3,5			
Barceloneta de Llofriu, *barr.* de Llofriu.	»	4,0	2ª		
Llofriu, *l.* (0,5 k. *d.*).	86	0,5			
Montrás, *l.* (*d.*).	138	3,5			
San Juan de Palamós, *l.*.	199	6,0			
Palamós, *v.*.	475	1,5		Regulares condiciones para alojamiento. Es fondeadero, tiene un faro de quinto órden, y una luz de enfilacion en el muelle. Suelen arribar vapores de los que hacen la travesía entre varios puertos del Mediterráneo; dista 53 millas de Rosas, 5 de San Feliu de Guixols y 60 de Barcelona.	En Montrás empalma, por la izq[uierda ...] á Castellon de Ampurias (*núm.* 55[...]) hasta Palamós.

NÚMERO 550.

DE GERONA Á ESTARTIT.

42 kilómetros.

PUEBLOS.	Vecindario.	Distancia en kilómetros.	Número de etapas.	OBSERVACIONES DE LOS PUEBLOS.	OBSERVACIONES DEL
De Gerona á la Pera.	»	19,0		V. *Núm.* 549.	Arranca, á la izquierda de l (*núm.* 549), á 1,5 k. de la Pera Es carretero natural, de có reno cultivado, ligeramente mort sigue por la orilla derec por un ponton de mamposteri cruza por barca á 7,5, sigu montañas Torre-Borracha, Ro el curso del Ter, cuyo rio cor Torroella corta el de Pineda *ro* 558) y á 5,5 k. se encuentr por cinco edificios.
Rupiá, *l.*	108	3,5		Sólo Torroella tiene condiciones para un buen alojamiento; los demas pueblos cuentan con escasos recursos.	
Parlabá, *l.*	76	1,5			
Ultramort, *l.*	65	1,5			
Torroella de Montgrí, *v.*	873	9,0		Es poblacion cerrada.	
Estartit, *arr.* de Torroella.	85	7,5		Está situado en la costa.	

NÚMERO 551.

DE LA BISBAL Á BAGUR.

25 kilómetros.

PUEBLOS.	Vecindario.	Distancia en kilómetros.	Número de etapas.	OBSERVACIONES DE LOS PUEBLOS.	OBSERVACIONES DEL CAMI
Vulpellach, *l.*	106	2,0		Poca capacidad y cortos recursos, así como los dos pueblos siguientes.	Arranca, á la izquierda de la car (*núm.* 549, á 1 k. de La Bisbal, y co uno de los puntos de su provinci costa.
Canapost, *ald.*	15	2,5			
Pedratallada, *l.*	108	2,0			
Pals, *v.*	317	5,5		Regulares condiciones para alojamiento.	Es carretero natural, y sigue por do hasta Pals, donde empalma con tellon de Ampurias (*núm.* 558), por gell, en terreno cubierto de bosq esta villa se separa á la derecha de con fuerte pendiente en terreno que te en que asienta Bagur.
Palafrugell, *v.*	948	6,0		Buenas.	
Esclaña, *l.*	49	2,0		Poca capacidad y cortos recursos.	
Bagur, *v.*	399	5,0		Regulares condiciones; tiene tres pequeños puertos en su término, en los que no tocan más buques que los de cabotaje.	

NÚMERO 552.

DE BESALÚ Á CADAQUÉS POR FIGUERAS.

3 etapas.—59,5 kilómetros.

RESÚMEN POR ETAPAS.

	Núm.	Kilóm.
De Besalú á Figueras.	1	26,5
» Rosas..	2	18
» Cadaqués.	3	15
TOTAL.	3	59,5

PUEBLOS.	Vecindario.	Distancia en kilómetros.	Número de etapas.	OBSERVACIONES DE LOS PUEBLOS.	OBSERVACIONES DEL
					Es carretera de segundo órd salú, á la derecha de la de Ge Rosas á Cadaqués está proyect tera de tercer órden, que emp antes de llegar á Rosas.
Dosqués, *l.* (1 k. i.)..	37	5,0	1ª	Poca capacidad y escasos recursos, así como los pueblos que siguen hasta Vilafant.	A la salida de Besalú se vad está proyectada la construccio reno ligeramente accidentad
Vilademiras, *l.* (1 k. i.).	18	4,5			
Caixás, *l.* (i.)..	20	1,0			

PUEBLOS.	Vecindario.	Distancia en kilómetros.	Número de etapas.	OBSERVACIONES DE LOS PUEBLOS.	OBSERVACIONES DEL CAM
Navata, *l.* (*d.*).	161	6,5	1ª		queño bosque de pinos cerca d vadea el rio Algama, y en Aviñonet está proyectada la construccion de ranca, por la izquierda, un camino ra (*núm.* 557 . En Figueras corta la tús (*núm.* 523), y arranca, por la iz (*núm.* 553).
Aviñonet, *l.* (*i.*).	131	5,0			
Vilafant, *l.* (*d.*).	118	1,5			
Figueras, *v.*	2375	3,0		Es plaza de guerra y tiene estacion telegráfica, de servicio limitado.	
Vilatenin, *l.*	46	2,5	2ª	Corta capacidad y escasos recursos, así como el pueblo siguiente.	Llano y cultivado es el terreno e sa el rio Manol cerca de su des un puente de madera con estribos resistencia no permite el paso á c por un baden. Desde el puente s Muga, que pasa por un antiguo pue trada en Castellon; en él empalma, Pineda (*núm.* 558). Está proyectada de carretera, que no entra en la po un puente de piedra. Llevando á la derecha el rio, y Castellon, sigue la carretera á Ros Muga antiguo por el puente de Est
Vilasacra, *l.*	82	2,0			
Castellon de Ampurias, *v.*	738	4,5		Buenas condiciones para alojamiento.	
Rosas, *v.*	674	9,0		Buenas; es plaza de guerra, y fondeadero, en el que hay un faro de cuarto órden. Suelen arribar algunos vapores de los que hacen el servicio entre varios puertos del Mediterráneo; dista 53 millas de Palamós, 58 de San Feliu de Guixols, y 113 de Barcelona.	
Cadaqués, *v.*	661	15,0	3ª	Buenas condiciones para alojamiento; es puerto y tiene un faro de sexto órden; sólo arriban buques de cabotaje.	De Rosas á Cadaqués se sigue, h cluida, un camino de carros, que a cubierto de viña y olivar y sin ac Rosas se separa, por la izquierda, ro 556).

NÚMERO 553.

DE FIGUERAS Á LLANSÁ.

21 kilómetros.

PUEBLOS.	Vecindario.	Distancia en kilómetros.	Número de etapas.	OBSERVACIONES DE LOS PUEBLOS.	OBSERVACIONES DEL C
					Arranca á la salida de Figu de Gerona al Portús (*núm.* 523 El camino que se sigue es c y pone en comunicacion la pla septentrional de la costa. Atraviesa un terreno cultiva trozos entre Vilabertran y Per ledas, las cuales dificultan el f los citados puntos se vadea el gundo el Llobregat de Gerona. quierda, un camino al Coll de B El que se describe sigue po atraviesa, á 8, k., con regula neras, en el Pirineo, de la que dulaciones y dominado por am A 1,5 k. de Perelada se encu caserío de la Garriga. A 4,5 s 0,5 y 2 de San Silvestre, la de l
Vilabertran, *v.*	214	2,5		Regulares condiciones para alojamiento.	
Perelada, *v.*	407	4,5		Buenas.	
San Silvestre, *ald.*	20	9,5		Escasísimos recursos y reducido caserío.	
Llansá, *v.*	443	4,5		Buenas condiciones para alojamiento; está situado en la costa, sobre la que tiene un pequeño puerto, frecuentado por los buques de cabotaje.	

NÚMERO 554.

DE FIGUERAS AL COLL DE BAÑULS EN LA FRONTERA.

27 kilómetros.

PUEBLOS.	Vecindario.	Distancia en kilómetros.	Número de etapas.	OBSERVACIONES DE LOS PUEBLOS.	OBSERVACIONES DEL CAM[INO]
Vilabertran, *v.*	214	2,5		Regulares condiciones para alojamiento.	Arranca en Perelada, á la izquie Llansá (*núm.* 553), y comunica aque sos de la frontera. Es carretero natural hasta San parte restante. Hasta dicho punto at cultivado, ondulado y próximo al ri y á 3,5 la riera de Mardaus; alguno cuentra el caserío de Murasac. En hace de herradura, y atraviesa un t do, con fuertes ondulaciones y en s ñuls, límite entre las dos naciones; en la época de las nieves. A 2,5 y 5,5 k. de Espollá se vadea de curso constante. Del Coll de Bañ ces, un camino á Portvendres, de cu tera á Perpignan.
Perelada, *v.*	407	4,5		Buenas	
San Clemente Saseba, *l.*	180	8,0		Pocos recursos.	
Espolla, *l.*	197	3,0		Regulares condiciones.	
Coll de Bañuls, en el Pirineo.	»	9,0			

NÚMERO 555.

DE FIGUERAS AL COLL DE PORTELL EN LA FRONTEI

30 kilómetros.

PUEBLOS.	Vecindario.	Distancia en kilómetros.	Número de etapas.	OBSERVACIONES DE LOS PUEBLOS.	DEL
Pont de Molins, *l*..	121	6,0		Corta capacidad y escasos recursos, así como el siguiente.	Arranca, á la izquireda ((*núm.* 523), á 2,5 k. de Pont d Es de herradura, y desde l el verano, por cerrar su pasc por atravesar un terreno cub En el arranque entra en el dea por terreno fuertemente el Pirineo; á pocos metros mampostería, y se vadea á 0, roig. En Darnius el camino dell, que se vadea por últim: ma manera, por terreno áspe la costa Agullana, en el Pirii
Viure, *l*.	143	4,5			
Montroig, *ald*..	14	4,0		Sus pocas casas están diseminadas.	
Darnius, *l*.	217	3,5		Regulares condiciones para alojamiento, así como Agullana.	
Agullana, *l*.	247	4,0			
Coll de Portell, en el Pirineo.	»	8,0			

FIGUERAS AL COLL DE PORTELL EN LA FRONTERA.

PUEBLOS.	Vecindario.	Distancia en kilómetros.	Número de etapas.	OBSERVACIONES DE LOS PUEBLOS.	OBSERVACIONES DEL CAM
					para vadear la riera de aquel nomb de Agullana, continuando con fuert de regular pendiente, hasta el Coll cia y España. A 2,5 y 3 k. de Agullana se vadea Santa Eugenia, de curso constante. Del Coll de Portell arranca, en t que empalma con la carretera del

NÚMERO 556.

DE ROSAS AL PUERTO DE LA SELVA.

15 kilómetros.

PUEBLOS.	Vecindario.	Distancia en kilómetros.	Número de etapas.	OBSERVACIONES DE LOS PUEBLOS.	OBSERVACIONES DEL
					Arranca, á la izquierda de l (*núm.* 552), á 6,5 k. de Rosas Es carretero natural, pero e una carretera de tercer órden terreno cubierto de olivar ; neo, del que desciende, á 7,5 que se vadea á ménos de 1 k.
Selva de Mar, *v.*	158	13,0		Cortos recursos.	
Puerto de la Selva, *v.*	309	2,0		Buenas condiciones para alojamiento; es fondeadero, en el que sólo entran buques de cabotaje.	

NÚMERO 557.

DE BESALÚ AL COLL DELS HORTS (*de los Huertos*) EN LA FRON

44,5 kilómetros.

PUEBLOS.	Vecindario.	Distancia en kilómetros.	Número de etapas.	ORSERVACIONES — DE LOS PUEBLOS.	ORSERVACIONES — DEL CAMI
Mayá, *l.*	127	5,5		Poca capacidad y cortos recursos.	Arranca, á la izquierda de la car (núm. 552), á 3 k. de aquel punto. Es de herradura, de difícil tráns terreno, que imposibilita el flanque de suavemente por bosques, para sa neo por el Coll-Sacreu, á 2,5 k. de vadear la riera Villademiras, de c nuando por terreno muy ondulad riera Colmiñola; á 1, 2,5 y 4 k. de ras Cadavall y Sistella, de curso co este nombre la de Vilarich, desde fuertemente al Coll de las Forcas, á un valle estrecho, del que sale pa puente de piedra, á la entrada y á l el último punto empieza la subida de Alfan, del que se desciende por tos), al rio Mayó, límite entre Fran bonils se encuentra una casa de ca hombres y 15 caballos, y á 6, en el de carabineros. De este punto parte la carretera francesa de Prats de Mo
Lladó, *v.*	324	8,0		Buenas condiciones para alojamiento.	
Cistella, ó Sistella, *l.*	120	4,5		Poca capacidad, así como Terradas.	
Terradas, *l.*	248	6,0			
San Llorens de la Muga (San Lorenzo de la Muga), *l.*	243	4,5		Regular capacidad, pero pocos recursos.	
Carbonils, *l.*	9	8,0		Sus pocas casas están diseminadas.	
Límite entre Francia y España.	»	8,0			

NÚMERO 558.

DE PINEDA Á CASTELLON DE AMPURIAS POR LA COST

107 kilómetros.

PUEBLOS.	Vecindario.	Distancia en kilómetros.	Número de etapas.	OBSERVACIONES DE LOS PUEBLOS.	DEL
Malgrat, *v.*	771	5,5		Buenas condiciones para alojamiento de infantería; carece de cuadras para caballería; tiene estacion en el ferro-carril de Barcelona á Gerona por la costa.	Es carretero natural en casi la derecha de la carretera de I 4 k. de Pineda. Sigue próximo ferro-carril de Barcelona á Ger grat, separándose luégo por la se vadea el rio Tordera, límite Gerona. El terreno, por la der la izquierda, accidentado, don vado.
Blanes, *v.*	1161	6,0		Buenas condiciones; tiene estacion en el mismo ferro-carril; es fondeadero, frecuentado solamente por buques de cabotaje.	En Blanes arranca, por la iz *ro* 554, y en Lloret el de Sant
Lloret de Mar, *l.*	1051	6,5		Buenas para infantería; carece de cuadras para caballería.	Desde Lloret de Mar hasta aunque inmediato á la costa, tránsito, y atraviesa un terren bosques y matorral; en algun cil senda. En Tossa arranca, p dreras (*núm.* 560), y en San Fel na (*núm.* 547).
Tossa, *l.*	473	7,5		Regulares para infantería; carece de cuadras para caballería.	
San Feliu de Guixols, *v.*	1516	17,0		Buenas; es fondeadero, al que arriban semanalmente dos vapores de los que hacen la travesía entre varios puertos del Mediterráneo; dista 55 millas de Rosas, 5 de Palamós y 58 de Barcelona.	De San Feliu de Guixols á

PUEBLOS.	Vecindario.	Distancia en kilómetros.	Número de etapas.	OBSERVACIONES DE LOS PUEBLOS.	OBSERVACIONES DEL CAM[INO]
Fanals, *l.* (0,5 k. *i.*)..	84	5,0		Poca capacidad y escasos recursos, así como el pueblo siguiente.	carretero; corre á lo largo de la ondulado y cultivado. A 3 k. del Ridaura, que aunque de escasa interrumpe el tránsito. Se sale de Palamós por la carret se separa á la izquierda á la altura lafrugell, de donde se sale por u palma con la anterior, dejándola ta de la villa, para tomar un camino dulado y cultivado, que se separa De Palafrugell á Pals es comun bal á Bagur (*núm.* 551). Entre Palamós y Palafrugell, en un faro de primer órden. Ántes de llegar á Torroella se puente de mampostería y un gran extension; á su entrada el camin carros, practicable sólo en veran por otro paralelo á su corriente barca. En Torroella se corta el de Ge la salida de Bellcaire empalma, p á la Escala (*núm.* 548). El camino sigue por un terreno salida de la Escala. A la entrada Fluviá por medio de barca con ma ble en verano, y á 2,5 del mismo
San Antonio, *arr.* de Calonge..	92	4,5			
Palamós, *v.* (*d*).	475	2,0		Regulares condiciones para alojamiento; es fondeadero y tiene un faro de quinto órden, y una luz de enfilacion en el muelle. Suelen arribar algunos vapores de los que hacen la travesía entre varios puertos del Mediterráneo; dista 53 millas de Rosas, 5 de San Feliu de Guixols y 60 de Barcelona.	
San Juan de Palamós, *l.*	199	1,5		Regulares condiciones para alojamiento, y lo mismo el siguiente.	
Montras, *l.* (0,5 k. *i.*)..	138	6,0			
Palafrugell, *v.*.	948	2,5		Buenas.	
Pals, *v.* (*i.*).	317	6,0		Regulares.	
Torroella de Montgrí, *v.*	873	9,5		Buenas; es poblacion cerrada.	
Ullá, *l.*	109	1,5		Poca capacidad y cortos recursos, así como el siguiente.	
Bellcaire, *l.* (0,5 k. *i.*).	111	3,0			
Escala (La), *v.*	502	5,5		Buenas condiciones para alojamiento; está situada en la costa.	
Ampurias, *l.* (1 k. *d.*).	26	3,0		Corta capacidad y escasos recursos, así como los pueblos que siguen hasta Castellon de Ampurias.	
Cinclaus, *cas.*	5	»			
Montiró, *l.* (0,5 k. *i.*).	14	2,0			
Armentera, *l.*.	205	2,0			
San Pedro Pescador, *l.*	244	2,5			
Castellon de Ampurias, *v.*	738	8,0		Buenas condiciones para alojamiento.	

PUEBLOS.	Vecindario.	Distancia en kilómetros.	Número de etapas.	OBSERVACIONES DE LOS PUEBLOS.	OBSERVACIONES DE[L]
					por un puente de mampost[ería] Castellon de Ampurias se mampostería de siete arcos, de vadearse con facilidad [...] puente empalman este cam[ino] [nú]*mero* 552).

NÚMERO 559.

DE LLORET DE MAR Á SANTA COLOMA DE FARNÉS POR VIDR

29 kilómetros.

PUEBLOS.	Vecindario.	Distancia en kilómetros.	Número de etapas.	OBSERVACIONES DE LOS PUEBLOS.	DEL CAMI
					Arranca en Lloret, á la izquierda tellon de Ampurias (*núm.* 558). Lloret y Santa Coloma estarán u tercer órden, que tiene trozos conclu estudiar. El camino que se sigue natural, de fácil tránsito, pero de d un terreno cubierto de bosque.
Vidreras, *l.*	374	14,0		Buenas condiciones para alojamiento.	A 2,5 k. se vadea la riera de las A y el camino, con un gran desarroll
Sils, *l.*	107	4,0		Poca capacidad y cortos recursos; tiene estacion en los ferro-carriles de Barcelona á Gerona.	ciende con regular pendiente por la á 6,5 k. desciende á la riera del mi
Mallorquinas (Las), *cas.* . . .	33	1,5		Escasísimos recursos.	á 8,5; continúa despues por terreno
Riudarenas, *v.*	183	1,5		Regulares condiciones para alojamiento.	cuya entrada se vadea la riera de R la derecha un camino á Tossa (*núm.*
Santa Coloma de Farnés, *v.* . .	997	8,0		Buenas.	atraviesa un terreno poco despejado

PUEBLOS.	Vecindario.	Distancia en kilómetros.	Número de etapas.	OBSERVACIONES DE LOS PUEBLOS.	DE[illegible]
					mediacion de las ventas d[illegible] Barcelona á Gerona (núm. 5[illegible] la riera del Estang. A la s[illegible] paso de nivel el ferro-carril[illegible] llorquinas el camino de Gra[illegible] darenas empieza el trozo de[illegible] terreno cultivado y casi llan[illegible] palma con el camino de Vic[illegible]

NÚMERO 560.

DE TOSSA Á VIDRERAS.

20,5 kilómetros.

PUEBLOS.	Vecindario.	Distancia en kilómetros.	Número de etapas.	OBSERVACIONES	
				DE LOS PUEBLOS.	DEL CAM
Vidreras, *l.*	374	20,5		Buenas condiciones para alojamiento.	Arranca en Tossa, á la izquierda Ampurias (*núm.* 558). Es carretero natural, de suelo g no cubierto de espeso bosque, que se vadea la riera del Molino, de cu dirige, con marcadas ondulaciones Dalmau, del que asciende en zic-za una derivacion de la sierra Montbre desfiladero del Varne, de 2 k. de lo no ondulado. A 17 k. se vadea la ri gue hasta Vidreras, volviendo á vad cuentra la casa de campo de No hombres y 30 caballos. En Vidreras carretera de Lloret de Mar á Santa C

NÚMERO 561.

DE LÉRIDA Á LA FRONTERA POR BALAGUER, ARTESA, TREMP

10 etapas.—230,5 kilómetros.

RESÚMEN POR ETAPAS.

		Núm.	Kilóm.
De Lérida á	Balaguer (2 k. i.)	1	27
»	Artesa de Segre	2	26
»	Benavent	3	24,5
»	Tremp	4	23
»	Pobla de Segur	5	13,5
»	Sort	6	28
»	Esterri de Aréo	7	33
»	Tredós	8	21
»	Viella	9	11,5
»	Lés	10	18
»	Frontera	»	5
	TOTAL	10	230,5

LÉRIDA Á LA FRONTERA POR ARTESA.

PUEBLOS.	Vecindario.	Distancia en kilómetros.	Número de etapas.	OBSERVACIONES DE LOS PUEBLOS.	DEL CA
					Arranca, á la izquierda de la car (*núm.* 5), á 2,5 k. de Lérida. De esta plaza á Balaguer es carr cluida, y de tercero de Balaguer á cion hasta Tremp, y en proyecto que ahora se sigue desde Tremp e y carretero natural de Bosost al pu
Alcoletge, *l.* (0,5 k. *d.*).	177	7,5	1ª	Regulares condiciones para alojamiento.	A pocos metros del arranque, s ragoza á Barcelona, y á 1 k. se sep á Puigcerdá (*núm.* 563). La carrete vado, ligeramente ondulado en al orilla izquierda del Segre, sobre e blos de Villanueva y Termens. Pa ciso recorrer cerca de 2 k. que es la carretera que se describe, y pas por un puente de piedra de cinco a ranca, por la derecha, un camin Balaguer lo hace por la izquierda *mero* 562), y otro Monzon (*núm.* 46
Villanueva de la Barca, *l.*	134	5,5		Poca comodidad para caballería; tiene barca en el Segre.	
Termens, *l.* (*i.*).	192	4,0		Regulares condiciones para alojamiento, así como el siguiente; tienen tambien barca.	
Vallfogona, *l.* (0,5 k. *d.*). . . .	123	6,0			
Balaguer, *c.* (2 k. *i.*).	981	4,0		Buenas; es poblacion cerrada. Todos los pueblos de esta etapa carecen de fuentes, y se surten de agua del Segre.	
Asentin, *l.* (0,5 k. *d.*).	119	7,0	2ª	Poca capacidad.	El trozo de carretera de esta et monta en pendiente suave por ter izquierda, por las alturas que for so del Sió, cuyo rio debe atraves dea en la misma forma por un des de la sierra de Monclá, y descien tesa de Segre. A la altura de Marc que aquí corre por un túnel, cuy 2,5 por un puente de madera, en
Cubells, *v.* (0,5 k. *d.*).	307	8,5		Regulares condiciones para alojamiento; es poblacion cerrada, y tanto ésta como la anterior carecen de agua potable y se proveen de la de balsas.	
Foradada, *l.* (1 k. *i.*).	54	5,5		Poca capacidad y cortos recursos.	
Marcoban, *l.* (0,5 k. *d.*).. . . .	23	1,5			
Artesa de Segre, *v.*	194	3,5		Regulares condiciones.	

PUEBLOS.	Vecindario.	Distancia en kilómetros.	Número de etapas.	OBSERVACIONES DE LOS PUEBLOS.	DEL
					cha, la carretera de Montblan se separa, por la derecha, e (*núm.* 564). El que se sigue en esta et tera, es transitable á carros y unidos en algunos trozos.
Vilvest, *l.* (0,5 k. *d.*).	36	4,0	3ª	Todos los pueblos de esta etapa carecen de capacidad y recursos para un regular alojamiento.	El trozo de carretera en es truccion, y se sigue un camin Recorre un terreno llano, l y á la izquierda por el Segre por una barca á 4 k., empez Mont-sech por terreno de mo tes pendientes en algunos pu ciende fuertemente á Benaven A 5 k. del mismo pueblo d que, empalma, por la derecha
Vallebrera, *l.* (1 k. *i.*).	36	1,5			
Anyá (1 k. *d.*)..	35	0,5			
Montargull, *l.* (*i.*).	47	4,5			
Benavent, *l.* (0,5 k. *d.*).	79	14,0			
Conqués, *v.*	134	9,5	4ª	Regulares condiciones para alojamiento, así como los dos pueblos siguientes.	Sigue en construccion la camino, pues aquella corre pc ca de Tremp, y éste por la d Salvador. Continúa el descer en terreno ondulado y cultiva rio de San Romá, cuya orilla en la nueva carretera, por la sa, que cruza por un deterio Vilamitjana, ascendiendo des donde empalma, por la izqui frontera (*núm.* 562). En Figue Orgaña á Tremp (*núm.* 575).
Figuerola de Orcau, *v.*	157	2,5			
Vilamitjana, *l.* (*d.*).	121	7,0			
Tremp, *v.*	506	4,0		Buenas; es poblacion cerrada.	

LÉRIDA Á LA FRONTERA POR ARTESA.

PUEBLOS.	Vecindario.	Distancia en kilómetros.	Número de etapas.	OBSERVACIONES DE LOS PUEBLOS.	OBSERVACIONES DEL CA[MINO]
Talarn, *v.*	175	2,0	5ª	Regulares condiciones para alojamiento; es poblacion cerrada, así como el pueblo siguiente.	El camino es de herradura y atr[...] lado, con algunas pendientes fuert[...] llaresa, á cuyo rio se aproxima [...] por la izquierda, el camino á la fro[...] larn pasa el arroyo Solana por un[...] el de Solá, de corriente impetuosa [...] entrada en Pobla el rio Flamisell p[...] estribos de mampostería. El Nog[...] punto dista 0,5 k. de Pobla, tiene [...] con la orilla derecha.
Salás, *v.*	198	6,0			
San Juan de Vinyafrescal, *cas.* (*i*).	2	3,0			
Pobla de Segur, *v.*	389	2,5		Buenas.	
Gerri, *v.*	154	14,5	6ª	Regulares condiciones para alojamiento, así como el siguiente. Gerri es poblacion cerrada.	Continúa por terreno de la mism[...] pa anterior, y desde Pobla sigue [...] ladero por donde corre rápidamen[...] se halla la venta de la Barraca, [...] quedando éste interceptado cuand[...] empieza el paso dels Collegats; el[...] y sólo da paso al rio; el camino [...] cornisa estrecha, á 11 metros sobre[...] termina á 10,5 k.; allí se ensancha[...] por él muy unido al rio, cuya corri[...] en la época de lluvias la de los [...] interceptan el paso. En esta etapa se encuentran bas[...] pacidad.
Sort, *v.*	230	13,5			
Bastida (La), *l.*	25	1,5	7ª	Rialp, Llaborsi y Esterri permiten, por sus condiciones de capacidad y recursos, un regular alojamiento,	Continúa por terreno bastante on[...] del Noguera Pallaresa, cuyo rio at[...] un mal puente, que ha sido arrastra[...]
Rialp, *v.*	128	2,5			
Llaborsi, *v.*	72	10,5			

PUEBLOS.	Vecindario.	Distancia en kilómetros.	Número de etapas.	OBSERVACIONES DE LOS PUEBLOS.	OBSERVACIONES DEL
Aydi, *l.* (0,5 k. *d.*).	12	3,5	7ª	careciendo de una y otros los pueblos restantes de esta etapa.	á 10 k. vuelve á cruzarse por mino sigue por el estrecho val número de barrancos, que e rentes ; á 1,5 k. de Escaló tern reno ondulado hasta 6 k., en q á Esterri en suave pendiente. En esta etapa se encuentran de regular capacidad. A 6,5 k. de Rialp empalma, de Urgel (*núm.* 577), y de Este la frontera (*núm.* 576). En Ll otro camino á la frontera (*núm*
Estahon, *l.* (*d.*).	43	1,0			
Escaló, *l.*	47	3,5			
Esterri de Areo, *v.*	180	10,5			
Valencia de Areo, *l.*	43	1,5	8ª	Lugar diseminado y de cortos recursos.	A la salida de Esterri el can ra Pallaresa, y entra en el del corriente constante y rápida ; el valle, por terreno de roca al puerto de Pallás, conocido Piedras-Blancas, en el Pirine pasa, y desciende fuertement bosque y pasto, y muy próxin Tredós confluye con el rio Aig bre de Garona. A 3,5 k. de Valencia de Ar de la Mata por unos tablones nominado Estanque de Tarto el rio Aiguamoch por una alc En la subida del puerto e algunos puntos, y desaparece
Tredós, *l.*	86	19,5		Poca capacidad y cortos recursos.	

PUEBLOS.	Vecindario.	Distancia en kilómetros.	Número de etapas.	OBSERVACIONES DE LOS PUEBLOS.	OBSERVACIONES DEL CAM[INO]
					por las nieves en todas las esta[…] En el primer trozo de la subida […] de poca capacidad.
Unyá, *l.* (0,5 k. *d.*)	34	1,5	9ª	Sólo Viella reune condiciones para un regular alojamiento, los demas pueblos tienen su caserío diseminado por el valle de Aran.	El camino desciende por el valle[…] orilla derecha del Garona; pasa e[…] un ponton de mamposteria, asi co[…] fluye con aquel en dicho pueblo. P[…] rio Negro, que afluye en el Garon[…] y sobre el que existe una alcantaril[…] etapa tienen pontones sobre el Ga[…]
Salardú, *v.*	95	»			
Gessa, *l.*	60	1,0			
Artiés, *v.*	116	1,5			
Garós, *l.* (*d.*)	46	2,5			
Casarill, *l.*	19	1,5			
Escuñau, *l.*	44	0,5			
Betren, *ald.*	44	1,5			
Viella, *v.*	204	1,5		A 5 k. hay un establecimiento de baños termales.	En Viella empalma, por la izqu[…] (*núm.* 562), y una senda que condu[…] el vecino imperio.
Aubert, *l.*	41	3,0	10ª	Lugares de caserío diseminado en el valle y de cortos recursos, importados la mayor parte del vecino imperio.	A la salida de Viella se pasa el […]dra, y el camino, de fácil tránsito, […]lle de Aran y orilla derecha del rio […] de Aubert, y continúa por ella, […] Lés, que vuelve á cruzar el rio po[…] de Bordas pasa por un ponton […] que afluye pocos metros á la derech[…] camino es carretero natural.
Bordas, *l.*	109	5,0			
Bosost, *v.*	221	7,0			
Lés, *l.*	170	3,0			
Frontera.	»	5,0			De Lés á la frontera el camino […] en descenso por el valle de Aran […]mente á 2 k., despues de pasar el […]dera. A 5 se llega al puente del […] Francia, donde arranca la carreter[…] partamento del Garona.

NÚMERO 562.

DE LÉRIDA A LA FRONTERA POR BALAGUER, SANTA LIÑA, TREMP,

7 etapas.—191,5 Kilómetros.

RESÚMEN POR ETAPAS.

	Núm.	Kilóm.
De Lérida á Balaguer.	1	29
» Santa Liña..	2	18
» Tremp.	3	34,5
» Aren..	4	22
» Villaller..	5	34
» Viella.	6	31
» Lés.	7	18
» Frontera.	»	5
TOTAL.	7	191,5

PUEBLOS.	Vecindario.	Distancia en kilómetros.	Número de etapas.	OBSERVACIONES DE LOS PUEBLOS.	OBSERVACIONES DE[L]
Lérida á Balaguer.	»	29,0	1ª	V. *Núm.* 561.	Arranca en Balaguer, á la i[...] frontera (*núm.* 561), y es más

PUEBLOS.	Vecindario.	Distancia en kilómetros.	Número de etapas.	OBSERVACIONES DE LOS PUEBLOS.	DEL CA
Agér, *v.*	383	4,0	2ª	Regulares condiciones para alojamiento.	Es de herradura, y faldea por la cordillera que limita su valle; se para salvar con fuertes pendient cuenca del Noguera Pallaresa.
Vilanova de Avellanes, *l.* (1 k. *d.*).	102	7,0		Poca capacidad.	
Santa Liña, *l.*.	115	7,0		Regulares condiciones.	
Oronés, *parr.*	21	10,0	3ª	Tremp reune buenas condiciones para alojamiento; los demas pueblos carecen de recursos y capacidad.	Desciende al último de los ante quierda pasa por un puente de ma nés ; asciende despues por terren Mont-Sech, y pasa á 6 k. de Sant H cho desfiladero de Torradets, en en cornisa á bastante altura sobre del mismo pueblo, pasa á la márg madera, y á 9 el torrente del Bosc dero, y el camino sigue por el val ximo á la orilla derecha del rio. riera de Artafulla por un ponton dea la de Ricós, de la que descie cuya villa pasa tambien el camin *mero* 561).
Sant Hoisme, *l.*	19	1,0			
Sellés, *l.* (1 k. *i.*).	28	11,5			
Palau de Noguera, *l.*.	90	9,5			
Tremp, *v.*	506	2,5		Es poblacion cerrada.	
Talarn, *v.*	175	2,0	4ª	Es poblacion cerrada, y reune regulares condiciones para alojamiento, así como Aren.	De Tremp á Talarn este camino de citar, separándose, á la izquier de el cual asciende, con no fuer Mitjana, divisoria de aguas entre con las mismas condiciones á E punto pasa por un ponton de mar zana, límite entre las provincias d capitanías generales de Cataluña por la izquierda, los caminos de 453 y 464).
Espluga-Freda, *l.*	9	14,0			
Aren, *v.*	204	6,0			

PUEBLOS.	Vecindario.	Distancia en kilómetros.	Número de etapas.	OBSERVACIONES DE LOS PUEBLOS.	DEL C[illegible]
Sopeira, *l.*	67	9,0	5ª	Escasos recursos y poca capacidad, así como los dos pueblos siguientes.	El camino es en esta etapa de[illegible] so del Noguera Rivagorzana po[illegible] 8 k. de Aren, y 1 de Sopeira, se [illegible] postería ; en el segundo entra e[illegible] dero de las Escalas, de un kilóm[illegible] dos elevadísimas y escarpadas r[illegible] abierto en cornisa. A 10 y 14 de [illegible] guera Rivagorzana por dos puer[illegible]
Pont de Suer, *v.*	97	14,0			
Vilallez, *v.*.	134	11,0			
Senet, *l.*	38	10,0	6ª	Corta capacidad.	A 8 k. de Senet, en el meson [illegible] abandona el curso del rio, y con[illegible] la subida de los Pirineos contin[illegible] los pasa á 13 k., y desciende en [illegible] por la márgen derecha del rio N[illegible] El puerto es sólo practicable en [illegible] la nieve el resto del año, por cu[illegible] lo abandonan en invierno, y pas[illegible]
Viella, *v.*	204	21,0		Regulares condiciones ; á 5 k. hay un establecimiento de baños termales.	
De Viella al puente del Rey, en la frontera.	»	23,0	7ª	V. *Núm.* 561.	En ella empalma este camino [illegible] tera (*núm.* 561).

NÚMERO 563.

DE LÉRIDA Á PUIGCERDÁ POR AGRAMUNT Y SEO DE URGE

8 étapas.—197,5 kilómetros.

RESÚMEN POR ETAPAS.

	Núm.	Kilóm.
De Lérida á Linyola.	1	26
» Agramunt.	2	21,5
» Pons.	3	20,5
» Oliana.	4	27,5
» Organyá.	5	24
» Seo de Urgel.	6	26,5
» Bellver.	7	34,5
» Puigcerdá.	8	17
TOTAL.	8	197,5

PUEBLOS.	Vecindario.	Distancia en kilómetros.	Número de etapas.	OBSERVACIONES DE LOS PUEBLOS.	OBSERVACIONES DEL C
					Arranca, á la derecha de la c francesa (*núm.* 561), á 3,5 k. de Es carretero natural hasta Pc tante.
Alcoletge, *l.* (1 k. *i.*) Bellvis, *l.* Linyola, *v.*	177 236 211	7,0 10,5 8,5	1ª	Regulares condiciones para alojamiento. El agua en los tres pueblos es de balsa.	Desde el arranque atraviesa Urgel, y se hace pantanoso en vias. En Linyola cruza el camino d
Castellserá, *l.* Agramunt, *v.*	186 640	8,5 13,0	2ª	Regulares condiciones; el agua es de balsa. Buenas; es poblacion cerrada.	Continúa por terreno semeja 1 k. de Castellserá, que se ondu diente muy suave la colina de Urgel, y de la que desciende e cubierto de huertas cercadas, p á la entrada de esta villa pasa e dos arcos, en el que arranca, p ra (*núm.* 568). Algunos metros tera de Montblanch á Artesa (A 6 k. de Castellserá pasa pc
Puellas, *l.* (1 k. *d.*) Malavella, *cas.* (0,5 k. *d.*) Oliola, *l.* (*i.*) Pons, *v.*	22 10 42 405	3,0 8,0 4,0 5,5	3ª	Pons es el único pueblo que en esta etapa reune regulares condiciones para alojamiento.	Despues de un corto descens dulado, y faldea entre cultivos por la izquierda, el valle que si barranco de este nombre, el cu bastante agua, y el camino ma Llobregós, cuya orilla izquierd pues de una corta pero penos de empalma, por la izquierd

PUEBLOS.	Vecindario.	Distancia en kilómetros.	Número de etapas.	OBSERVACIONES DE LOS PUEBLOS.	OBSERVACIONES DEL CA[MINO]
					de Urgel (*núm.* 564). En Pons arra mino á Folguet (*núm.* 574), y por *ro* 542), que bifurca á 3 k. en el qu
Gualter, *l.* (1 k. *i.*)	40	1,5	4ª	Tiurana y Oliana reunen regulares condiciones para el alojamiento; los demas pueblos de esta etapa tienen poca capacidad y cortos recursos. Para comunicarse con Gualter hay que atravesar el Segre por una barca de maroma, situada á 1,5 k. de Pons. Tiurana es poblacion cerrada.	El camino desciende suavement Segre, sobre el que hay una barca de ser transitable á carros, y sigue poca distancia, faldeando con pen la cordillera que limita el valle, q hasta el punto de obligar al camin con piso en escalones de piedra. vega de Oliana, por la que contin rios barrancos, algunos de márge ca de lluvias son otros tantos torr se vadea la riera Salada, que en la camino.
Miralpeix, *ald.* (*i.*)	18	7,5			
Tiurana, *v.*	90	1,0			
Castellnou de Basella, *v.*	14	6,0			
Clúa, *l.* (1 k. *i.*)	17	»			
Basella, *ald.*	38	3,0			
Oliana, *v.*	209	8,5			
Coll de Nargó, *l.*	270	18,0	5ª	Poca capacidad.	Continúa por la vega de Oliana h con pendientes fuertes en lo gene las alturas que forman el estrecho sa por un puente de piedra, de un el barranco de Mala-Mujer por o el Coll de Nargó, en un estribo de nosa, y desciende con fuerte pen dea á 16,5. A 3 de Coll de Nargó, el puente de Espí, sobre el Segre, á Calaf (*núm.* 539). A 4,5 se atra puente de piedra, de un arco. quierda, un camino á Tremp (*núm.* tran várias ventas y caseríos, algu
Organyá, *v.*	244	6,0		Regulares condiciones para alojamiento; es poblacion cerrada.	

PUEBLOS.	Vecindario.	Distancia en kilómetros.	Número de etapas.	OBSERVACIONES DE LOS PUEBLOS.	OBSERVACIONES DEL
Hostalets (Los), *cas*.	6	11,0	6ª	Sólo la Seo de Urgel reune buenas condiciones para alojamiento en esta etapa.	Cruza la cultivada vega de C de Cabó, donde empieza el prc Tres Puentes, en el que el cam mal piso, de cortas pero conti rio por uno ú otro lado, y bast 6 k. cruza el Segre, por un pue con un arco; á 7 k. termina el el camino faldea, con pendient cendencias del Pirineo que foi ensancha bastante en algunos lets atraviesa la riera de Tort, su veloz corriente, y á la salid de piedra, de cuatro arcos, de tablas. A 2 k. de Pla de San Ti quierda, hay otro puente sobr Adrall y otros pueblos de la or tellciutat se deja á este lado la despues se pasa el rio Valira p dos arcos. Desde Arfá á Seo d que va por la orilla izquierda d invierno, y atraviesa el rio por de Seo de Urgel, donde se cruz (*núm*. 525). De Castellciutat arranca, por (*núm*. 578), y ántes de la ciu lado, otro á Llaborsi (*núm*. 57
Plá de San Tirs, *l*. (*d*.).	98	5,0			
Adrall, *l*. (1 k. *i*).	46	2,5			
Arfá, *v*.	117	2,0			
Monferrer, *l*. (0,5 k. *d*.). . . .	33	2,0			
Castellciutat, *v*.	120	2,5			
Seo de Urgel, *c*.	594	1,5		Es plaza de guerra.	

PUEBLOS.	Vecindario.	Distancia en kilómetros.	Número de etapas.	OBSERVACIONES DE LOS PUEBLOS.	OBSERVACIONES DEL CAMI
Alás, *l.* (0,5 k. *d.*).	83	4,5	7ª	Bellver reune regulares condiciones para alojamiento, y es poblacion cerrada; las demas cuentan con poquísimos recursos y escasa capacidad.	El camino, de herradura, remonta valle ancho y cultivado hasta Alás, do siderablemente, limitándole elevada que, con algun cultivo en sus faldas En Pont de Bar y en Martinet pas madera, ensanchando el valle desde
Torres, *l.* (1 k. *i.*).	7	1,5			
Pont de Bar, *ald.*.	7	10,0			
Martinet, *l.*	93	10,0			
Prullans, *l.* (1 k. *i.*).	131	4,5			
Bellver, *v.* (*d.*).	136	4,0			
Isobol, *l.*	15	4,5	8ª	Excepto Puigcerdá, que reune buenas condiciones para alojamiento, los demas pueblos de esta etapa son insignificantes por su corto vecindario y recursos.	El valle, que está cultivado, sigue mente. A 3 k. se vadea el rio Vallto de Lérida y Gerona. En Bolvir se ab el valle del Arabó, su afluente, c puente de piedra, á la entrada en Pu
All, *cas.* (1 k. *i.*).	20	3,0			
Sanabastre, *l.* (0,5 k. *d.*).	20	»			
Ger, *l.* (1 k. *i.*).	105	1,5			
Sagá, *l.* (1 k. *i.*)..	6	0,5			
Bolvir, *l.*	68	2,5			
Puigcerdá, *v.*.	464	5,0			

NÚMERO 564.

DE LÉRIDA Á SEO DE URGEL POR BALAGUER, ARTESA Y

6 etapas.—146 kilómetros.

RESÚMEN POR ETAPAS.

	Núm.	Kilóm.
De Lérida á Balaguer (2 k. *i.*)	1	27
» Artesa de Segre.	2	26
» Pons.	3	15
» Oliana.	4	27,5
» Organyá.	5	24
» Seo de Urgel.	6	26,5
TOTAL.	6	146

PUEBLOS.	Vecindario.	Distancia en kilómetros.	Número de etapas.	OBSERVACIONES DE LOS PUEBLOS.	DE
De Lérida á Artesa de Segre. . .	»	53,0	2	V. *Núm.* 561.	Arranca en Artesa de Seg da á la frontera (*núm.* 561) por Agramunt (*núm.* 563), l de Lérida á Pons, que cont

LÉRIDA Á SEO DE URGEL.

PUEBLOS.	Vecindario.	Distancia en kilómetros.	Número de etapas.	OBSERVACIONES DE LOS PUEBLOS.	OBSERVACIONES DEL CA[MINO]
Tudela, *l.* (1 k. *d.*).	80	4,0	3ª	Pons reune buenas condiciones para alojamiento; los demas pueblos tienen poca capacidad y cortos recursos.	El trozo de carretera en esta et gue muy próxima al antiguo cami se sigue hasta que aquella esté co A 1,5 k. pasa el canal de Urgel, corre un terreno cultivado en su restante, y en ascenso suave por derivaciones de las sierras de Mo orígen del arroyo Senill, que sig En Gos desciende con pendiente trecho desfiladero, donde corre el des, al rio Llobregós, que se va corta, pero penosa subida, descie palma con el camino de Lérida á
Ceró, *l.*.	59	2,0			
Gos, *cas.* (*i.*).	9	3,0			
Pons, *v.*	405	6,0			
De Pons á Seo de Urgel.	»	78,0	3	V. *Núm.* 563.	

NÚMERO 565.

DE LLABORSI Á LA FRONTERA

36,5 kilómetros.

PUEBLOS.	Vecindario.	Distancia en kilómetros.	Número de etapas.	OBSERVACIONES DE LOS PUEBLOS.	DEL
Tirvia, *v.*	109	5,5		Todos los pueblos son de escasa capacidad y pocos recursos.	Arranca en Llaborsi, á la (frontera (*núm.* 561). Es de herradura, de dificil . el curso del rio Cardos, aflue cha villa empalma, por la dere (*núm.* 578), y abandona aquel que pasa várias veces por puent filadero limitado por ásperas m que. De Alins á Aréo el camin infantería, y se conoce en el p timo de los citados puntos emp los Pirineos por el Coll ó pue España y Francia, desde el qu pueblo de esta última nacion. en verano; lo restante del año
Aralıós, *l.*	30	4,0			
Ainet de Bestan, *l.* (1 k. *i.*)	45	3,0			
Alins, *l.*	98	5,0			
Aréo, *l.*	97	5,0			
Frontera	»	14,0			

NÚMERO 566.

DE MONTBLANCH Á ARTESA DE SEGRE POR TÁRREGA Y AGRA

67,5 kilómetros.

PUEBLOS.	Vecindario.	Distancia en kilómetros.	Número de etapas.	OBSERVACIONES — DE LOS PUEBLOS.
Guardia dels Prats, *l.*	81	2,5		Regulares condiciones para alojamiento, así como Solivella.
Solivella, *l.*	284	6,5		
Belltall, *l.*	61	9,0		Poca capacidad y cortos recursos, así como los dos pueblos siguientes.
Ciutadilla, *l* (0,5 k. *d.*).	166	8,5		
Nalech, *l.* (1 k. *i.*).	100	0,5		
Verdú, *l.* (0,5 k. *d.*).	435	5,0		Regulares condiciones para alojamiento.
Tárrega, *v.*	873	4,5		Buenas; tiene estacion en el ferro-carril de Zaragoza á Barcelona, y es poblacion cerrada.
Altet, *l.* (1 k. *d.*).	61	3,5		Poca capacidad y cortos recursos, así como Claravalls; el agua en ambos es de balsa.
Claravalls, *l.*	81	2,5		
Agramunt, *v.*	640	10,5		Buenas condiciones para alojamiento; es poblacion cerrada.
Mafet, *l.* (*d.*).	21	3,0		Poca capacidad y cortos recursos.

DEL CAM

Arranca, á la izquierda de la ca
(*núm.* 416), 0,5 k. ántes de Montbl
Es carretera de segundo órden
Atraviesa un terreno llano y cul
pueblo arranca, por la derecha, u
sigue con algunas ondulaciones,
de la sierra de Tallat, divisoria d
con fuertes pendientes en algunos
desciende con bastante rapidez p
de bosque al rio Corp, que pasa p
de Ciutadilla; continúa despues
bida, por terreno cultivado y lla
mente con ligeras ondulaciones al
ra, que cruza por un puente de pi
de esta villa, en la que atraviesa l
lona (*núm.* 5).
A 1,5 k. de Belltall está el limi
gona y Lérida. A la salida de Tárr

PUEBLOS.	Vecindario.	Distancia en kilómetros.	Número de etapas.	OBSERVACIONES DE LOS PUEBLOS.	OBSERVACIONES DEL C
Monclá, *l.* (1 k. *i.*).	113	5,5		Poca capacidad y cortos recursos.	ragoza á Barcelona, y la carret do, despejado y ligeramente on el Urgel. A la entrada de Ag puente de piedra de dos arcos, camino de Lérida á Puigcerd puente empalma, por la derecl *ro* 568). De Agramunt á Artesa la carre un terreno llano y cultivado, y de Agramunt y ántes de Mafet, de Agramunt empieza la subida despues, á la sierra de Monclá, Mafet, con fuerte pendiente á esta villa, en el puente sobre carretera con la de Lérida á la f
Artesa de Segre, *v.*	194	6,0		Regulares condiciones para alojamiento.	

NÚMERO 567.

DE TÁRREGA Á BALAGUER.

34,5 kilómetros.

PUEBLOS.	Vecindario.	Distancia en kilómetros.	Número de etapas.	OBSERVACIONES DE LOS PUEBLOS.	DEL CA
Vilagrasa, *l.*	166	2,5		Estos pueblos reunen buenas condiciones para alojamiento, pero sólo tienen agua de balsa, excepto Balaguer, que se surte de la del Segre; esta poblacion es cerrada.	Arranca en Vilagrasa, á la izquie á Barcelona (*núm.* 5). Es carretero natural y de no fácil cerlo las lluvias bastante pantanos Atraviesa un terreno cultivado en A 0,5 de Vilagrasa cruza por pa Zaragoza á Barcelona, y á 2,5 k. de pasa respectivamente por pontones y una acequia. En Linyola atraviesa cerdá (*núm.* 563), y 2 k. ántes de Ba tera por Tremp (*núm.* 561).
Anglesola, *v.*	301	2,0			
Ibars de Urgel, *l.*	124	9,0			
Linyola, *v.*	211	8,0			
Balaguer, *c.*	981	13,0			

NÚMERO 568.

DE AGRAMUNT Á CERVERA.

23,5 kilómetros.

PUEBLOS.	Vecindario.	Distancia en kilómetros.	Número de etapas.	OBSERVACIONES DE LOS PUEBLOS.	OBSERVACIONES DE[…]
Puigvert, *l.*	164	2,5		Puigvert reune regulares condiciones para alojamiento, y Cervera buenas; los demas pueblos son de cortísimo vecindario.	Arranca, á la derecha de l[…] (*núm.* 566), á la entrada del[…] canías de Agramunt. Es carr[…] rio, por terreno ondulado y[…] Montroig abandona el Sió, q[…] Cardosa empalma con la ca[…] *mero* 5).
Ossó, *l.* (0,5 k. *i.*).	52	4,0			
Bellvé, *l.* (0,5 k. *i.*).	34	1,5			
Montroig, *l.* (1 k. *i.*).	62	1,0			
Arañó, *l.* (0,5 k. *d.*).	14	5,5			
Moncortés, *l.*	11	2,5			
Cardosa, *l.* (0,5 k. *i.*).	11	2,0			
Cervera, *c.*	989	4,5		Es poblacion cerrada.	

NÚMERO 569.

DE BRUCH Á BERGA.

77,5 kilómetros.

PUEBLOS.	Vecindario.	Distancia en kilómetros.	Número de etapas.	OBSERVACIONES DE LOS PUEBLOS.	DEL CAM
					Arranca, á la izquierda de la carr ra (*núm.* 525), en las inmediaciones Bruch de Arriba, y 1 del punto en q de la de Madrid á Barcelona (*núm.* Es carretero natural en una peque ra, malo, la restante.
Castellfollit del Boix, *parr.* . . .	84	17,5		Los tres primeros pueblos tienen su caserío diseminado en extenso término.	Desciende por terreno despejado Casa-Masana hasta Castellfollit, do carros; continúa en descenso fuer
Rajadell, *l.*.	66	8,5		Tiene estacion en el ferro-carril de Zaragoza á Barcelona.	para cruzar á vado la riera de Rajad blo, y pocos metros despues el ferr
Fals, *parr.*.	80	2,0			lona. En Rajadell se corta la carre
Suria, *l.*.	305	13,5		Regulares condiciones para alojamiento.	*mero* 507). Desde aquel punto sigu
Castelladrall, *parr.*	86	9,0		Su caserío está diseminado, así como el del siguiente.	lado; se vadea á 3 k. de Fals la riera
Serrateig, *l.* (1 k. i.).	50	5,5			en época de lluvias, y asciende par
Avia, *l.*.	178	18,0		Regulares condiciones para alojamiento.	tan el curso del Cardener, cuyo rio pueblo; á 13 empalma este camino
Berga, *v.*	1129	3,5		Buenas; es poblacion cerrada.	á Andorra (*núm.* 525), por la que s

PUEBLOS.	Vecindario.	Distancia en kilómetros.	Número de etapas.	OBSERVACIONES DE LOS PUEBLOS.	DEL
					ria, donde el camino que se para ascender por la sierra d ner y Llobregat, á 8 k. de Ca pendientes no fuertes, para c lon, sujeto á grandes avenid ondulado hasta 1 k. de Aviá, Calaf á Berga (*núm.* 541), que de Castelladrall se encuentra

NÚMERO 570.

DE BRUCH Á MANRESA POR MONISTROL.

36 kilómetros.

PUEBLOS.	Vecindario.	Distancia en kilómetros.	Número de etapas.	OBSERVACIONES DE LOS PUEBLOS.	OBSERVACIONES DEL CAM
					Arranca, en las inmediaciones de la carretera de Barcelona á An Bruch de Arriba, ó á 1 del punto para de la de Madrid á Barcelona Es carretero natural, carretera d Desciende á media ladera por l gran altura sobre el Llobregat; Bruch de Arriba), empalma con la estacion del ferro-carril de Monis Montserrat (2,5 k. d.), y sigue en montaña de este nombre, al Llobre nías de Monistrol, por un puente camino de Esparraguera á Monis puente, el que se describe remon bre el que se encuentra, á 2 k. de M ro, que conduce á la gran fábrica
Monistrol de Montserrat, *v.* (*i.*)..	287	18,0		Buenas condiciones para alojamiento; tiene estacion en el ferro-carril de Zaragoza á Barcelona.	
Santa María de Vilar, *parr.* . .	98	5,0		Su caserío está diseminado.	
Manresa, *c.*	3425	13,0		Buenas condiciones; tiene estacion en el citado ferro-carril; es poblacion cerrada y hay estacion telegráfica, de servicio, y una fábrica de pólvora.	

PUEBLOS.	Vecindario.	Distancia en kilómetros.	Número de etapas.	OBSERVACIONES DE LOS PUEBLOS.	DEL
					pueblo, abandona la carretera pues, en la estacion indicada pendiente difícil á carros, que donde se continúa por uno de bregat; este rio se pasa por un María de Vilar, y algunos me Castell-Vell, de gran corriente genes escarpadas; el camino del que sale al valle del Llobr lar se unen el Cardener y L otra vez á carros, sigue próxi terreno ligeramente ondulado un puente el rio Guardiola; á puente de mampostería, y poc de Zaragoza á Barcelona, por Manresa pasa el rio Cardener, arcos, en el que empalma co dorra, de la que se separó en

NÚMERO 571.

DE ESPARRAGUERA Á MONISTROL.

11,5 kilómetros.

PUEBLOS.	Vecindario.	Distancia en kilómetros.	Número de etapas.	OBSERVACIONES DE LOS PUEBLOS.	OBSERVACIONES DEL CAM
Monistrol de Monserrat, *v*.. . .	287	11,5		Buenas condiciones para alojamiento. Tiene estacion en el ferro-carril de Zaragoza á Barcelona, pero separada 4 k.	Arranca en Esparraguera, á la Madrid á Barcelona (*núm.* 5). Los primeros 3,5 k. son de la car raguera á los baños de la Puda, y carretero natural, de difícil tránsi la calidad del terreno. Desciende al Llobregat, cuyo cu alturas que forman la márgen de puente de piedra el arroyo Sage, y sujeta á grandes avenidas. A 3,5 s carretera á los baños sulfurosos de ranco Estruch por un puente de curso del Llobregat al pié de la mo reno bastante ondulado y dominado y cerca de un puente sobre dicho Bruch á Manresa (*núm.* 570).

NÚMERO 572.

DE VILLANUEVA Y LA GELTRÚ Á CALAF POR VILLAFRANCA DEL PANA

78,5 kilómetros.

PUEBLOS.	Vecindario.	Distancia en kilómetros.	Número de etapas.	OBSERVACIONES DE LOS PUEBLOS.	DEL
					Arranca en Villanueva y la ra de Barcelona á Tarragona Es carretera de tercer órd este punto á Calaf tiene troz sin estudiar.
Canyellas, *l.*	107	7,5		Corta capacidad.	La carretera atraviesa un
Villafranca del Panadés, *v.* . . .	1299	9,0		Buenas; es poblacion cerrada y tiene estacion en el ferro-carril de Barcelona á Valencia.	campo y cultivos cercados. una cañada, para ganar por e de la Font, de los que descie
Cabañas (Las), *l.*	60	3,0		Su caserío está muy diseminado, así como el siguiente; cuentan con escasos recursos.	Canyellas, por el que contin
Puigdalba, *l.* (0,5 k. *d.*). . . .	56	3,5			ca, por la derecha, la carret gue por un estrecho valle, f
San Quintin de Mediona, *v.* . . .	472	8,5		Buenas condiciones para alojamiento.	próxima á la riera de Canyell
San Pedro Sacarreras, *cas.* (1 k. *i.*).	18	5,0		Escasa capacidad y ningun recurso.	tes de piedra de un arco á O,
Capellades, *v.*.	621	6,0		Buenas condiciones para alojamiento.	y entra en el cultivado llano
Pobla de Claramunt (La), *l.* . .	236	4,5		Regulares.	la carretera de Barcelona á T
Vilanova del Camí, *l.*	159	5,5		Reducido caserío y pocos recursos.	El camino, desde Villafra

PUEBLOS.	Vecindario.	Distancia en kilómetros.	Número de etapas.	OBSERVACIONES DE LOS PUEBLOS.	OBSERVACIONES DEL CA[MINO]
Igualada, *v.*	2536	1,5		Buenas condiciones para alojamiento.	tránsito en la época de lluvias. A por terreno cultivado, para salvar, de Font-Rubí, de la que desciend carretera al rio Mediona, que pas ría, 1 k. ántes de San Quintin de pueblo cruza el camino del Bru termina la carretera, y sigue cam tante ondulado y accidentado, del Pedro, con pendiente difícil para dea á 3 k. de Capellades; sigue el rio, que vuelve á vadearse á 3,5 d y 1,5 de Vilanova. A 3 de Pobla s las cercanías de San Pedro arranc de Capellades á Rodoña (*núm.* 59 se separa, por la derecha, otro á Vilanova empalma el camino que Madrid á Barcelona (*núm.* 5), por donde se separa, por la izquierd diendo fuertemente, por terreno c la sierra Grabalosa, derivacion de y desciende en la misma forma al pasa por un puente de piedra, á gue despues el camino un terreno laciones hasta Calaf, donde emp na á Lérida (*núm.* 507). A 8 y 11,5 el caserío de las Mayolas y el Hos Un k. ántes de Villafranca, y á paso á nivel el ferro-carril de Bar
Prats del Rey, *v.*	221	20,0		Reducido caserío y cortos recursos.	
Calaf, *v.*	296	4,5		Regulares condiciones para alojamiento; es poblacion cerrada y tiene estacion en el ferro-carril de Zaragoza á Barcelona.	

NÚMERO 573.

DE CALAF Á CARDONA POR EL BOSQUE.

30,5 kilómetros.

PUEBLOS.	Vecindario.	Distancia en kilómetros.	Número de etapas.	OBSERVACIONES DE LOS PUEBLOS.	OBSERVACIONES DEL
Cardona, *v.*	918	30,5		Buenas condiciones para alojamiento; es plaza de guerra.	Arranca, á 0,5 k. de Calaf, duce á Organyá por Solsona (Es de herradura, y atravie: so, y con fuertes y continuas 21,5 k. desciende en la mism: el camino de Calaf á Berga provincias de Lérida y Barcel A 15 k. se halla el ventorril za el torrente de Miralles.

NÚMERO 574.

DE CALAF Á FOLQUET POR PONS.

54,5 kilómetros.

PUEBLOS.	Vecindario.	Distancia en kilómetros.	Número de etapas.	OBSERVACIONES DE LOS PUEBLOS.	OBSERVACIONES DEL CAM
					Arranca en Calaf, á la derecha de rida (*núm.* 507). Es de herradura, y existe el pro tera de tercer órden entre Calaf y P Desciende al rio Llobregós, des Bó; en Castellfullit pasa de la mi cha de aquel rio, cuyo fértil y anch empalmar, 3 k. ántes de Pons, con *mero* 542), por el que se continúa izquierda del de Lérida á Puigcerd A 2,5 k. de Castellfullit está el lí celona y Lérida. A la salida de To ra, y á 4 k. de Biosca se encuentra regular capacidad. En la venta de B se cruza el camino de Solsona á Ce De Pons á Folquet, el terreno es bierto de bosque, lo que dificulta el Segre por barca, y despues de c palma este camino, cerca de la vent ra de Lérida á la frontera por Balag
Castellfullit de Riubregós, *v.* (0,5 k. *i.*).	173	9,0		Su caserío está muy diseminado.	
Torá, *v.*	247	5,5		Regulares condiciones para alojamiento.	
Biosca, *v.* (0,5 k. *d.*).	160	5,5		Su caserío es reducido y los recursos son muy escasos.	
Sanahuja, *v.*	314	5,5		Regulares condiciones para alojamiento, así como la villa siguiente.	
Pons, *v.*.	405	12,5			
Gualter, *l.*	40	2,0		Poca capacidad y escasos recursos, así como el siguiente.	
Montmagastre, *l.* (0,5 k. *i.*). . .	50	10,0			
Folquet, *venta y ermita.* . . .	»	4,5			

NÚMERO 575.

DE ORGANYÁ (ORGAÑÁ) Á TREMP.

46,5 kilómetros.

PUEBLOS.	Vecindario.	Distancia en kilómetros.	Número de etapas.	OBSERVACIONES DE LOS PUEBLOS.	OBSERVACIONES DEL
					Arranca en Organyá, á la i Puigcerdá (*núm.* 563). Es de herradura, y desde bida de Fenollet en la sierra cell, y desciende á media lad sigue desde 6,5; á 8 se pasa mino llega á Avella, despues De este lugar desciende rápid que se vadea á 1,5 k., y conti jado y ondulado hasta Figuer la carretera de Lérida á la fro
Montanicell, *l*..	168	8,0		Lugar diseminado.	
Avella de la Conca, *l*.	170	16,5		Regulares condiciones para alojamiento, así como los dos pueblos siguientes.	
San Romá de Avella, *l*..	111	6,0			
Figuerola de Orcau, *v*.	157	5,0			
De Figuerola á Tremp.	»	11,0		V. *Núm.* 561.	

NÚMERO 576.

DE ESTERRI DE ARÉO Á LA FRONTERA.

18 kilómetros.

PUEBLOS.	Vecindario.	Distancia en kilómetros.	Número de etapas.	OBSERVACIONES DE LOS PUEBLOS.	OBSERVACIONES DEL CA
Isabarre, *l*.	28	4,0		Su reducido caserío está diseminado, y no cuentan con recursos.	Arranca en Esterri, á la derech frontera por Tremp (*núm.* 561). Es de herradura, de difícil trán rio Noguera Pallaresa por un valle vadas alturas, inaccesibles en al Esterri, á la de Borén y á 2 k. de nes de mampostería. A 5 k. de es curso, y empieza una áspera subi llera de los Pirineos Occidentales que se encuentra el límite entre que continúa el camino á Conflens empalma con la carretera de Toul El puerto sólo puede atravesars mas estaciones se encuentra obstr
Borén, *l*.	23	1,0			
Isil, *l*.	80	2,0			
Alós, *l*.	54	3,0			
Frontera.	»	8,0			

NÚMERO 577.

DE SEO DE URGEL Á LLABORSI.

39 kilómetros.

PUEBLOS.	Vecindario.	Distancia en kilómetros.	Número de etapas.	OBSERVACIONES DE LOS PUEBLOS.	OBSERVACIONES DEL
Castellciutat, *v.*	120	1,5		Los pueblos de esta línea son de reducido caserío y escasísimos recursos.	Arranca, á la izquierda del Agramunt (*núm.* 563), ántes d Urgel. Es de herradura, y atraviesa Entre Castellbó y Santa Creu fuerte de los Pirineos, y divis Noguera Pallaresa. A 8 k. de tuario de San Juan de Lerm, capaz. A 5,5 k. de Montenartó, retera de Lérida á la frontera Llaborsi.
Castellbó, *v.*	105	10,0			
Santa Creu, *l.*	20	6,0			
Montenartó, *ald.*	37	12,0			
Llaborsi, *v.*	77	9,5			

NÚMERO 578.

DE SEO DE URGEL Á TIRVIA.

33,5 kilómetros.

PUEBLOS.	Vecindario.	Distancia en kilómetros.	Número de etapas.	OBSERVACIONES DE LOS PUEBLOS.	DEL CA
Castellciutat, *v.*	120	1,5		Estos tres pueblos son de reducido caserío é insignificantes recursos.	Arranca este camino en Caste Lérida á Puigcerdá por Agramunt via con el de Llaborsi á la fronte Es de herradura, de muy difí Burch la áspera sierra de Ras d entre el Segre y Noguera Pallar encuentra el caserío de Casa-May bres, y á 16, en la divisoria citad senda que conduce á Ars, lugar d
Burch, *l.*	35	29,0			
Tirvia, *v.*	109	3,0			

NÚMERO 579.

DE LÉRIDA Á ALCAÑIZ POR MEQUINENZA.

4 etapas.—117,5 kilómetros.

RESÚMEN POR ETAPAS.

	Núm.	Kilóm.
De Lérida á Serós.	1	25
» Mequinenza.	2	17
» Maella.	3	41,5
» Alcañiz.	4	34
TOTAL.	4	117,5

PUEBLOS.	Vecindario.	Distancia en kilómetros.	Número de etapas.	OBSERVACIONES DE LOS PUEBLOS.	OBSERVACIONES DEL
					Arranca, á la derecha de la (núm. 5), entre Fraga y Alcarr del segundo. Es de herradura.

PUEBLOS.	Vecindario.	Distancia en kilómetros.	Número de etapas.	OBSERVACIONES DE LOS PUEBLOS.	OBSERVACIONES DEL CA
Alcarráz, *l.*	429	11,0	1ª	Buenas condiciones para alojamiento.	Sigue la márgen derecha del S aquel lado y ondulado por el opue dominan. En Aytona cruza la car ga á Reus (*núm.* 419).
Sosés, *l.*	202	4,0		Regulares.	
Aytona, *v.*	438	5,0		Buenas, lo mismo que el siguiente.	
Serós, *l.*	602	5,0			
Granja de Escarpe, *l.*	260	7,5	2ª	Corta capacidad y escasos recursos.	En la granja de Escarpe, cerca ca, se pasa el Segre por una barca terreno quebrado y dominado, esp sigue á Mequinenza por la orilla vuelve á pasarse por otra barca d aquella plaza. De Mequinenza part á Monzon, otro á Caudasnos y dos orillas del Ebro *números* 456, 460 Desde Serós puede seguirse un por Masalcorreig, lugar de 132 viesa á la salida del último punto de las provincias de Lérida y Zar nerales de Cataluña y Aragon, y co distante 16 k. de Masalcorreig, po este camino, empalma á 2 k. de es á Mequinenza (*núm.* 456).
Mequinenza, *v.*	597	9,5		Buenas; es plaza de guerra.	
Maella, *v.*	733	41,5	3ª	Buenas condiciones para alojamiento.	A la salida de Mequinenza se pa mite de la provincia de Zaragoza del Maestrazgo, y de las capitanía lencia; inmediatamente despues derecha, el camino á Caspe y Alca tes citado (*núm.* 461), y por la iz Flix y la misma orilla (*núm.* 650). El que se describe es de herrad

PUEBLOS.	Vecindario.	Distancia en kilómetros.	Número de etapas.	OBSERVACIONES DE LOS PUEBLOS.	OBSERVACIONES DEL
					mamente áspero, y está domi la derecha, y de Agüelos á l cruza despues, con suaves pe que desciende á 12 k.; esta l rápidas pendientes, cuanto p gue por un terreno erial con A 28 k. atraviesa con buen y á 27, el camino de Caspe á Maella se encuentra un grup cuellos y el arruinado monas por la izquierda, el camino cribe sigue el curso del rio empalma por la izquierda Caspe (*núm.* 417), por el que cion se separa por la derech
Alcañiz, c.	1845	34,0	4ª	Buenas condiciones; es poblacion cerrada, y tiene estacion telegráfica, con servicio permanente. En la cima del monte á cuya falda asienta la ciudad, hay un castillo.	El camino es de difícil t quebrado, erial y árido la m da y bosque de pinos, la di Guadalope; sólo se encuent pobres labradores, que nin 4 k. ántes de Alcañiz empalm conocida por de Alcolea del de Teruel á Tarragona (*núm.*

NÚMERO 580.

DE LÉRIDA Á TORTOSA POR FLIX Y ORILLA IZQUIERDA DEL

6 etapas.—122 kilómetros.

RESÚMEN POR ETAPAS.

	Núm.	Kilóm.
De Lérida á Alcanó.	1	16,5
» Franadella.	2	19,5
» Flix.	3	20
» Mora la Nueva.	4	21
» Tivenys.	5	33
» Tortosa.	6	12
TOTAL.	6	122

PUEBLOS.	Vecindario.	Distancia en kilómetros.	Número de etapas.	OBSERVACIONES DE LOS PUEBLOS.	OBSERVACIONES DEL CAM
					De Lérida á Mora la Nueva existe carretera de tercer órden. Este camino tiene trozos de carr radura, siendo transitable en toda Lérida, á la derecha de la carretera *mero* 5), despues de cruzar el Segr

PUEBLOS.	Vecindario.	Distancia en kilómetros.	Número de etapas.	OBSERVACIONES DE LOS PUEBLOS.	OBSERVACIONES DEL
Alfés, *l.* (0,5 k. *d.*) . . . . . . Alcanó, *l.*	114 67	11,5 5,0	1ª	Poca capacidad, así como el siguiente; en ambos escasea el agua, que es de balsa.	En esta etapa es carretero llano y cultivado; á 7 k. cruz tarilla de piedra.
Torrebeses, *l.* . . . . Granadella, *l.*	178 428	8,0 11,5	2ª	Regulares condiciones para alojamiento. Buenas; tanto en este punto como en el anterior sólo hay agua de balsa.	Continúa camino carretero, hasta Torrebeses, donde emp la cima de la colina de Mont- la Llena, y de la que se dirig Granadella, donde cruza la *ro* 419'.
Rovera, *l.* . . . . Flix, *v.*	112 458	5,0 15,0	3ª	Poca capacidad y cortos recursos. Buenas condiciones para alojamiento.	Continúa en igual forma y e ra de la Llena, divisoria de a to el camino es de herradura pedregoso y cubierto de mat lla izquierda se llega á 13,5 l 14,5, que se encuentra la barc ra está el límite de las provi Ebro separa la provincia mil cia general del Maestrazgo, y ña y Valencia. Por Flix pasa e por la márgen derecha del ri arranca, por la derecha de ést
Vinebre, *l.* . . . . García, *v.* . . . . Mora la Nueva, *l.*	269 362 218	7,0 9,0 5,0	4ª	Regulares condiciones para alojamiento, así como los dos siguientes.	A la salida de Flix se vuel el camino, todavía de herrad quierda por el cultivado y es 2 k. de Vinebre el paso del A. el rio y un gran escarpado. I para el paso del Ebro, que e

PUEBLOS.	Vecindario.	Distancia en kilómetros.	Número de etapas.	OBSERVACIONES DE LOS PUEBLOS.	OBSERVACIONES DEL CA[MINO]
					gunos puntos próximos á dichos p cha notablemente el valle, y el can 1 k. de García se vadea el rio Ciura verano, otro vado sobre el Ebro. P carretera de Zaragoza á Tarragona
Mora de Ebro, *v.* (1 k.*d.*).. . . .	809	»		Buenas condiciones para alojamiento.	Continúa el camino por la orilla ser transitable á carros; á 4 k. se c 5,5 se vadea la riera de Tivisa, y e ondulado, por el que continúa á Gi gue por terreno llano; cruza á 3,5 ciende ásperamente por terreno p ra que estrecha el valle, y de la qu izquierda; sigue por ella desde lo Benifallet, que se separa, para gan la anterior, y de la que desciende su orilla izquierda, por la que co venys. A 4 k. de Mora la Nueva en camino de Reus á Mora de Ebro (á Ginestar por Falset (*núm.* 592).
Ginestar, *v.*	276	8,5		Regulares, así como los dos siguientes.	
Benifallet, *v.*	278	14,5	5ª		
Tivenys, *v.*.	355	10,0		Tiene bastante capacidad para caballería.	
Tortosa, *c.*.	4951	12,0	6ª	Buenas condiciones para alojamiento; tiene estacion en el ferro-carril de Valencia á Barcelona. Es plaza de guerra y hay estacion telegráfica, de servicio de dia, completo.	El camino vuelve á ser carreter del rio por un terreno cubierto de Tortosa empalma con la carretera *mero* 515).

NÚMERO 581.

DE BRUCH Á VENDRELL.

61 kilómetros.

PUEBLOS.	Vecindario.	Distancia en kilómetros.	Número de etapas.	OBSERVACIONES DE LOS PUEBLOS.	DEL
					Arranca, á la derecha de la (*núm.* 5), en el Bruch de Abajo. Es de herradura, transitable
Piera, *v.*	499	8,5		Buenas condiciones para alojamiento, así como el siguiente.	Desciende á la riera de Piet pues en corta, pero penosa per
San Quintín de Mediona, *v.*	472	11,5			chos, por terreno cubierto de l
Castellví de la Marca, *l.*	192	23,5		Su caserío está diseminado.	á carros, y entra en terreno lla
San Jaume (San Jaime) dels Domenys, *l.*	224	4,5		Poca capacidad y cortos recursos, así como los tres pueblos siguientes.	de Martorell á Capellades (*núm.* en cuyo pueblo se separa, á la l
Llorens, *l.*	114	2,5			A 1 k. de Piera cruza la riera
Saiforas, *cas.* (*i.*)	15	5,5			En este punto deja el camino c
Santa Oliva, *l.* (0,5 k. *i.*)	123	1,0			ciende fuertemente por la altu
Vendrell, *v.*	1150	4,0		Buenas condiciones para alojamiento.	diona; á 10,5 k. desciende al vadea á la salida de San Quinti el camino de Villanueva y la G San Quintín de Mediona, y desp

BRUCH Á VENDRELL.

PUEBLOS.	Vecindario.	Distancia en kilómetros.	Número de etapas.	OBSERVACIONES DE LOS PUEBLOS.	OBSERVACIONES DEL CAM[INO]
					de Font-Rubí, el camino vuelve atraviesa un terreno cubierto de viñ[as] á 15 k. se vadea el rio Foix; desd[e] y despues de una penosa subida d[e] hasta Vendrell, donde empalma co[n] Tarragona (*núm.* 302). A 23 k. se va[dea] 2,5 k. de Castellví está el límite de[ ] y Tarragona, y vuelve el camino á [ ] A 5,5 k. de Piera se encuentran v[ ] pertenecientes á distintos términos[ ] tin de Mediona, los de la Torre y d[ ]

NÚMERO 582.

DE VILLAFRANCA DEL PANADÉS Á TARRASA POR MARTO

44,5 kilómetros.

PUEBLOS.	Vecindario.	Distancia en kilómetros.	Número de etapas.	OBSERVACIONES DE LOS PUEBLOS.	OBSERVACIONES DEL
					Arranca en Villafranca, á l celona á Tarragona (*núm.* 502 Es carretero natural, de c hasta 3 k. de San Sadurní, des caminos, uno de carros, que e herradura, que sigue por sus no ofrece paso constante por está sugeto, por lo que la inf que es el que se describe. De dura. Atraviesa un terreno fuerte salvar en las cercanías de La seny, de la que desciende con bernó, que cruza á 3,5 k. de a celona á Valencia sigue por la las inmediaciones de La Gran camino al valle del Noya, cuy
Granada (La), *l.* (0,5 k. *i.*).. . .	174	4,5		Poca capacidad.	
San Sadurní de Noya (San Saturnino), *v.*.	442	8,5		Regulares condiciones para alojamiento, así como la siguiente.	
Gelida, *v.*.	313	9,5			
Martorell, *v.*	896	7,5		Buenas condiciones; es poblacion cerrada y tiene estacion en el ferro-carril de Barcelona á Valencia.	
Tarrasa, *v.*..	1836	14,5		Buenas condiciones; tiene estacion en el ferro-carril de Zaragoza á Barcelona, y telegráfica, de servicio.	

VILLAFRANCA DEL PANADÉS Á TARRASA.

PUEBLOS.	Vecindario.	Distancia en kilómetros.	Número de etapas.	OBSERVACIONES DE LOS PUEBLOS.	DEL CA[illegible]
					Sadurní ; continúa á Martorell por do las alturas que limitan su cur San Sadurní se cruza el ferro-carri En Martorell atraviesa la carrete á 0,5 k. el Llobregat por un puente ro-carril citado por paso á nive asciende por la cordillera que form terreno notablemente accidentado, 10,5 k. desciende á Tarrasa, de cu á Sabadell (*núm.* 584).

NÚMERO 583.

DE MARTORELL Á CAPELLADES.

28,5 kilómetros.

PUEBLOS.	Vecindario.	Distancia en kilómetros.	Número de etapas.	OBSERVACIONES DE LOS PUEBLOS.	DE
					Arranca, á la derecha de l (*núm.* 5), en el hostal (venta torell. Está en estudio la constr órden. Es parte este camino de l Martorell, y está comprendid ce de puentes para su paso. A pocos metros del arranq carril de Barcelona á Valenc superior, 0,5 k. despues. De terreno cultivado hasta 9 k.. conocido por la Beguda; si tes pendientes en algunos tr ra Rieral, á 3,5 la de los Cu por cuyo inculto y estrecho palma con el camino de Vill hay que seguir para entrar e 1 k. ántes del empalme. A 6 k. de Masquefa cruza *mero* 581).
Masquefa, *v.*	217	11,5		Buenas condiciones para alojamiento, así como el siguiente.	
Pierá, *v.*	499	7,0			
Vallbona, *l.*.	136	5,0		Regulares.	
Capellades, *v.*.	621	5,0		Buenas.	

NÚMERO 584.

DE TARRASA Á SABADELL.

8,5 kilómetros.

PUEBLOS.	Vecindario.	Distancia en kilómetros.	Número de etapas.	OBSERVACIONES DE LOS PUEBLOS.	OBSERVACIONES DEL CAMI
Sabadell, *v.*	2929	8,5		Buenas condiciones para alojamiento; tiene estacion en el ferro-carril de Zaragoza.	Arranca en Martorell, á la izquierd á Barcelona (*núm.* 5). Es carretera de tercer órden, y atr de bosque en los 4,5 primeros kilón badell, donde empalma con el camin por Prats de Llusanés (*núm.* 527).

NÚMERO 585.

DE CERVERA Á MONTBLANCH.

41 kilómetros.

PUEBLOS.	Vecindario.	Distancia en kilómetros.	Número de etapas.	OBSERVACIONES DE LOS PUEBLOS.	DEL
					Arranca en Cervera, á la d Barcelona (*núm.* 5). Es carretero natural, con a sitable en todas épocas, aun la de lluvias. Atraviesa un terreno ondu gunos trozos. En Pira entra que continúa hasta 4,5 k. de carretera de Montblanch á A ra cruza el arroyo de Andar de mampostería; en Llorac Conesa la de las Planas; 0,5 ponton de mampostería el vuelve á pasar á vado á 0,5 d
Guardia-Helada, *l.*	62	10,5		Poca capacidad y cortos recursos, así como los cuatro pueblos siguientes.	
Llorach, *l.*	18	4,5			
Ceballá del Condado, *l.*	59	2,0			
Conesa, *l.*	128	3,0			
Rocafort de Queralt, *l.*	154	5,0			
Sarreal, *l.*	556	5,0		Regulares condiciones para alojamiento, y lo mismo el siguiente.	
Pira, *l.*	120	4,0			
Guardia dels Prats, *l.*	82	4,5		Poca capacidad y cortos recursos.	
Montblanch, *v.*	1035	2,5		Buenas condiciones para alojamiento;	

CERVERA Á MONTBLANCH.

PUEBLOS.	Vecindario.	Distancia en kilómetros.	Número de etapas.	OBSERVACIONES DE LOS PUEBLOS.	OBSERVACIONES DEL CA
				tiene estacion en el ferro-carril de Lérida á Tarragona, y es poblacion cerrada.	pasa del mismo modo la riera Guardia, la de los Prats. Desde los 2 hasta los 5,5 k. de el camino, así como desde Llorac Entre Llorach y Ceballá está e Lérida y Tarragona. En Rocafort camino de Igualada á Montblanch Vendrell (*núm.* 589).

NÚMERO 586.

DE IGUALADA Á MONTBLANCH.

51,5 kilómetros.

PUEBLOS.	Vecindario.	Distancia en kilómetros.	Número de etapas.	OBSERVACIONES DE LOS PUEBLOS.	OBSERVACIONES DEL C
Tous, *l.*	174	10,0		Santa Coloma de Queralt reune buenas condiciones para alojamiento; los demas pueblos tienen poca capacidad y cortos recursos. V. *Núm.* 585.	Arranca, á la derecha de la ((*núm.* 5), en la ermita de San J. Igualada. Es carretero natural, excepto este punto, que es de herradura Atraviesa un terreno cultivadc tes suaves y cortas. A 1 k. se cr Tous se vadea el torrente del I y á 4 la de las Gallardas, amba: vadea el rio Gayá, y á 12 la rie está el límite de las provincias d de Santa Coloma se vadea la ri del Malterme; á 4,5 el de San Je curso constante. A 1,5 de Pilas En Rocafort empalma este can blanch (*núm.* 585).
Santa Coloma de Queralt, *v.*	478	13,5			
Pilas, *l.*	48	5,0			
Rocafort de Queralt, *l.*	154	7,0			
De Rocafort de Queralt á Montblanch	»	16,0			

NÚMERO 587.

DE IGUALADA Á TARRAGONA.

69,5 kilómetros.

PUEBLOS.	Vecindario.	Distancia en kilómetros.	Número de etapas.	OBSERVACIONES DE LOS PUEBLOS.	OBSERVACIONES DEL CA
					Arranca en Igualada, á la derec Barcelona *núm.* 5). Tiene trozos d herradura, y algunos de piso arcil
Santa Margarita de Mombuy, *l.*	102	3,0		Poca capacidad y cortos recursos.	A 0,5 k. se vadea el rio Noya, y a Mombuy, que se vadea tambien á accidentado y bastante ondulado cc
Montagut, *l.*	150	24,0		Su caserío está muy diseminado.	A 15,5 de Santa Margarita deja de disminuyen los accidentes, y el tivado y ligeramente ondulado has con la carretera de Barcelona á T
Santas Creus de Iguamurcia, *cas.*	24	11,5		Pocos recursos; tiene un convento de propiedad particular, que puede alojar 200 caballos.	A 7,5 y 15,5 k. de Santa Marga lles, de curso constante.
Alió, *l.*	152	8,5		Regulares condiciones para alojamiento de infantería.	A 1,5 k. de Santas Creus se va camino de Vendrell á Sarreal (*nún* Vendrell á Valls (*núm.* 588).
Nulles, *l.*	88	5,5		Poca capacidad y cortos recursos, así como el siguiente.	
Argilaga, *l.*	33	4,0			
Tarragona, *c.*	3705	13,0		Capital de la provincia y plaza de guerra. Tiene estacion en los ferrocarriles de Barcelona, Valencia y	

PUEBLOS.	Vecindario.	Distancia en kilómetros.	Número de etapas.	OBSERVACIONES DE LOS PUEBLOS.	OBSERVACIONES DEL
				Lérida, y telegráfica, de servicio permanente. Es puerto de mar, con un faro de sexto órden, y tiene las comunicaciones marítimas que se expresan en las observaciones de Tarragona, del itinerario *núm.* 502.	A 14 k. de Santa Margarita Barcelona y Tarragona, y á 8,5 casas de campo de Fremola, lar capacidad.

NÚMERO 588.

DE VENDRELL Á VALLS.

29 kilómetros.

PUEBLOS.	Vecindario.	Distancia en kilómetros.	Número de etapas.	OBSERVACIONES DE LOS PUEBLOS.	OBSERVACIONES DEL CAM
					Los dos puntos citados estarán retera de segundo órden. Arranca en Vendrell, á la derec ragona (*núm.* 502). Es carretero natural, y de bu A 0,5 k. cruza la riera de Vendrell y ligeramente ondulado, por el qu sas, que empieza una penosa subi Santa Cristina, en una derivacio terreno de la misma naturaleza, de Coll. En éste empalma, por la der Sarreal (*núm.* 589), el que se sepa donde tambien lo hace otro que c *ro* 591). A 4 k. de Rodoñá se vad fim cruza el camino de Igualada á 7,5 la riera de San Francisco, po En Valls empalma este camino c Tarragona por Lérida y Montblanc
Pesas (Las), *barr.* de Albiñana. .	»	5,0		Corta capacidad y escasos recursos, así como los dos pueblos siguientes.	
Albiñana, *l.* (1 k. *i.*).	213	»			
Rodoñá, *l.*	148	10,5			
Brafim, *v.*	235	5,5		Regulares condiciones para alojamiento.	
Valls, *v.*	2643	8,0		Buenas; es poblacion cerrada.	

NÚMERO 589.

DE VENDRELL Á SARREAL.

48,5 kilómetros.

PUEBLOS.	Vecindario.	Distancia en kilómetros.	Número de etapas.	OBSERVACIONES DE LOS PUEBLOS.	OBSERVACIONES DEL
					Arranca en Vendrell, á la na á Tarragona (*núm.* 502). E excepto en algunos trozos en arcilloso. Asciende por terreno culti drell ó de Montagut, que se de Bisbal una derivacion del tina, de corto, pero fuerte as mino sigue por terreno basta real, donde empalma con el En el Coll de Santa Cristin Vendrell á Valls (*núm.* 588), y en Rodoñá. A 0,5 k. de Vilarr puente de mampostería, y á Tarragona (*núm.* 587). En Plá da, el camino á Valls (*núm.* 5 por pontones de mampostería de Carduellas.
Bisbal de Panadés, *l.*	297	8,5		Poca capacidad y cortos recursos, así como el pueblo siguiente.	
Rodoñá, *l.*	148	8,5			
Vilarrodona, *v.*	398	5,5		Este pueblo y los que le siguen reunen regulares condiciones para alojamiento.	
Plá de Cabra, *v.*	426	9,5			
Cabra, *v.*	207	4,5			
Sarreal, *l.*	556	7,0			

NÚMERO 590.

DE VALLS Á PLÁ DE CABRA.

10 kilómetros.

PUEBLOS.	Vecindario.	Distancia en kilómetros.	Número de etapas.	OBSERVACIONES DE LOS PUEBLOS.	OBSERVACIONES DEL CAMI
Plá de Cabra, *v.*	426	10,0		Regulares condiciones para alojamiento.	Arranca en Valls, á la izquierda Tarragona por Lérida y Montblanch tural, de piso bastante gredoso, é in época de lluvias; atraviesa un terren mo, por la izquierda, en alguna ex gola. En Plá de Cabra empalma c (*núm.* 589).

NÚMERO 591.

DE CAPELLADES Á RODOÑÁ.

40,5 kilómetros.

PUEBLOS.	Vecindario.	Distancia en kilómetros.	Número de etapas.	OBSERVACIONES DE LOS PUEBLOS.	OBSERVACIONES DEL
					Existe el proyecto de unir tercer órden. Arranca, á la izquierda de *mero* 572), á 5,5 k. de Capel dro Sacarreras. Es de herradura, transitab poco frecuentado, por la cla casez de poblaciones. A 3,5 k. de San Juan es de reno quebrado con grandes p dura hasta 14,5 k.; desde al ros. A 16 k. se vadea la rier camino continúa por terreno empalma con los que de V (*números* 588 y 589). A 3,5 y 13 k. de San Juan de Casanella y Zapera de re dichas distancias está el lín y Tarragona.
San Pedro Sacarreras, *cas.*	18	6,0		Poca capacidad y cortos recursos, así como los pueblos siguientes.	
San Juan de Conilles, *l.*	130	4,0			
Montmell, *l.*	19	24,0			
Rodoñá, *l.*	148	6,5			

NÚMERO 592.

DE VALLS Á GINESTAR POR FALSET.

74 kilómetros.

PUEBLOS.	Vecindario.	Distancia en kilómetros.	Número de etapas.	OBSERVACIONES DE LOS PUEBLOS.	DEL CA
					Arranca en Valls, á la derecha d Tarragona por Lérida (*núm.* 416). Es carretero natural y de herrad set es de difícil tránsito en época c A la salida de Valls cruza por u torrente de la Diega, y el camino s no cultivado y llano hasta Alcove Francolí por otro puente igual al separa, por la izquierda, el camin viesa el ferro- carril de Lérida á T retera de Zaragoza á Tarragona po En Alcover el camino es de her el rio de su nombre, y asciende Basá, derivacion de las montañas que; á 4 k. entra en el Plá (llano) hasta Albiol, donde vuelve á asce
Alcover *v.*	736	8,0		Buenas condiciones para alojamiento; tiene estacion en el ferro-carril de Lérida á Tarragona.	
Albiol, *l.*	58	8,0		Lugar diseminado y de pocos recursos, así como el siguiente.	
Musara, *l.*.	49	6,0			
Arbolí, *l.*	99	7,5		Poca capacidad y cortos recursos.	
Porrera, *v.*.	421	12,5		Regulares condiciones para alojamiento.	
Falset, *v.*	791	6,0		Buenas.	
Marsá, *l.*	252	3,0		Regulares, así como los dos pueblos siguientes.	
Tivisa, *v.*	448	13,0			
Ginestar, *v.*	276	10,0			

PUEBLOS.	Vecindario.	Distancia en kilómetros.	Número de etapas.	OBSERVACIONES DE LOS PUEBLOS.	OBSERVACIONES DEL
					5,5 de Musara, que desciende se vadea á los 3, 4 y 5,5 k. del las casas de las Moreras, atra (*núm.* 419), y el camino que se tante ondulado hasta Falset; torrente de Llá. En Falset co ragona por Gandesa (*núm.* 41 carretero, y atraviesa hasta ondulado; cruza á la salida torrente de Falset, por un pue 4 y 8 k. de Marsá y á 0,5 de torrentes de Serra y Bañolas. En Tivisa empalma este ca Ebro (*núm.* 593); sigue por es pasados los cuales se separa, 3 k. despues con el camino de el que continúa los 3 k. que h

NÚMERO 593.

DE REUS Á MORA DE EBRO.

54 kilómetros.

PUEBLOS.	Vecindario.	Distancia en kilómetros.	Número de etapas.	OBSERVACIONES DE LOS PUEBLOS.
Riudoms, *v.*	772	5,5		Buenas condiciones para alojamiento, así como los dos pueblos siguientes.
Montbrió de Tarragona, *v.*	287	4,5		
Montroig, *v.*	570	5,5		
Pratdip, *l.*	210	10,5		Pocos recursos.
Tivisa, *v.*	448	15,5		Regulares condiciones para alojamiento, así como el siguiente.
Mora la Nueva, *l.*	218	11,5		
Mora del Ebro, *v.*	809	1,0		Buenas.

OBSERVACIONES DE

Arranca en Reus, á la dere
Tarragona por Gandesa (*núm*
Es carretero natural y de l
ros se convierte en un lodaz
herradura recorre un terren
De Reus á Montroig el c
terreno llano y cultivado; á 5
3 de Montbrió se vadean res
jol, Alforja y Riudecañas. E
corre un terreno accidentado
nos fuerte por la falda de la
Montroig se vadean los torre
sa el terreno se hace casi lla
7,5 k. de dicha villa, que em
(*núm.* 580), por el que contin
á la carretera de Zaragoza á T

PUEBLOS.	Vecindario.	Distancia en kilómetros.	Número de etapas.	OBSERVACIONES DE LOS PUEBLOS.	OBSERVACIONES DEL
					y entra en Mora de Ebro, desp el cual es límite de la provinci mandancia general del Maestr: de Cataluña y de Valencia. En Tivisa empalma, por la d nestar (*núm.* 592); sigue por e sion de 4 k., pasados los cuale

NÚMERO 594.

DE REUS Á CAMBRILS.

12,5 kilómetros.

PUEBLOS.	Vecindario.	Distancia en kilómetros.	Número de etapas.	OBSERVACIONES DE LOS PUEBLOS.	OBSERVACIONES DEL CA[MINO]
Cambrils, *v.*	553	12,5		Buenas condiciones para alojamiento; es poblacion cerrada; tiene estacion en el ferro-carril de Valencia.	Arranca, á la derecha de la carre[tera] por Gandesa (*núm.* 417). Es carretero natural, de piso gre[...] transitable en época de lluvias. At[...] tivado; á 8,5 k. entra en la riera [...] seca gran parte del año, y por la q[...] deja á la izquierda. A 12 empalma [...] á Valencia (*núm.* 517).

NÚMERO 595.

DE VALLS Á REUS.

21 kilómetros.

PUEBLOS.	Vecindario.	Distancia en kilómetros.	Número de etapas.	OBSERVACIONES DE LOS PUEBLOS.	DEL
Raurell, *l.*	100	8,0		Poca capacidad y cortos recursos.	Arranca, á la izquierda del 3,5 k. y despues de haber pa: Es carretero natural, de pi sitable en época de lluvias. Atraviesa un terreno llano palma con la carretera de Za (*núm.* 417). A 0,5 k. de Raurell se va constante.
Vilallonga, *v.*	282	1,5		Regulares condiciones para alojamiento.	
Reus, *c.*	6475	11,5		Buenas; tiene estacion en el ferro-carril de Tarragona á Lérida; es poblacion cerrada y hay estacion telegráfica, con servicio de dia, completo.	

NÚMERO 596.

DE MONTBLANCH Á ALBARCA.

30,5 kilómetros.

PUEBLOS.	Vecindario.	Distancia en kilómetros.	Número de etapas.	OBSERVACIONES DE LOS PUEBLOS.	OBSERVACIONES DEL CA
Espluga de Francolí, *v*..	798	6,5		Buenas condiciones para alojamiento; á 3 k., en las cercanías del santuario de Poblet, existe una fuente de aguas ferruginosas.	Arranca, á la derecha de la carr por Lérida y Valls (*núm.* 416), en e á 5 k. de Montblanch. Es carretero fácil tránsito, especialmente en in A 0,5 k. del arranque cruza el F postería. A 5 k. de Espluga se va curso constante, y deja de ser car ranque hasta este torrente el terre está cultivado, y desde el torrente y cubierto en lo general de bosqu rente empieza una subida fuerte y por las derivaciones de las monta de Espluga, y continúa el camino que el ascenso, para entrar por te allí sigue lo mismo hasta empalma de Fraga á Reus (*núm.* 419). A 3 k. de Espluga se encuentra, nasterio de Poblet, de propiedad capacidad.
Prades, *v*..	243	16,0		Buenas condiciones para alojamiento.	
Albarca, *l*..	46	8,0		Poca capacidad y cortos recursos.	

NÚMERO 597.

DE REUS Á SALOU.

9 kilómetros.

PUEBLOS.	Vecindario.	Distancia en kilómetros.	Número de etapas.	OBSERVACIONES. DE LOS PUEBLOS.	OBSERVACIONES. DE[L CAMINO.]
Vilaseca, *l.* (1,5 k. *i.*).	799	7,0		Buenas condiciones para alojamiento; tiene estacion en el ferro-carril de Tarragona á Lérida.	Es carretera de tercer órd[en]... cion de Reus con la aduana ... á la derecha de la carretera ... desa (*núm.* 417), y atraviesa ... tivos cercados. A 6 k. cruza ... (*núm.* 517); á la entrada en S[alou] ... 5 de Reus el de Lérida á Ta[rragona]
Salou, *barr.* de Vilaseca. . . .	»	2,0		Lo componen la aduana y oficinas del puerto, en el que hay un faro de sexto órden. En el cabo de Salou, poco distante del puerto, hay otro faro de tercer órden. Al puerto arriban solamente los buques de cabotaje.	

CAPITANÍA GENERA

DE

VALENCIA.

NÚMERO 598.

DE VALENCIA Á MADRID POR TARANCON (*carretera de las Cabrillas*).—

13 etapas.—347,5 kilómetros.

RÉSÚMEN POR ETAPAS.

		Núm.	Kilóm.
De Valencia á	Cuart de Poblet.	1	5,5
»	Buñol.	2	33
»	Requena.	3	30,5
»	Villargordo de Cabriel..	4	33,5
»	La Minglanilla.	5	20
»	Motilla del Palancar.	6	29,5
»	Buenache de Alarcon. . . .	7	25,5
»	Cervera.	8	29,5
»	Montalvo.	9	26
»	Tarancon.	10	34
»	Villarejo de Salvanés..	11	31
»	Arganda..	12	23,5
»	Madrid.	13	26
	TOTAL.	13	347,5

NÚMERO 599.

DE VALENCIA Á MADRID POR ALBACETE.—*V. Núm.* 7

16 etapas.—422,5 kilómetros.

RESÚMEN POR ETAPAS.

		Núm.	Kilóm.
De Valencia á	Alginet.	1	25
»	Rotglá y Corverá.	2	30
»	Mogente..	3	22
»	Almansa.	4	31,5
»	El Villar..	5	38,5
»	Albacete..	6	32
»	La Roda..	7	35
»	Minaya.	8	15,5
»	El Provencio.	9	24,5
»	El Pedernoso.	10	20,5
»	Quintanar de la Órden. . . .	11	27,5
»	Corral de Almaguer.	12	22,5
»	Villatobas.	13	19,5
»	Aranjuez.	14	31,5
»	Valdemoro.	15	21
»	Madrid.	16	26
	TOTAL.	16	422,5

NÚMERO 600.

DE VALENCIA Á CASTELLON DE LA PLANA.

3 etapas.—66,5 kilómetros.

RESÚMEN POR ETAPAS.

	Núm.	Kilóm.
De Valencia á Murviedro.	1	24,5
» Núles..	2	23
» Castellon de la Plana..	3	19
Total.	3	66,5

PUEBLOS.	Vecindario.	Distancia en kilómetros.	Número de etapas.	OBSERVACIONES DE LOS PUEBLOS.	OBSERVACIONES DEL CA
					Es carretera de primer órden y 502, la general de Valencia á B gona.
Tabernes-blanques, *l.*	106	4,0	1ª	Regulares condiciones para alojamiento, así como los dos pueblos siguientes.	A la salida de Valencia atravie nueve arcos, el Turia, en cuyo r la ciudad, existen otros cuatro p
Meliana, *l.* (*d.*).	337	2,5			
Albalat del Sorells, *l.*	219	1,5			

PUEBLOS.	Vecindario.	Distancia en kilómetros.	Número de etapas.	OBSERVACIONES DE LOS PUEBLOS.	OBSERVACIONES DEL
Emperador, *l.*	29	1,5		Poca capacidad y escasos recursos.	Recorre un terreno sembra por acequias de riego, y cubi muchos pueblos que se encu costados. A 1,5 k. de Puig p puente de mampostería, y á izquierda, la carretera á Teru
Masamagrell, *l.*	403	2,0		Regulares condiciones para alojamiento, así como el pueblo que sigue.	
Puebla de Farnals, *l.*	233	1,0			
Puig, *v.* (0,5 k. *d.*)	470	1,5	1ª	Buenas condiciones para alojamiento; tiene estacion en el ferro-carril de Valencia á Barcelona.	
Hostalets de Puzol, *cas.*	112	3,0		Bastante capacidad.	
Puzol, *v.* (0,5 k. *d.*)	637	»		Buenas condiciones para alojamiento; tiene estacion en el ferro-carril mencionado.	
Murviedro, *v.*	1565	7,5		Buenas; tiene estacion en el mismo ferro-carril, y telegráfica, de servicio permanente.	
Faura, *v.* (1 k. *i.*)	275	6,0		Regulares condiciones para alojamiento. — A ménos de 1 k. de estos dos pueblos existen en el valle de Sagunto otros cuatro, que pueden compartir el alojamiento.	A la salida de Murviedro a Murviedro, sobre la que e puente, por impedir su trá por terreno cultivado várias golosa y de la de Espadan, los Vallets, que la carretera nara, y continúa desde Chil Murviedro se pasa un insigni entre las provincias de Vale se vadea el rio Bellcaide ó d época de lluvias.
Benicalaf, *l.* (0,5 k. *i.*)	40	1,5		Poca capacidad.	
Almenara, *v.*	352	2,0	2ª	Buenas condiciones para alojamiento, aunque el agua no es abundante; es poblacion cerrada.	
Llosa (La), *l.* (*d.*)	113	3,0		Poca capacidad, así como el pueblo siguiente.	
Chilches, *v.* (0,5 k. *d.*)	255	2,0			
Núles, *v.*	1036	8,5		Buenas condiciones; tiene estacion en el ferro-carril de Valencia á Barcelona y es poblacion cerrada.	A la entrada en Núles arra Chiva por Liria, que conduc

VALENCIA Á CASTELLON DE LA PLANA.

PUEBLOS.	Vecindario.	Distancia en kilómetros.	Número de etapas.	OBSERVACIONES — DE LOS PUEBLOS.	OBSERVACIONES — DEL CA
					se une el de Alcora (*núm.* 684), y derecha, otro á Villareal (*núm.* 68 En Núles se separa tambien, por 2,5 k. de longitud, que conduce nos, en la que hay un establecimie frecuentados por la guarnicion de
Mascarell, *v.* (1 k. *d.*).	100	1,0	3ª	Poca capacidad.	Continúa por terreno llano y cu A 6 k. de Núles se vadea el rio Se tra agua en las lluvias, siendo inv de Villareal pasa el rio Mijares trece arcos; 0,5 k. despues se cru Tarragona, que desde aquella ciud de la carretera, más ó ménos próx para, por la derecha, el camino á arranca, por la izquierda, otro por *mero* 431). De Castellon arranca, por la d de longitud al barrio del Grao, sit quierda un camino á Teruel por M la carretera á Morella (*núm.* 606).
Villareal, *v.*	2525	10,5		Buenas condiciones para alojamiento; tiene estacion en el ferro-carril de Valencia á Barcelona.	
Castellon de la Plana, *c.*	4456	7,5		Capital de la provincia de su nombre; tiene estacion en el mencionado ferro-carril, y telegráfica, con servicio de dia, completo. A 5 k. de la ciudad está el puerto del Grao, que se halla unido con aquella por una carretera. De dicho puerto salen únicamente los buques dedicados al cabotaje. En la cumbre de la mayor de las islas Columbretas, situadas al frente de Castellon, hay un faro de primer órden.	

NÚMERO 601.

DE VALENCIA Á ALICANTE POR MOGENTE Y VILLENA

7 etapas.—172,5 kilómetros.

RESÚMEN POR ETAPAS.

	Núm.	Kilóm.
De Valencia á Alginet.	1	25
» Rotglá y Corberá.	2	30
» Mogente..	3	22
» Fuente la Higuera.	4	14,5
» Villena.	5	23
» Monforte.	6	34,5
» Alicante..	7	23,5
TOTAL.	7	172,5

PUEBLOS.	Vecindario.	Distancia en kilómetros.	Número de etapas.	OBSERVACIONES DE LOS PUEBLOS.	DEL
					Arranca, á la derecha de la drid á Valencia por Albacete te, en las inmediaciones de l primer punto ó 24 del segund

PUEBLOS.	Vecindario.	Distancia en kilómetros.	Número de etapas.	OBSERVACIONES DE LOS PUEBLOS.	OBSERVACIONES DEL CA
De Valencia á Mogente. . . .	»	77,0	3	V. *Núm.* 7.	Es carretera de primer órden, cuatro caminos, en otra á Murcia pital y la de la provincia de Alica
Fuente la Higuera, *l.*	620	14,5	4ª	Buenas condiciones para alojamiento; tiene estacion en el ferro-carril de Madrid á Valencia.	Como entre Mogente y Villena carreteras, y la distancia entre ac las tropas que de Valencia march etapa en Fuente la Higuera, pa á las Casas del Campillo, y sí á entre aquellas y Mogente, á 12,5 segundo. En la citada venta arr ma carretera de Madrid á Valen camino carretero natural, que c del Puerto, y se dirige en ascens terreno cultivado, á Fuente la Hi del Carrascal. A mitad de distancia, entre a carril de Valencia, y se deja á la la Higuera. El trayecto de la venta á este p y á la carretera en construccion *ro* 699), que se separa á la izquie
Villena, *c.*	2389	23,0	5ª	Buenas condiciones; tiene estacion en el ferro-carril de Alicante, y telegráfica, con servicio de dia, limitado.	Continúa el camino carretero n dulado y cultivado; á poco más Murriaga, de pendiente fuerte, sierra de Reocin, en el que se h de Valencia y de Alicante. A 12 na y venta del Gitano, empalma

PUEBLOS.	Vecindario.	Distancia en kilómetros.	Número de etapas.	OBSERVACIONES DE LOS PUEBLOS.	OBSERVACIONES DEL
					primer órden de las Casas d hasta Villena por terreno de ramblas de poca importancia á De la venta del Carrascal a construirse una carretera de s estudiado. Las tropas que, procedentes jan á Alicante, deben seguir l las Casas del Campillo hasta llas ó 36 de Almansa, de cuy una etapa. El trozo de la referida carre del Campillo y el portazgo de palme del camino de Fuente l terreno cultivado una serie d tre ellas, el cerro del Reocin halla el límite de las provincia derecho de la carretera sirve hasta las cercanías del portazg por la derecha, la carretera á Casas del Campillo se cruza el y Alicante, que sigue á corta se encuentra en este lado la v y agua abundante, y á 1,5 k. á la venta de la Encina, en la q las dos capitales expresadas; al camino de la venta del Car y el de Alicante continúa por l

PUEBLOS.	Vecindario.	Distancia en kilómetros.	Número de etapas.	OBSERVACIONES DE LOS PUEBLOS.	DEL CA
					empalme de ésta con el referido c gue por el otro lado hasta Villen por la derecha, el camino á Yecla
Sax, *v.* (0,5 k. *d.*).	659	11,5	6ª	Su caserío es bastante reducido; tiene un puente de mampostería de dos arcos sobre el Vinalopó y estacion en el ferro-carril de Alicante.	A la salida de Villena pasa po gajo, y poco despues empalma, de Ibi (*núm.* 708). La que se describe atraviesa
Elda, *v.*	1066	9,0		Buenas condiciones para alojamiento, así como el siguiente.	mente ondulado, aproximándose últimos estribos de la sierra de P
Monforte, *v.*	853	14,0			pó, que corre, por la derecha, ha A la altura de esta villa se sepa á Yecla (*núm.* 734), que en Sax bi *ro* 733). El terreno se accidenta, y á 5,5 en el desfiladero formado por el bo de la sierra del Caballo, á la i derecha, y por el que corre el continúa la carretera con gran de A 3 k. de esta villa, pasa por u asciende por la falda de unos cer recha, á los de las Salinetas, de nuar á Monforte por terreno ondu A 9,5 k. de Elda, en la capaz arranca, por la derecha, la carre El ferro-carril de Alicante conti retera, hasta 10 k. de Elda, que s
Alicante, *c.*	6848	23,5	7ª	Capital de la provincia de su nombre;	A 1 k. de Monforte se cruza la

PUEBLOS.	Vecindario.	Distancia en kilómetros.	Número de etapas.	OBSERVACIONES DE LOS PUEBLOS.	DEL
				tiene estacion en el ferro-carril de Madrid, y telegráfica, con servicio de dia, completo. En el extremo del muelle hay un faro de sexto órden. En su puerto tocan varios vapores de los que hacen la travesía de Cádiz á Marsella, y tocan en Cartagena, Almería y Málaga. De Alicante á Valencia hay 98 millas, y de Alicante á Málaga las siguientes: Cartagena. . . . . . . 65 millas. Almería. . . . . 96 Málaga. . . . . 100 En Alicante tocan actualmente y en determinados dias los vapores de Lopez que hacen el servicio de correos con las Antillas, y salen bastantes buques para la costa de África y la plaza de Ceuta, distante 261 millas; tocan tambien periódicamente los vapores-correos de Canarias, en su travesía de Barcelona á Cádiz. En Alicante suelen embarcarse las tropas que de Madrid se dirigen á las islas Baleares; dista 169 millas de Palma y 241 de Mahon.	tera asciende por terreno c puerto de la Pedrera, la sie ciende suavemente hasta 6 k. terreno marcadamente ondula de las Atalayas, donde se se á Murcia (*núm.* 614). La que se describe sigue p 18,5 k. cruza por un puente por un ponton, la de la Alam En el trayecto de Monforte lados de la carretera, alguna pacidad.

NÚMERO 602.

DE VALENCIA Á ALICANTE POR SILLA, JÁTIVA Y ALCOY

8 etapas.—150,5 kilómetros.

RESÚMEN POR ETAPAS.

	Núm.	Kilóm.
De Valencia á Silla.	1	13,5
» Algemesí..	2	20
» Játiva.	3	23,5
» Albaida.	4	19,5
» Alcoy.	5	23
» Ibi.	6	16
» San Vicente.	7	28,5
» Alicante..	8	6,5
TOTAL.	8	150,5

PUEBLOS.	Vecindario.	Distancia en kilómetros.	Número de etapas.	OBSERVACIONES DE LOS PUEBLOS.	OBSERVACIONES DEL CA
De Valencia á Silla.	»	13,5	1	V. *Núm.* 7.	Arranca, á la derecha de la c por Ocaña y Albacete (*núm.* 7), á la ranque hasta 4,5 k. de Silla es par

PUEBLOS.	Vecindario.	Distancia en kilómetros.	Número de etapas.	OBSERVACIONES DE LOS PUEBLOS.	OBSERVACIONES DEL C.
					órden de Silla á Alicante por Su ra natural de dicho punto á Játi en construccion de Játiva á Alic
Almusafés, *v.*	309	7,5	2ª	Regulares condiciones para alojamiento.	Atraviesa un terreno llano, c quias, que se pasan por alcanta bolado y arrozales.
Benifayó, *l.* (1 k. *d.*)	701	1,5		Regulares; tiene estacion en el ferro-carril del Mediterráneo.	A la entrada en Silla atravies neo, que sigue por la derecha, Benifayó. A 4,5 k. de Silla se s cante por Gandía (*núm.* 603), y Guadasuar (*núm.* 690).
Algemesí, *v.*	1299	11,0		Buenas; tiene estacion en el mismo ferro-carril.	
Alcira, *v.*	2891	5,0	3ª	Buenas condiciones para alojamiento; es poblacion cerrada y está rodeada por dos brazos del Júcar; tiene estacion en el ferro-carril del Mediterráneo.	Continúa por terreno semeja la Rivera. A la salida de Algemesí se va tambien Chico, rambla de Alge aguas en época de lluvias. A
Carcagente, *v.*	2028	3,0		Buenas; tiene estacion en el mismo ferro-carril, y en el tramvía á Gandía, y telegráfica, de servicio permanente.	cruzan por puentes de piedra d car que cercan la villa, y pasad lella por otro puente igual.
Cogullada, *l.*	62	1,5		Corta capacidad y escasos recursos, así como los dos pueblos siguientes.	En el primer puente, llamado la derecha, la carretera en co
Puebla-larga, *l.*	205	3,0			gundo, conocido por de San quierda, para dirigirse á Taber
San Juan de Enova, *l.* (0,5 k. *d.*)	53	2,0			
Manuel, *l.*	355	2,5		Regulares condiciones; tiene estacion en el ferro-carril del Mediterráneo.	En el primer puente se separ Alberique (*núm.* 705).
Játiva, c. (*d.*)	3556	6,5		Buenas condiciones; tiene estacion	A 1 y 3,5 k. de Manuel se va

PUEBLOS.	Vecindario.	Distancia en kilómetros.	Número de etapas.	OBSERVACIONES DE LOS PUEBLOS.	
				en el mismo ferro-carril, y telegráfica, con servicio de dia, completo.	mar, de gran caudal en l ponton de madera, trans El ferro-carril continú cruza 0,5 k. ántes de pas gente se atraviesa el tran De Játiva arranca, por *mero* 700), y otro á Onte otro á Albaida (*núm.* 702)
Bellús, *l.* (*i.*).	67	6,5		Corta capacidad y escasos recursos. En sus inmediaciones, y á la márgen del Albaida, hay un establecimiento de baños salino-termales.	De Játiva á Albaida exi por Bellús, y el del *núm.* mente el trazado de la c El camino que conduc
Alfarrasi, *l.*	151	4,5		Malas condiciones.	mal piso y regulares pen
Montaberner, *v.*	205	2,0	4ª	Regulares.	Sierra-Grosa; pasa por
Palomar, *l.*	213	4,0		Poca capacidad.	barrancos Seco y de Tisc
Alchorf, *v.* (0,5 k. *d.*).	115			Poca capacidad; puede ayudar en el alojamiento á Albaida, del que dista 0,5 k.	de Bellús, formado por l baida. En Bellús sale de baida por terreno ondula
		2,5			
Albaida, *v.*.	177			Buenas condiciones para alojamiento.	Desde Alfarrasi el cam A la entrada en Montal el Albaida junto á la co diaciones de Palomar em concluida, por la que se esta villa pasa el rio de un arco. A 2,5 k. de Montaberne mino de Játiva á Albaida la derecha, el de Alman

PUEBLOS.	Vecindario.	Distancia en kilómetros.	Número de etapas.	OBSERVACIONES DE LOS PUEBLOS.	OBSERVACIONES DEL
					ra, por la derecha, un camin del rio Clariana, empalma cc de Onteniente, y comunica e Albaida.
Muro, *v.* (1 k. *i.*). . . . . . . Cocentaina, *v.* . . . . Alcoy, *c.*	661 1768 6190	12,5 4,0 6,5	5ª	Los tres pueblos reunen buenas condiciones para alojamiento. Tiene estacion telegráfica de servicio.	En Albaida asciende la ca por el valle de aquel rio, mu llent y de Benicadell; á 8 k. s cumbre se halla el límite de cante. El descenso del puerto se e zic-zac; á 10 k. pasa el barra y desciende insensiblemente, de la sierra de Mariola, que pasa á la entrada de esta ciud agua arriba existe otro igual. 12,5 k. de Albaida, arranca, nia (*núm.* 703), en Cocentain Alcoy uno á Altea (*núm.* 712)
Ibi, *v.*	875	16,0	6ª	Buenas condiciones para alojamiento.	Asciende por terreno muy q la Batalla, que atraviesa difer corre por un desfiladero form del Carrasoal; á 5,5 k. pasa de dos órdenes de arcos, y s mino á Villajoyosa (*núm.* 714). A 6,5 k. se sale del desfil principio, para continuar á Il rascal, cruzando, 4 k. ántes,

PUEBLOS.	Vecindario.	Distancia en kilómetros.	Número de etapas.	OBSERVACIONES DE LOS PUEBLOS.	OBSERVACIONES DEL CA
					En dicha villa arranca, por la na, que continúa á Yecla (*núm.* 7 A 8 k. de Alcoy se separa, po Alicante (*núm.* 715). En esta etapa hay algunos troz se encuentran á ambos lados de de regular capacidad.
San Vicente, *l.*	852	28,5	7ª	Buenas condiciones para alojamiento.	En esta etapa no está construid mino carretero natural, que atrav lado y cultivado ; á 5 k. se aproxi que corre por su izquierda ; se Castalla. A 17,5 entra en la garg que corto paso, por donde salva nace el barranco de las Roguera cruzándolo diferentes veces ; á 26 terreno llano, por el que continú En esta etapa se encuentran alg capacidad en lo general.
Alicante, *c.*	6848	6,5	8ª	Capital de la provincia de su nombre; tiene estacion en el ferro-carril de Madrid, y telegráfica, con servicio de dia, completo. En el extremo del muelle hay un faro de sexto órden. Del puerto salen los buques que se expresan en la observacion correspondiente del *núm.* 601.	En San Vicente se sigue otra ve extenso llano, cubierto de casas d

NÚMERO 603.

DE VALENCIA Á ALICANTE POR SILLA, GANDIA Y DENI

8 etapas.—188 kilómetros.

RESÚMEN POR ETAPAS.

	Núm.	Kilóm.
De Valencia á Silla.	1	13,5
» Sueca.	2	20
» Gandía.	3	32
» Denia.	4	32,5
» Calpe.	5	28
» Villajoyosa.	6	32,5
» San Juan.	7	22
» Alicante.	8	7,5
TOTAL.	8	188

PUEBLOS.	Vecindario.	Distancia en kilómetros.	Número de etapas.	OBSERVACIONES DE LOS PUEBLOS.	OBSERVACIONES DEL C
					Arranca, á la izquierda de la 4,5 k. de Silla.

VALENCIA Á ALICANTE POR GANDÍA.

PUEBLOS.	Vecindario.	Distancia en kilómetros.	Número de etapas.	OBSERVACIONES DE LOS PUEBLOS.	OBSERVACIONES DEL CA[MINO]
De Valencia á Silla.	»	13,5	1ª	V. *Núm.* 602.	Es carretera de segundo órden, [...] te estudiada.
Sollana, *l.*	302	9,5	2ª	Poca capacidad.	Atraviesa un terreno llano, culti[...] mero de acequias para el riego de [...] alcantarillas. Desde el arranque á [...] tera al gran lago de agua salada, d[...] tuado á la izquierda. De Sueca arranca, por la derech[...] *mero* 690).
Sueca, *v.*	2445	15,5		Buenas condiciones para alojamiento; es poblacion cerrada.	
Cullera, *v.*.	2203	6,5	3ª	Buenas condiciones para alojamiento, es poblacion cerrada.	Atraviesa un terreno semejante [...] ximándose á la costa en Cullera. A[...] za el Júcar por un puente de bar[...] carretera y se sigue el antiguo cam[...] ra con Gandía; á 11,5 k. se abando[...] la misma clase, que conduce á Tab[...] de Valldigua. De Tabernes á las inmediacione[...] en construccion, y concluida en el [...] terreno semejante al anterior por [...] re por la derecha, y próxima al ma[...] de Jaraco se pasa el rio de este no[...] y 2 ántes de Gandía el San Nicolas [...] tramvía de Carcagente á Gandía y [...] carretera y la costa. En Tabernes de Valldigna arran[...] á Chiva, y en Gandía otro á Planes [...] El antiguo camino entre Cullera [...]
Tabernes de Valldigna, *v.*	1396	12,5		Buenas; tiene estacion en el tramvía de Carcagente á Gandía.	
Jaraco, *l.*	176	6,5		Poca capacidad, así como el pueblo que sigue.	
Jeresa, *l.*	234	1,5			
Gandía, *c.*	1545	5,0		Buenas condiciones para alojamiento; es poblacion cerrada y tiene estacion en el tramvía á Carcagente. A 3 k. de la ciudad está el Grao ó puerto de su nombre, al que sólo arriban buques de pequeño porte, dedicados al comercio de cabotaje.	

PUEBLOS.	Vecindario.	Distancia en kilómetros.	Número de etapas.	OBSERVACIONES DE LOS PUEBLOS.	OBSERVACIONES DEL
					11,5 k. del primer punto, segu terreno sembrado de arrozales Mediterráneo; á 16,5 k. pasa e San Nicolas. A 23,5 se encuent distante 25,5 k. de Cullera, em
Bellreguart, *l.*	443	3,0	4ª	Regulares condiciones para alojamiento.	Continúa esta por terreno lla por la izquierda del tramvía y para algo de la costa, á la que Vergel.
Palmera, *l.* (*i.*)	88	1,0		Poca capacidad, así como el pueblo siguiente.	
Alquería de la Condesa, *l.* (*d.*)	238	0,5			
Oliva, *v.*	1644	3,5		Buenas condiciones para alojamiento.	A la salida de aquella ciudad de cinco arcos, á 1 k. de Oliva
Vergel, *l.*	278	12,0		Regulares, y lo mismo el siguiente.	á 10 el Molinell, que divide las
Ondara, *v.* (1 k. *d.*)	638	2,0			te, y á la salida de Vergel el ri
Denia, *c.*	1368	10,5		Buenas; es poblacion cerrada; tiene estacion telegráfica, con servicio de dia, limitado. En su puerto hay dos luces de enfilacion, y por su poco fondo y malas condiciones de la entrada, sólo arriban buques de pequeño porte.	A 1 k. de Oliva arranca, por 1 k. ántes de Vergel el cami 709 y 703).
Benisa, *v.*	1198	18,5	5ª	Buenas condiciones para alojamiento.	El camino en esta etapa es c de herradura la parte restante; cultivado; rodea el monte Mon tonio, en el que hay un faro de damente al rio Gorgos; se va rambla de la Garganta, para ent cido por Garganta de Benisa, f y la loma de Mariola; á 16 k. se tránsito es difícil, por ser el pi
Calpe, *v.* (*i.*)	422	9,5		Regulares; es poblacion cerrada. La ensenada sólo proporciona abrigo á pequeñas embarcaciones.	

PUEBLOS.	Vecindario.	Distancia en kilómetros.	Número de etapas.	OBSERVACIONES DE LOS PUEBLOS.	DEL C
					tra en terreno ondulado con algu que se desciende á Calpe, situad A 8,5 k. de Denia se separa, p vea (*núm.* 710), que empalma co este punto. En Benisa arranca, p (*núm.* 711).
Altea, *v.*	1460	11,5	6ª	Buenas condiciones para alojamiento, así como las dos villas siguientes.	En esta etapa se sigue un cami carretero natural hasta Villajoyos
Benidorm, *v.*	962	11,0		En la punta del Albir hay un faro de quinto órden, y en el fondeadero sólo entran buques de cabotaje, así como en Benidorm.	A la salida de Calpe asciende c del mismo nombre en el monte desciende del mismo modo á un vado. A 10,5 k. se vadea el rio Al es carretero.
Villajoyosa, *v.*.	2580	10,0		Al E. de la poblacion hay un faro de sexto órden. En el fondeadero tocan solamente los buques dedicados al cabotaje.	En esta etapa se pasan várias r en las grandes lluvias, y el cam costa, excepto entre Altea y Beni ra Helada, que se faldea, así co Aytona. El número de casas que se enc mino es considerable. En Altea se separa, por la dere ménos de 1 k. bifurca en otro á Villajoyosa otro á Alcoy (*núm.* 7
Campello, *cas*..	391	18,0	7ª	Sus casas están muy diseminadas y tienen regular capacidad.	De Villajoyosa á San Juan est Pasa por un puente, á la salida
San Juan, *universidad*.. . . .	899	4,0		Regulares condiciones para alojamiento.	la Villa, y faldea despues por te tante poblado, algunas derivaci

PUEBLOS.	Vecindario.	Distancia en kilómetros.	Número de etapas.	OBSERVACIONES DE LOS PUEBLOS.	OBSERVACIONES DEL
					y está trazada á no mucha dis Pasado el caserío de Campe Monnegre ó Castalla, desde el San Juan, donde empalma, po (*núm.* 715).
Santa Faz, *cas.*	50	1,5	8ª	Poca capacidad.	La carretera está concluida terreno casi llano, cultivado y
Alicante, *c.*	6848	6,0		Capital de la provincia de su nombre; tiene estacion en el ferro-carril de Madrid, y telegráfica, con servicio de dia, completo. En el extremo del muelle hay un faro de sexto órden. Del puerto parten los buques que aparecen en la observacion correspondiente del *número* 601.	En el cabo Huertas, 5 k. á faro de cuarto órden.

NÚMERO 604.

DE VALENCIA Á MURCIA POR VILLENA Y ORIHUELA.

9 etapas.—213 kilómetros.

RESÚMEN POR ETAPAS.

	Núm.	Kilóm.
De Valencia á Alginet.	1	25
» Rotglá y Corberá.	2	30
» Mogente.	3	22
» Fuente la Higuera.	4	14,5
» Villena.	5	23
» Novelda.	6	32
» Crevillente.	7	18
» Orihuela.	8	23,5
» Murcia.	9	25
TOTAL.	9	213

PUEBLOS.	Vecindario.	Distancia en kilómetros.	Número de etapas.	ORSERVACIONES DE LOS PUEBLOS.	ORSERVACIONES DEL CAMI[NO]
					Arranca, á la derecha de la carre[tera de] Alicante (núm. 601), en la venta de[...] de Elda.

PUEBLOS.	Vecindario.	Distancia en kilómetros.	Número de etapas.	OBSERVACIONES DE LOS PUEBLOS.	DE[L]
De Valencia á Elda.	»	135,0	5	V. *Núm.* 601.	Es carretera de tercer órd Crevillente, y de primero de
Novelda, *v.*	1711	11,5	6ª	Buenas condiciones para alojamiento; tiene estacion en el ferro-carril de Alicante.	Desde el arranque á Novel suave descenso, al rio Vinalo cruza á la entrada de la pol por la derecha, un camino á Entre la venta de los Cuatr carril de Alicante.
Aspe, *v.*. . . . . Crevillente, *v.*	1725 2010	4,0 14,0	7ª	Buenas condiciones para alojamiento, así como el siguiente.	De Novelda á Aspe el terr perfectamente cultivado. A 2 un puente la rambla del Bar do el arroyo Tarafa. En Aspe se separa, por la (*núm.* 720). La carretera asciende pró escarpados y quebrados mon de abandonar la rambla, que la garganta de Crevillente, p algo fuertes al barranco de M lluvias; se pasa por un puen una corta subida, vuelve á d ranco de Bosch; lo cruza de Garganta, y continúa á Crevi En dicha villa se separa, p Pedro de Pinatar (*núm.* 721). lado y cultivado; cruza á 5,5 (*núm.* 614), y á 16 empalma

PUEBLOS.	Vecindario.	Distancia en kilómetros.	Número de etapas.	OBSERVACIONES DE LOS PUEBLOS.	OBSERVACIONES DEL CA
					por Cartagena (*núm.* 719), entre S de ambos puntos.
Albatera, *v.* (*i.*)	901	9,0	8ª	Regulares condiciones para alojamiento.	Atraviesa hasta Cox un terreno cultivado, cruzando bastantes ve racion. A 7,5 k. de Crevillente em retera de primer órden de Alican batera se corta el camino de Jum En Cox salva por una cortadura llosa, por cuyo pié sigue á las in entra en un terreno llano y cultiv A 1 k. de dicha barriada se pas Abanilla ó rio Dulce. A 2,5 k. se separa, por la derec za, y en Orihuela empalma, por e de Salinas (*núm.* 722).
Granja de Rocamora, *l.* (*i.*)	257	3,5		Poca capacidad.	
Cox, *l.* (*d.*)	322	1,5		Regulares condiciones para alojamiento.	
Callosa de Segura, *v.* (*d.*)	966	2,0		Buenas.	
Red-ovan, *barriada* (*d.*)	262	3,0		Una gran parte del caserío está formado por barracas.	
Orihuela, *c.*	5656	4,5		Buenas condiciones para alojamiento; hay estacion telegráfica, con servicio de dia, limitado. Pasa por la ciudad el rio Segura, sobre el que hay dos puentes, y tiene estacion en el ferro-carril de Albacete á Murcia y Cartagena, pero separada 13 k.	
Aparecida (La), *ald.*	85	6,5	9ª	Poca capacidad.	Atraviesa un terreno ligeramen mayor parte de huerta, hasta la Orihuela hasta la venta del Corre recida, se dirige por el pié de la Orihuela. A 1,5 k. de aquella aldea está Alicante y Murcia. A 2,5 se cruza terreno se accidenta algo y la c
Santomera, *l.* (0,5 k. *i.*)	591	4,0		Su caserío está repartido en el término, así como el de los dos pueblos siguientes; todos dependen del ayuntamiento de Murcia.	
Esparragal, *l.* (*i.*)	506	5,0			
Monteagudo, *l.* (*d.*)	433	2,5			
Murcia, *c.*	6150	7,0		Capital de la provincia; es poblacion cerrada y tiene estacion en el ferro-carril de Albacete á Cartagena, y	

PUEBLOS.	Vecindario.	Distancia en kilómetros.	Número de etapas.	OBSERVACIONES DE LOS PUEBLOS.	DEL
				telegráfica, con servicio de dia, completo.	para salvar á 4,5 k. de la Apa un estribo de la sierra de Oril ma forma para entrar en el Es Murcia, cruzada de acequias 2,5 k. ántes de Esparragal de Fortuna (*núm.* 726).

NÚMERO 605.

DE VALENCIA Á ALBACETE.—*V. Núm.* 7.

6 etapas.—179 kilómetros.

RESÚMEN POR ETAPAS.

	Núm.	Kilóm.
De Valencia á Alginet.	1	25
» Rotglá y Corberá.	2	30
» Mogente..	3	22
» Almansa.	4	31,5
» El Villar.	5	38,5
» Albacete..	6	32
Total.	6	179

NÚMERO 606.

DE VALENCIA Á MORELLA POR CASTELLON DE LA PLANA Y

7 etapas.—170 kilómetros.

RESÚMEN POR ETAPAS.

	Núm.	Kilóm.	
De Valencia á Murviedro.	1	24,5	
» Núles.	2	23	
» Castellon.	3	19	
» Cabanes..	4	26	
» Cuevas de Vinromá.	5	18	
» Chert (1 k. *d.*).	6	25	A estas distanc añadir 1 k. que Cl parado de la carre
» Morella.	7	34,5	
TOTAL.	7	170	

PUEBLOS.	Vecindario.	Distancia en kilómetros.	Número de etapas.	OBSERVACIONES DE LOS PUEBLOS.	OBSERVACIONES DE[illegible]
De Valencia á Castellon de la Plana.	»	66,5	3	V. *Núm.* 600.	Es carretera de primer ór[illegible] na, á la izquierda de la de [illegible] *meros* 518 y 502). Forma, co[illegible] tellon á Valdealgorfa, y co[illegible] punto importante del Maest[illegible]

PUEBLOS.	Vecindario.	Distancia en kilómetros.	Número de etapas.	OBSERVACIONES DE LOS PUEBLOS.	OBSERVACIONES DEL CA
Borriol, *v.* Puebla Tornesa, *l.* Cabanes, *v.* (*d.*)	665 152 622	9,5 9,5 7,0	4ª	Regulares condiciones para alojamiento, así como los dos pueblos siguientes.	Recorre un terreno ondulado y Castellon cruza el ferro-carril de el rio Seco ó barranco de Castell Borriol, por puentes de piedra, de Desde el segundo remonta el c no más quebrado, con regular pen te desde 6,5 k. de Borriol, en desarrollo, para salvar la divisori Puebla ó Pobleta ; cruza éste po Puebla Tornesa, y continúa á Cab pié de la sierra de las Santas, en l A 8,5 k. de Borriol empalma, p Benicasim por el desierto de las F ra hasta Puebla Tornesa, y se sep rigirse á Alcora (*núm.* 680). A la salida de Puebla Tornesa a no á Alcorisa (*núm.* 665).
Benlloch, *v.* (1,5 k. *i.*) Villanueva, *v.* (1 k. *d.*) Torre-en-Domenech, *l.* (0,5 k. *i.*) Cuevas de Vinromá, *v.*	302 407 84 823	5,5 3,5 2,0 6,5	5ª	Torre-en-Domenech tiene corta capacidad y limitados recursos; los demas pueblos reunen regulares condiciones para alojamiento, y en particular Cuevas de Vinromá.	Recorre un terreno cultivado y de poca importancia, que se cruz cantarillas, y que tienen origen e ra Engarceran. A 3 k. está el límite de la provi comandancia general del Maestra izquierda, un camino á Adzaneta La carretera sigue con marcad de la sierra de Engarceran, que l Castelló ó rio de Villanueva, que ta distancia hasta su confluencia c

PUEBLOS.	Vecindario.	Distancia en kilómetros.	Número de etapas.	OBSERVACIONES DE LOS PUEBLOS.	OBSERVACIONES DEL
					el pueblo de este nombre, des bre de rio Segarra ó de las Cu En esta villa se separa, por ca (*núm.* 669).
Salsadella, *v.*	298	13,0	6ª	Regulares condiciones para alojamiento.	Remonta por terreno onduli las Cuevas, llamado tambien c recha de la carretera; á 1,5 k. bert á Castellote (*núm.* 668), á postería, de tres arcos, el barı pendiente. A 6 salva una altuı ciende fuertemente y en zic-zı puente de dos arcos, el rio de ántes de Salsadella. Desde est dulado y cultivado; á 5 k. pas nifarquell, conocido tambien esta villa se separa, por la dere (*núm.* 659). A la salida de San M el barranco de la Font (fuente) tivos cercados, á cruzar á 5 k. poco despues se encuentra, á rafina, en la que empalma la En Salsadella se separa, poı dura de 14 k. de longitud, qu tes, las atalayas de Alcalá de esta villa, en la que empalm Castellon de la Plana (*núm.*
San Mateo, *v.*	805	6,0		Buenas; tiene estacion telegráfica, con servicio de dia, limitado.	
Chert, *v.* (1 k. *d.*).	476	6,0		Regulares condiciones para alojamiento.	
Morella, *v.*	813	34,5	7ª	Es plaza de guerra y residencia del	Remonta el curso del barra

PUEBLOS.	Vecindario.	Distancia en kilómetros.	Número de etapas.	OBSERVACIONES DE LOS PUEBLOS.	DEL CA
				comandante general del Maestrazgo; tiene estacion telegráfica, con servicio de dia, completo.	bla de Cervera, ántes citada, por cultivado, en el que se encuentran masías; el valle está dominado po recha, y por las sierras de la Llac izquierda. A 7 k. se encuentra el 1 k. de él, se separa, por la izquie *mero* 679). A 10,5 está el santuari A 11,5 pasa por un puente de man nombre, y aumenta la pendiente; otro puente, y la carretera asciend arrollo, para salvar á 27 k. el coll Querol, ramificacion de la de la más suavemente el rio Bergantes; de mampostería, y asciende por te 34 k. se abandona la carretera que y se sigue un camino carretero na Ántes de pasar el puente del Be cha, el camino á Tortosa (*núm.* 65 izquierda, el de Puebla Tornesa, hasta Morella, donde se separa de continúar á Alcorisa (*núm.* 665). A 33 k. parte, por la izquierda, u 1 cruza á vado el Bergantes, ascien Morella, y desciende, para pasar d Caldes; salva una descendencia d desemboca en la rambla de Torre hasta 13 k., que empalma con el ca Castellote (*núm.* 668), entre Forcal del primer punto ó 10,5 del segund la rambla de las Truchas ó de Hum de Caldes ó Forcall, hasta su conf

NÚMERO 607.

DE CASTELLON DE LA PLANA Á VALENCIA.—*V. Núm.* (

3 etapas.—66,5 kilómetros.

RESÚMEN POR ETAPAS.

	Núm.	Kilóm.
De Castellon á Núles.	1	19
» Murviedro.	2	23
» Valencia.	3	24,5
TOTAL.	3	66,5

NÚMERO 608.

DE CASTELLON DE LA PLANA Á ALICANTE.

De Castellon á Valencia.		66,5 Kil.	—*V. Nú*
De Valencia á Alicante por	Mogente, Villena y Monforte.	172,5 »	—*V. Nú*
	Silla, Játiva y Alcoy.	150,5 »	—*V. Nú*
	Silla, Gandía y Denia.	188 »	—*V. Nú*

NÚMERO 609.

DE CASTELLON DE LA PLANA Á MURCIA.

De Castellon de la Plana á Valencia. . . . . . 66,5 Kil.—*V. Núm.* 60
De Valencia á Murcia. . . . . 213 » —*V. Núm.* 60

NÚMERO 610.

DE CASTELLON DE LA PLANA Á ALBACETE.

De Castellon de la Plana á Valencia. . . . . . 66,5 Kil.—*V. Núm.* 600.
De Valencia á Albacete. . . . . 179 » —*V. Núm.* 7.

NÚMERO 611.

DE CASTELLON DE LA PLANA Á MORELLA POR SAN MATEO.—

4 etapas.—103,5 kilómetros.

RESÚMEN POR ETAPAS.

	Núm.	Kilóm.	
De Castellon de la Plana á Cabanes.	1	26	
» Cuevas de Vinromá.	2	18	
» Chert (1 k. *d.*). . .	3	25	A estas distanci añadir 1 k. que Ch parado de la carret
» Morella.	4	34,5	
Total. . .	4	103,5	

NÚMERO 612.

DE ALICANTE Á VALENCIA

POR { MONFORTE, VILLENA Y MOGENTE. . . . 7 etapas.— 172,5 Kil.— V. Núm.
ALCOY, JÁTIVA Y SILLA. . . . . 8 » —150,5 » —V. Núm.
DENIA, GANDIA Y SILLA. . . . . 8 » —188 » —V. Núm.

RESÚMEN POR ETAPAS.

			Núm.	Kilóm.
Por Monforte, Villena y Mogente.	De Alicante á	Monforte. . . .	1	23,5
	»	Villena.. . . .	2	34,5
	»	Fuente la Higuera.	3	23
	»	Mogente. . . .	4	14,5
	»	Rotglá y Corberá.	5	22
	»	Alginet. . . .	6	30
	»	Valencia. . . .	7	25
		Total. . .	7	172,5

Por Alcoy, Játiva y Silla.	De Alicante á	San Vic
	»	Ibi. .
	»	Alcoy. .
	»	Albaida
	»	Játiva. .
	»	Algeme
	»	Silla. .
	»	Valenci
		To

			Núm.	Kilóm.
Por Denia, Gandia y Silla.	De Alicante á	San Juan.	1	7,5
	»	Villajoyosa.	2	22
	»	Calpe.	3	32,5
	»	Denia.	4	28
	»	Gandía.	5	32,5
	»	Sueca.	6	32
	»	Silla.	7	20
	»	Valencia..	8	13,5
		Total.	8	188

NÚMERO 613.

—

DE ALICANTE Á CASTELLON DE LA PLANA.

De Alicante á Valencia por	Monforte, Villena y Mogente.	172,5	Kil.—
	Alcoy, Játiva y Silla.	150,5	» —
	Denia, Gandía y Silla.	188	» —
De Valencia á Castellon de la Plana.		66,5	» —

NÚMERO 614.

DE ALICANTE Á MURCIA POR ALBATERA.

3 etapas.—81,5 kilómetros.

RESÚMEN POR ETAPAS.

	Núm.	Kilóm.
De Alicante á Elche.	1	23
» Orihuela.	2	33,5
» Murcia.	3	25
TOTAL.	3	81,5

PUEBLOS.	Veindario.	Distancia en kilómetros.	Número de etapas.	OBSERVACIONES DE LOS PUEBLOS.	DEL CAM
					Arranca, á la izquierda de la car (núm. 601), en el alto de las Atalaya á 17,5 k. del primer punto ó 6 del s Es carretera de primer órden, c en construccion en otros, y en est se sigue en los puntos donde no ex natural.

PUEBLOS.	Vecindario.	Distancia en kilómetros.	Número de etapas.	OBSERVACIONES DE LOS PUEBLOS.	OBSERVACIONES DEL
Elche, *v.*	2510	23,0	1.ª	Buenas condiciones para alojamiento; tiene estacion telegráfica, con servicio de dia, limitado.	Atraviesa un terreno culti salvar, á 11 k. de Alicante, la i por el paso del Bou, del que de huertas y arbolado. En Elche corta el camino d por la izquierda, otro de 6,5 reno cultivado; cruza á 4,5 el Alicante á Águilas (*núm.* 71 á 11 k. de ambos puntos; 1,5 ponton, el barranco Grifo.
Albatera, *v.*	901	19,0	2.ª	Buenas condiciones.	A la salida de Elche se cr de dos arcos, y sigue con lig tivado; á 5 k. se vadea la ra estacion de las lluvias arrast A 8 k. se cruza el camino (*núm.* 719), y la carretera de A 12,5 corta el camino de (*núm.* 721), y á 17,5 k. empal Murcia (*núm.* 604), por la que palme á empalme, se encuent tantes casas y ventas, alguna
De Albatera á Murcia.	»	39,5	3.ª	V. *Núm.* 604.	

NÚMERO 615.

DE ALICANTE Á ALBACETE.

De Alicante á Casas del Campillo. . . **3 etapas.—86,5. Kil.**— *V. Núm.* 601.
De Casas del Campillo á Albacete. . . **2** » —**78** » —*V. Núm.* 7.

RESÚMEN POR ETAPAS.

	Núm.	Kilóm.
De Alicante á Monforte.	1	23,5
» Villena.	2	34,5
» Almansa.	3	36
» El Villar.	4	38,5
» Albacete.	5	32
TOTAL.	5	164,5

NÚMERO 616.

DE ALICANTE Á MORELLA.

De Alicante á Valencia por	Monforte, Villena y Mogente.	172,5 Kil.—V
	Alcoy, Játiva y Silla..	150,5 » —V
	Denia, Gandía y Silla.	188 » —V
De Valencia á Morella.		170 » —V

NÚMERO 617.

DE MURCIA Á VALENCIA.—*V. Núm.* 604.

9 etapas.—213 kilómetros.

RESÚMEN POR ETAPAS.

	Núm.	Kilóm.
De Murcia á Orihuela.	1	25
» Crevillente..	2	23,5
» Novelda.	3	18
» Villena.	4	32
» Fuente la Higuera.	5	23
» Mogente.	6	14,5
» Rotglá y Corberá.	7	22
» Alginet..	8	30
» Valencia.	9	25
TOTAL.	9	213

NÚMERO 618.

DE MURCIA Á CASTELLON DE LA PLANA.

De Murcia á Valencia. . . . . 213 Kil.—*V. Núm.* 60
De Valencia á Castellon de la Plana. . . . 66,5 » —*V. Núm.* 60

NÚMERO 619.

DE MURCIA Á ALICANTE.—*V. Núm.* 614.

3 etapas.—81,5 kilómetros.

RESÚMEN POR ETAPAS.

	Núm.	Kilóm.
De Murcia á Orihuela.	1	25
» Elche.	2	33,5
» Alicante.	3	23
TOTAL. . . .	3	81,5

NÚMERO 620.

DE MURCIA Á ALBACETE POR HELLIN.

6 etapas.—145 kilómetros.

RESÚMEN POR ETAPAS.

	Núm.	Kilóm.
De Murcia á Molina.	1	11
» Cieza.	2	31,5
» Hellin.	3	43
» Tobarra.	4	9,5
» Pozo-Cañada.	5	26
» Albacete.	6	24
TOTAL.	6	145

PUEBLOS.	Vecindario.	Distancia en kilómetros.	Número de etapas.	OBSERVACIONES DE LOS PUEBLOS.	OBSERVACIONES DEL
					Es carretera de primer órd drid á Albacete, el itinerari de Madrid á Cartagena.
Espinardo, *l*.	577	3,5	1ª	Buenas condiciones para alojamiento, así como el que sigue.	Atraviesa, á la salida de Mu tada por acequias de riego, de casas de campo.
Molina, *v*.	772	7,5			

PUEBLOS.	Vecindario.	Distancia en kilómetros.	Número de etapas.	OBSERVACIONES DE LOS PUEBLOS.	OBSERVACIONES DEL CA
					En Espinardo termina la huert de tierras de labor y olivares; á 5 entra en un desfiladero de poco m do por los cerros de Cañada Hon trada de esta villa pasa la ramb rones.
Cieza, *v.*	2409	13,5	2ª	Buenas condiciones para alojamiento. Tiene estacion en el ferro-carril de Cartagena, y un puente sobre el rio Segura, que corre por las inmediaciones de la poblacion.	Desde Molina sigue por terren á 3 k. se presenta ondulado y queb despues de pasar la cañada de M puente de mampostería, á 4,5 k.; de Albacete á Cartagena, que sig mediacion de la carretera hasta Ci A 9,5 k. de Molina corta una car dirige á Archena y Mula (*núm.* 746 cion de Archena en el citado ferr se separa, por la izquierda, un r distancia empalma con la de Arch despues, y á la izquierda de la que la Rambla, de regular capacidad. A 12,5 k. se cruza la rambla del una venta con este nombre, y á 1 asciende la carretera para salvar c el puerto de la Losilla, formado p quierda, y la del Puerto á la derec forma, para entrar, á 22 k., en un Acebuche, y limitado á la izquierd á 26,5 cruza la rambla del Moro, d padas, y á 30 entra en la huerta d

PUEBLOS.	Vecindario.	Distancia en kilómetros.	Número de etapas.	OBSERVACIONES DE LOS PUEBLOS.
Cancarix, *cas*.	31	27,5	3ª	Limitada capacidad y recursos. Depende del ayuntamiento de Hellin, y cuenta sólo 15 edificios.
Hellin, *v*.	1917	15,5		Buenas condiciones para alojamiento. Tiene estacion en el ferro-carril de Cartagena. En su término municipal existen 3 aldeas y 300 edificios aislados ó agrupados en caserío, con un total de 673 vecinos.

DEl

A 19 k. de Molina, en las
Roque, situada en la bajada
por la derecha, la carretera
á 27 se une, por el mismo la
linas (*núm.* 722), y en Cieza
Roman á Calasparra (*núm.* 7
blacion bifurca en otro á To

Desde Cieza continúa po
bierto de casas de campo.
ferro-carril; á 5,5 k. se atra
El terreno sigue llano y e
la carretera asciende suave
Collado y aumenta la pendie
Mala-Mujer, en la sierra Gui
Murcia y Albacete, y en el q
postas; el descenso es sua
ondulado.
A 10 k., en la venta del
camino de Calasparra (*núm.*
pesebres y un pequeño hor
A 25,5 atraviesa la carret
de bosque claro, y entra en
nocido por Hoya de Cancar
Cancarix asciende con reg
puerto del mismo nombre,
tor y Quijonete, cubiertas
las mismas condiciones al a
un pequeño puente, situad

PUEBLOS.	Vecindario.	Distancia en kilómetros.	Número de etapas.	OBSERVACIONES DE LOS PUEBLOS.	OBSERVACIONES DEL C
					destruido por una avenida el d por terreno despejado. El ferro-carril se aproxima á por la derecha, pero separándos 1,5 k. ántes, y 0,5 despues d mente por la izquierda y por la Almansa (*números* 739 y 756). A se encuentra la estacion del ferr por la izquierda, los caminos á C ros (*núm.* 751), y al Provencio (
Tobarra, *v*..	1130	9,5	4ª	Buenas condiciones para alojamiento. Tiene estacion en el ferro-carril de Cartagena. En su término existen 10 aldeas y cerca de 300 edificios, de los que la mayor parte forman grupos, distantes más de 1 k. de la villa; el vecindario total del ayuntamiento es de 1,564.	La carretera faldea los montes izquierda, una extensa vega; el recha, á 8,5 k. se cruza, y sigue
Pozo-Cañada, *l*.	308	26,0	5ª	Limitada capacidad y recursos. Tiene estacion en el ferro-carril de Cartagena, y depende del ayuntamiento de Albacete.	Desde Tobarra faldea las estrib nombre; cruza á 6 k. la rambla de piedra de tres arcos, y ascien de Tabarra, formado por la sie y por la de Alforja á la derecha; y la carretera sigue por terreno a y cubierto de bosque en la resta A 24 k. pasa el puerto del Pur de la Peña y Carrasqueta; á 24.

PUEBLOS.	Vecindario.	Distancia en kilómetros.	Número de etapas.	OBSERVACIONES DE LOS PUEBLOS.	OBSERVACIONES DEL
					puente de piedra de tres ar… reno accidentado en un prin… de labor despues.
Albacete, v.	2829	24,0	6.ª	Capital de la provincia de su nombre; tiene estacion en los ferro-carriles del Mediterráneo y de Murcia y Cartagena, y estacion telegráfica, con servicio de dia, completo.	A 8 k. de Pozo-Cañada cru… entrada de Albacete, en la p… carretera de Madrid á esta ca… A 6 k. de Tobarra, despue… se cruza el ferro-carril, que… cual vuelve á cruzarle á 10 y… sigue, por la derecha, hast… por el mismo lado. A 13 k. de Tobarra está la… gorda, y á 17 la Nueva, form… por la derecha, un camino á… A 22 k., y algo separado á… los Mercadillos, con 10 vecin… A 4,5 k. de Pozo-Cañada se… vecinos; á 8 la reducida vent… da, la magnífica posesion de… de Salamanca, y capaz para…

NÚMERO 621.

DE MURCIA Á MORELLA.

De Murcia á Valencia. . . . . 213 Kil.—*V. Núm.* 604.
De Valencia á Morella. . . . . 170 » —*V. Núm.* 606.

NÚMERO 622.

DE ALBACETE Á VALENCIA.—*V. Núm.* 7.

6 etapas. —179 kilómetros.

RESÚMEN POR ETAPAS.

	Núm.	Kilóm.
De Albacete á El Villar.	1	32
» Almansa.	2	38,5
» Mogente..	3	31,5
» Rotglá y Corberá.	4	22
» Alginet.	5	30
» Valencia.	6	25
TOTAL.	6	179

NÚMERO 623.

DE ALBACETE Á ALICANTE.

De Albacete á las Casas del Campillo. . . . . **2 etapas.—78 Kil.**—*V. Núm.* 7.
De Casas del Campillo á Alicante. . . . . **3** » **—86,5** » —*V. Núm.* 601.

RESÚMEN POR ETAPAS.

	Núm.	Kilóm.
De Albacete á El Villar..	1	32
» Almansa.	2	38,5
» Villena.	3	36
» Monforte.	4	34,5
» Alicante.	5	23,5
TOTAL.	5	164,5

NÚMERO 624.

DE ALBACETE Á MURCIA POR HELLIN.—*V. Núm.* 62(

6 etapas.—145 kilómetros.

RESÚMEN POR ETAPAS.

	Núm.	Kilóm.
De Albacete á Pozo-Cañada.	1	24
» Tobarra.	2	26
» Hellin.	3	9,5
» Cieza..	4	43
» Molina.	5	31,5
» Murcia.	6	11
TOTAL.	6	145

NÚMERO 625.

—

DE ALBACETE Á MORELLA.

De Albacete á Valencia.. . . . . 179 Kil.—*V. Núm.* 7.
De Valencia á Morella. . . . . 170 » —*V. Núm.* 606.

NÚMERO 626.

DE ALBACETE Á CASTELLON DE LA PLANA.

De Albacete á Valencia. . . . . . . 179 Kil.—*V. Núm.* 7.
De Valencia á Castellon de la Plana. . . 66,5 » —*V. Núm.* 600.

NÚMERO 627.

DE MORELLA Á VALENCIA

POR SAN MATEO Y CASTELLON DE LA PLANA.—*V. Núm.* 606.

7 etapas.—170 kilómetros.

RESÚMEN POR ETAPAS.

	Núm.	Kilóm.	
De Morella á Chert (1 k. *i.*)..	1	34,5	A estas distancias ha[illegible] añadir 1 k. que Chert e[illegible] parado de la carretera.
» Cuevas de Vinromá.	2	25	
» Cabanes.	3	18	
» Castellon de la Plana.	4	26	
» Núles.	5	19	
» Murviedro.	6	23	
» Valencia.	7	24,5	
TOTAL.	7	170	

NÚMERO 628.

DE MORELLA Á ALICANTE.

De Morella á Valencia.		170	Kil.–
De Valencia á Alicante por	Mogente, Villena y Monforte.	172,5	» –
	Silla, Játiva y Alcoy.	150,5	» –
	Silla, Gandía y Denia.	188	» –

NÚMERO 629.

DE MORELLA Á MURCIA.

De Morella á Valencia. . . . . 170 Kil.—*V. Núm.* 606.
De Valencia á Murcia. . . . . 213 » —*V. Núm.* 604.

NÚMERO 630.

DE MORELLA Á ALBACETE.

De Morella á Valencia. . . . . 170 Kil.—*V. Núm.* 606.
De Valencia á Albacete. . . . . 179 » —*V. Núm.* 7.

NÚMERO 631.

DE MORELLA Á CASTELLON DE LA PLANA.—*V. Núm* 6

4 etapas.—103,5 kilómetros.

RESÚMEN POR ETAPAS.

	Núm.	Kilóm.	
De Morella á Chert (1 k. *i.*).	1	34,5	A estas distancias añadir 1 k. que Chert parado de la carretera
» Cuevas de Vinromá.	2	25	
» Cabanes.	3	18	
» Castellon de la Plana.	4	26	
TOTAL.	4	103,5	

NÚMERO 632.

DE CASTELLON DE LA PLANA Á TARRAGONA

POR { VINARÓZ, AMPOSTA Y PERELLÓ. . . . . . . 192 Kil.—*V. Núm.* [illegible]
VINARÓZ, TORTOSA Y PERELLÓ. . . . . . . 212 » —*V. Núm.* [illegible]

NÚMERO 633.

—

DE CASTELLON DE LA PLANA Á TERUEL

POR { LUCENA Y MORA DE RUBIELOS. . . . . . 127 Kil.—*V. Núm.* 43
SEGORBE.. . . . . 137 » —*V. Núm.* 43

NÚMERO 634.

DE VALENCIA Á CUENCA

POR LA MINGLANILLA. . . . . **9 etapas.—208,5 Kil.**—*V. Nún*
POR CHELVA Y ADEMÚZ. . . . . . . **9** » **—210** » —*V. Nún*

RESÚMEN POR ETAPAS.

		Núm.	Kilóm.
Por La Minglanilla.	De Valencia á Cuart de Poblet. .	1	5,5
	» Buñol.	2	33
	» Requena. . . .	3	30,5
	» Villargordo de Cabriel.	4	33,5
	» La Minglanilla. . .	5	20
	» Campillo de Altobuey.	6	20,5
	» Almodóvar del Pinar.	7	16,5
	» Villar del Saz. . .	8	31,5
	» Cuenca.	9	17,5
	TOTAL. . . .	9	208,5

Por Chelva y Ademúz.	De Valencia á Liria
	» Losa
	» Chel
	» Aras
	» Ade
	» Salv
	» Vald
	» Palo
	» Cue
	T

NÚMERO 635.

DE VALENCIA Á TERUEL.—*V. Núm.* 432.

6 etapas.—137,5 kilómetros.

RESÚMEN POR ETAPAS.

	Núm.	Kilóm.
De Valencia á Puig.	1	14
» Soneja.	2	31
» Viver..	3	19
» Sarrion.	4	36,5
» La Puebla de Valverde. . . .	5	15,5
» Teruel.	6	21,5
TOTAL.	6	137,5

NÚMERO 636.

DE VALENCIA Á ZARAGOZA POR TERUEL.

De Valencia á Teruel. . . . . **6 etapas.—137,5 Kil.**—*V. Núm.* 43[illegible]
De Teruel á Zaragoza. . . . . **7** » —**177,5** » —*V. Núm.* 40[illegible]

RESÚMEN POR ETAPAS.

	Núm.	Kilóm.
De Valencia á Puig.	1	14
» Soneja.	2	31
» Viver..	3	19
» Sarrion.	4	36,5
» La Puebla de Valverde. . . .	5	15,5
» Teruel.	6	21,5
» Caudé.	7	10
» Torrelacárcel.	8	23,5
» Calamocha.	9	32
» Daroca.	10	27,5
» Cariñena.	11	36
» Muel..	12	21
» Zaragoza.	13	27,5
TOTAL.	13	315

NÚMERO 637.

DE VALENCIA Á BARCELONA POR CASTELLON, TORTOSA Y TA

De Valencia á Castellon de la Plana. . . 3 etapas.— 66,5 Kil.—*V. Núm.* 59
De Castellon de la Plana á Tarragona. . . 8 » — 212 » —*V. Núm.* 51
De Tarragona á Barcelona. . . . . . . 4 » — 94 » —*V. Núm.* 50

RESÚMEN POR ETAPAS.

	Núm.	Kilóm.
De Valencia á Murviedro.	1	24,8
» Núles.	2	23
» Castellon de la Plana.	3	19
» Torreblanca.	4	37,5
» Alcalá de Chisbert.	5	12,5
» Vinaróz.	6	29
» Ulldecona.	7	14,5
» Tortosa.	8	29,5
» Perelló.	9	30,5
» Cambrils.	10	41
» Tarragona.	11	17,5
» Torredembarra.	12	13,5
» Villafranca del Panadés. . . .	13	34
» Molins de Rey.	14	32
» Barcelona.	15	14,5
TOTAL.	15	372,5

De Vinaróz al Perelló hay otra carret
Ebro por la barca de Amposta.
Las etapas en aquel trozo son:
Amposta.. . . .
Perelló. . . . .
La longitud total de la carretera por

NÚMERO 638.

DE VALENCIA Á GRANADA

Por	MURCIA, LORCA, BAZA Y GUADIX.	Valencia á Murcia.	Valencia á Mogente.	**3**	etapas.	— [illegible]
			Mogente á Elda.	**2**	»	— [illegible]
			Elda á Murcia.	**4**	»	— [illegible]
		Murcia á Granada.		**13**	»	—3[illegible]
	ALBACETE, ALCARÁZ, ÚBEDA, BAEZA Y JAEN.		Valencia á Albacete.	**6**	»	—1[illegible]
			Albacete á Ballesteros.	**2**	»	— 5
			Ballesteros á las inmediaciones de Jaen..	**7**	»	—1[illegible]
			De dicho punto á Granada..	**3**	»	— [illegible]

RESÚMEN POR ETAPAS.

		Núm.	
Por Murcia, Lorca, Baza y Guadix.	De Valencia á Alginet.	1	
	» Rotglá y Corberá..	2	
	» Mogente..	3	
	» Fuente la Higuera.	4	
	» Villena.	5	
	» Novelda..	6	
	» Crevillente.	7	
	» Orihuela..	8	
	» Murcia.	9	
	» Librilla.	10	
	» Totana.	11	
	Suma y sigue.		2

		Núm.	Kilóm.	
	Suma anterior. . . .		255,5	
Por Murcia, Lorca, Baza y Guadix.	De Valencia á Lorca.	12	20,5	
	» Lumbreras.	13	17	
	» Velez-Rubio.	14	32,5	
	» Chirivel.	15	20	
	» Cullar de Baza..	16	31	
	» Baza.	17	23,5	
	» Gor (2,5 k. *i.*).	18	31	A es dir los parado
	» Guadix.	19	22,5	
	» Diezma.	20	22,5	
	» Huetor-Santillan.	21	27,5	
	» Granada..	22	11,5	
	TOTAL. . . .	22	515	
Por Albacete, Alcaráz, Úbeda y Baeza.	De Valencia á Alginet.	1	25	
	» Rotglá y Corverá.	2	30	
	» Mogente.	3	22	
	» Almansa.	4	31,5	
	» El Villar.	5	38,5	
	» Albacete.	6	32	
	» Balazote..	7	28	
	» Ballestero.	8	30,5	
	Suma y sigue. . .		237,5	

			Núm.	Kilóm.
		Suma anterior. . .		237,5
Por Albacete, Alcaráz, Úbeda y Baeza.	De Valencia á	Alcaráz.	9	22,5
	»	Génave.	10	35,5
	»	Beas de Segura.	11	30
	»	Villacarrillo..	12	25
	»	Úbeda.	13	27
	»	Mancha-Real (2 k. *i.*). . . .	14	34,5
	»	La Guardia (1 k. *d.*).	15	20
	»	Campillo de Arenas.	16	26
	»	Iznallóz (5 k. *i.*).	17	28
	»	Granada..	18	29,5
		Total.	18	515,5

NÚMERO 639.

DE MURCIA Á GRANADA POR LORCA, BAZA Y GUADIX.

13 etapas.—302 kilómetros.

RESÚMEN POR ETAPAS.

	Núm.	Kilóm.	
De Murcia á Librilla..	1	22,5	
» Totana..	2	20	
» Lorca.	3	20,5	
» Lumbreras..	4	17	
» Velez-Rubio.	5	32,5	
» Chirivel.	6	20	
» Cullar de Baza.	7	31	
» Baza..	8	23,5	
» Gor (2,5 k. i.).	9	31	A estas distancias hay añadir los 2,5 k. que Gor separado de la carretera.
» Guadix..	10	22,5	
» Diezma..	11	22,5	
» Huetor-Santillan.	12	27,5	
» Granada.	13	11,5	
TOTAL.	13	302	

PUEBLOS.	Vecindario.	Distancia en kilómetros.	Número de etapas.	OBSERVACIONES DE LOS PUEBLOS.	OBSERVACIONES DEL
					Es carretera de primer ór importantes de las provinci comunica este distrito milita nuestros departamentos de
Alcantarilla, *v.*	938	7,0	1ª	Buenas condiciones para alojamiento, así como Librilla. En Alcantarilla hay estacion en el ferro-carril de Albacete á Murcia y Cartagena.	A la salida de Murcia pa piedra de dos arcos, y reco Murcia, perfectamente cultiv y cubierta de casas de camp A 1 k. de la capital se sep Cartagena (*núm.* 716), y en c la misma plaza por Pacheco El ferro-carril de Albacete hasta la salida de Alcantaril la derecha de la carretera por el mismo lado, la de Ca La que se describe remon tierras de labor, el valle de distancia, por la izquierda; bla de Belen, y en Librilla, la profunda del mismo nom
Librilla, *v.*.	559	15,5			
Alhama, *v.* (*d.*).	756	7,5	2ª	Buenas condiciones para alojamiento; tiene un establecimiento de aguas termales-sulfurosas.	Continúa por terreno de gonera, al que limitan, por y cerros de Colmenar, últim puña. A 1,5 k. de Librilla se y 11 k. de Alhama, las de
Totana, *v.*	1631	12,5		Buenas condiciones para alojamiento; existen várias fábricas de salitre, que surten á la que el cuerpo de artillería tiene en Lorca.	

PUEBLOS.	Vecindario.	Distancia en kilómetros.	Número de etapas.	OBSERVACIONES DE LOS PUEBLOS.	OBSERVACIONES DEL CA
					se pasa, por un puente de piedr la poblacion. En esta etapa se encuentran el valle. De Totana parte, por la izquier *mero* 735) y otro á Mazarron (*nú* Cieza (*núm.* 744). En Alhama se separa, por la de gitud, que empalma con el últim entre Pliego y Totana, á 17,5 k. gundo.
Lorca, *c.*	4631	20,5	3ª	Buenas condiciones para alojamiento; tiene estacion telegráfica en proyecto, y una salitrería á cargo del cuerpo de artillería. El ayuntamiento cuenta 11,031 vecinos, de los cuales más de 6,000 habitan las diferentes aldeas, caseríos y edificios que hay diseminados en su extenso término.	Sigue por terreno llano, culti cerca, por la izquierda, por la si A 5 k. pasa por un puente de ancho cauce, y á 16 entra en el d rida sierra á la derecha, y el car quierda; éste sigue hasta Lorca retera. Ademas de la rambla de Lebo, poca importancia, cruza el rio separa Lorca del barrio de San construirá un puente. En esta etapa se encuentran t otro lado de la carretera. En Lorca arranca, por la izqu por la derecha el de Hellin (*núm.* Mazarron á Velez-Rubio (*núm.* 73

PUEBLOS.	Vecindario.	Distancia en kilómetros.	Número de etapas.	OBSERVACIONES DE LOS PUEBLOS.	OBSERVACIONES DEL
Lumbreras, *ald.*	595	17,0	4.ª	Corta capacidad y limitados recursos; depende del ayuntamiento de Lorca.	En Lorca concluye la carre tero natural, que recorre un res y chumberas, y dominado sierra de Peña-Rubia ó del C En esta etapa se encuentra y otro lado del camino, el c ramblas, que sólo arrastran y 5,5 k. cruza por puentes el En Lumbreras arranca, p (*núm.* 796) y otro á Águilas (n
Velez-Rubio, *v.*	1315	32,5	5.ª	Buenas condiciones para alojamiento. En su término hay unos 800 edificios, agrupados en varios caseríos y cortijos, de los que son contados los que distan ménos de 2 k. de la villa.	El camino es la ancha ram la poblacion de Lumbreras, c no; asciende con suave pendi tivado y cortado por bastan rambla. Ésta se halla seca, e vias, poco frecuentes por es rambla, y se sigue un camin suavemente, para salvar á 23 bacion de la sierra de las Es ramblas de Nogalte y del Char Del puerto desciende el can bre, á la que cruza repetida Charche, que sirve de camin ve á seguirse otro camino carr bla del Chirivel y conduce á V En esta etapa se encuentra ta de Montolon, de corta capa A 17 k., en el punto en qu

PUEBLOS.	Vecindario.	Distancia en kilómetros.	Número de etapas.	OBSERVACIONES DE LOS PUEBLOS.	OBSERVACIONES DEL CA[MINO]
					rambla de Avilés, está el límite ... Almería, y de las capitanías gene... En Velez-Rubio corta el camin... *ro* 806), y empalma, por la dere...
Chirivel, *ald.*	215	20,0	6ª	Depende del ayuntamiento de Velez-Rubio; su caserío es de reducida capacidad y escasísimos recursos.	Continúa el camino carretero ... izquierda de la rambla de Chiriv... de las últimas descendencias de ... cha le dominan las de la sierra ... ciones de la primera producen ... tientes, que se cruzan por alcan... Desde los 12 á 15,5 k., el cam... tiempo de lluvia puede seguirse ... por la izquierda, y que se pierde ... dichas distancias vuelve á aparec... gue remontando la orilla izquier... reno más despejado y ménos ond...
Contador, *diputacion* (0,5 k. *i.*)	128	10,0	7ª	Depende del ayuntamiento de Oria; tiene corta capacidad y escasísimos recursos, así como las dos cortijadas que siguen, las que pertenecen al ayuntamiento de Cúllar de Baza.	La carretera desde Chirivel se ... el límite de las provincias. Continúa remontando la márg... Chirivel, por un terreno llano, y ... quierda, de la sierra de María, q... A 10,5 k. de Chirivel está el lí... ría y Granada. Este sitio, llamad... ral de aguas del Océano y Medite... Termina la parte de carretera ... camino de carros, que á 3 k. de ... que conducen á Cúllar de Baza. E...
Vertientes (Las), *cort.*	79	3,0			
Venta-Quemada, *cort.*	32	5,5			
Cúllar de Baza, *v.*	977	12,5		Buenas condiciones para alojamiento.	

PUEBLOS.	Vecindario.	Distancia en kilómetros.	Número de etapas.	OBSERVACIONES DE LOS PUEBLOS.	OBSERVACIONES DEL (
					atraviesa las últimas estribacic gue despues por el llano de Co Bajo, sigue la rambla de Cúlla camino, y en la que afluyen vár vias se hace intransitable. En Cúllar de Baza arranca, Puebla de Don Fadrique (*núm.*
Baza, *v.*	2015	23,5	8ª	Buenas condiciones para alojamiento.	Continúa el camino carreter ondulado y cultivado; á 5 k. c Hinojosa; y por la izquierda, del mismo nombre; á 10 se a desciende por una estrecha á 17,5 k., y remonta, por la ve arroyo de los Batanes. A 21 k. de Cúllar parte, por cal-Overa (*núm.* 797). En Baza se corta el camino te, por la derecha, uno á Hues el primero bifurca en Caniles
Gor, *v.* (2,5 k. *i.*)	497	31,0	9ª	Regulares condiciones para alojamiento.	Continua el camino de la m pa, y recorre un terreno ondul de matorral, por las últimas es á la entrada en Gor se pasa el te de piedra. A 10,5 k. se vadea la Cañada del año, y á 21 el arroyo del B A 31 k. se separa, por la

PUEBLOS.	Vecindario.	Distancia en kilómetros.	Número de etapas.	OBSERVACIONES DE LOS PUEBLOS.	OBSERVACIONES DEL C
					de 2,5 k. de longitud, que remo y conduce á esta villa, señalada haber otro pueblo sobre el cam despues de la separacion del ra A 15 k., y á la derecha del ca nel y Nogueral, y á 21, en la or se encuentra la venta de este no
Guadix, *c.*	2366	22,5	10ª	Buenas condiciones para alojamiento; tiene estacion telegráfica, con servicio de dia, limitado.	Desde Gor se sale al camino orilla izquierda del rio, y se un cion del ramal mencionado en l La carretera en ésta se halla palme asciende por la cuesta accidentado, cortado por gran n de la sierra de Gor; las más im rio Rabanca, á 7,5 k.; la ramb Braos, á 13, y la rambla del A vados. A 6 k., y á la derecha del cam ral, y á 11 la venta y fuente del En la rambla del Agua, y á fuente. Poco despues de cruzar dic por la de Baza al rio de Guadix piedra, á la entrada de la ciuda En ella arranca, por la izquie *mero* 763), y por la derecha la

PUEBLOS.	Vecindario.	Distancia en kilómetros.	Número de etapas.	OBSERVACIONES DE LOS PUEBLOS.	OBSERVACIONES DEL
					mero 788), que forman la de dea de las Correderas á Alme por la izquierda, un camino
Purullena, *v.*	159	7,0	11ª	Corta capacidad y escasísimos recursos.	De Guadix á Granada el cam un terreno áspero y quebrado Nevada. A 5 k. cruza la rambla de M pero escarpado desfiladero, llena. En esta villa desciende, pa ca de su confluencia con el 3,5 k.; á 4 cruza del mismo m Fardes, y asciende despues á bre de una ramificacion de la de dicho rio y del barranco L dos llanos de Diezma, por lo A 4 k. de Purullena empal Jaen (*núm.* 766), que sigue p dad se une con la carretera d En Diezma se separa, por Campotejar (*núm.* 830).
Diezma, *v.*	287	15,5		Regulares condiciones para alojamiento.	
Huetor-Santillan, *v.* (*i.*). . . .	279	27,5	12ª	Corta capacidad y escasos recursos.	Remonta por terreno queb gun bosque y cultivo, el curs ximo por la izquierda, y cru vertientes de la sierra Haran A 10,5 k., en la posada y abandona su curso, para rem

PUEBLOS.	Vecindario.	Distancia en kilómetros.	Número de etapas.	OBSERVACIONES DE LOS PUEBLOS.	OBSERVACIONES DEL CA
					rio; pocos metros despues, en l camino asciende con bastante pe para pasar, á 14,5 k., la sierra Ha el Fardes y el Genil, por el puerto Vieja, del que desciende por la diacion de una de las vertientes q cruza, á 21,5 k., por un pequeño mino continúa á Huetor-Santillan ferido rio.
Fargue (El), *arr*.	163	7,0	13ª	Corta capacidad; hay una fábrica de pólvora.	Atraviesa un terreno accidenta llevan sus aguas al Darro.
Granada, *c*.	16734	4,5		Capital de la provincia y distrito militar de su nombre, y por esta última circunstancia se la considera plaza de guerra; tiene estacion telegráfica, con servicio permanente.	A 5 k. asciende con pendiente s de la divisoria entre dicho rio y e ta 1 k. del Fargue, donde descie

NÚMERO 640.

DE MURCIA Á ALMERÍA POR LORCA, ÁGUILAS Y VER

208 kilómetros.

PUEBLOS.	Vecindario.	Distancia en kilómetros.	Número de etapas.	OBSERVACIONES DE LOS PUEBLOS.	DEL
					Arranca en Lorca, á la izq Granada (*núm.* 639). De Lorca á Águilas es carr á Vera existe el proyecto de Murcia y Almería estarán de segundo órden, que arran y se dirigirá á la segunda de está en estudio.
De Murcia á Lorca.	»	63,0		V. *Núm.* 639.	El camino que ahora se si
Purias, *cas.* (1 k. *i.*).	152	9,0		Depende del ayuntamiento de Lorca, y tiene corta capacidad y escasos recursos.	tural. Recorre un terreno ondul
Águilas, *v*..	1152	25,0		Buenas condiciones para alojamiento; en su término hay varios caseríos, con cerca de 500 vecinos. En el puerto hay un faro de sexto ór-	pasa por un puente el rio Gu corre por la derecha de la Sangonera, á la que desde L Guadalentin ó rambla de Lo Viznaga, que desagua en el

PUEBLOS.	Vecindario.	Distancia en kilómetros.	Número de etapas.	OBSERVACIONES DE LOS PUEBLOS.	DEL CA
				den, situado en la punta negra del cerro de San Juan. En su puerto entran solamente buques de poco calado y dedicados al cabotaje. Dista 35 millas de Cartagena, 67 de Almería y 156 de Ceuta.	regular pendiente, para salvar á 9 el puerto de Lumbreras, del que la rambla de Nogalte, la cruza atravesar con ligeras pendientes, y descender á Águilas por terren A 26 k. de Lorca, junto á la cas por la derecha, el camino de Lum En Águilas se une, por la izqui Desde Águilas el camino es c playa en alguna extension, y entr lado y cultivado. A 7 k. pasa la ra de Cocon ó Cañada Blanca, y á s venta y varios cortijos. A 7,5 k. está el límite de las pr y capitanías generales de Valenci El camino asciende despues c cuesta y cerro del Capitan, por un mado por la sierra de Pulpis á la izquierda; á 10,5 k. termina la su bastante ondulado, por la citada vadea la rambla de Pulpis ó de quierda del camino; éste recorre ramificaciones de la sierra de Al limitan el curso de dicha rambl Largo se vadea el rio Almanzora rastra agua en la época de lluvias Esta ciudad corta el de Caravac El que se describe continúa po al rio de Antas, que se vadea á 3
Ventorrillo del Largo, *ald.*	43	19,5		Corta capacidad y escasísimos recursos.	
Vera, c.	1487	13,0		Buenas condiciones para alojamiento, tiene una estacion telegráfica en proyecto.	
Giles, *cort.* (0,5 k. *d.*).	76	18,5		Estas cortijadas tienen corta capacidad y sus recursos son escasísimos.	
Huelga, *cort.* (0,5 k. *i.*).	133	1,0			
Herrería (La), *cort.* (*i.*).	15	2,5			
Algive-Alquian, *cort.* (*i.*).	33	45,0			
Cañada de San Urbano, *ald.*	413	6,0		Regulares condiciones para alojamiento de infantería; carece de cuadras.	
Almería, c.	5439	5,5		Capital de la provincia de su nombre; tiene estacion telegráfica, con servicio de dia, completo. Es puerto, y en él tocan periódicamente los vapores de la travesía del Mediterráneo. Las distancias á los más próximos son: Águilas 67 millas, Cartagena 96, Málaga 100. Ademas salen de su puerto multitud de pequeños buques, que hacen el comercio de cabotaje.	

PUEBLOS.	Vecindario.	Distancia en kilómetros.	Número de etapas.	OBSERVACIONES DE LOS PUEBLOS.	OBSERVACIONES DEL
					ramblas de Peñanegra, del H se vadea el rio Serena, que se camino, y se separa, por el m sigue el curso del segundo de al pié de la sierra Cabrera; á á 5,5 entra en Turre, villa d mente por la citada sierra, p 4,5 k., con el camino de Cara El que se describe cruza po monta su márgen izquierda h vuelve á vadear. A 16,5 k. de Vera empalma, dix (*núm.* 804). Asciende, despues de pasar con regular pendiente, la cue de la Herrería, un estribo de rio Aguas y del de Alias; des á 7 k., y á 8,5 la rambla de Piz várias veces hasta su desemb ésta se cruza á 14 k. por un p rio de Alias. Desde la segunda el camino por las últimas ramificacione na várias ramblas poco impor A 21 k. se separa, por la de tud, que empalma en Níjar c *ro* 805). El terreno se presenta desp no sigue por los llamados ca

PUEBLOS.	Vecindario.	Distancia en kilómetros.	Número de etapas.	OBSERVACIONES DE LOS PUEBLOS.	OBSERVACIONES DEL CA
					blas, de las que las principales s Morales á 36, la del Retamar á 39 Amoladeras á la entrada en Aljib pasan por puentes de piedra; 1 k. para, por la derecha, el camino ántes citado. En el trayecto de la Herrería á varios cortijos y ventas, y entre e Harejos, bastante capaz, á 12 k. venta del Pobre á 16, la de la tia y Balsa-Seca á 28 y 28,5, la del P tamar á 39,5; todas son de regula El camino desde Aljibe-Alquia ma clase, y cruza algunas rambla Cañada de San Urbano se acerca la que se separa despues de est vega de Almería; 3,5 k. ántes de su nombre, que sólo lleva agua e

NÚMERO 641.

DE ALBACETE Á JAEN POR ALCARÁZ, ÚBEDA Y BAEZ

250,5 kilómetros.

PUEBLOS.	Vecindario.	Distancia en kilómetros.	Número de etapas.	OBSERVACIONES DE LOS PUEBLOS.	OBSERVACIONES DEI
					Arranca en Ballestero, á la á Albacete (*núm.* 68).
De Albacete á Ballestero. . . .	»	58,5		V. *Núm.* 68.	Albacete y Úbeda estarán u órden, cuya construccion áun capital á Villacarrillo; desd está terminada. De Úbeda órden.
Robledo, *v.*	158	9,0		Corta capacidad y escasos recursos; en su término hay dos aldeas y 75 edificios aislados ó agrupados en caseríos, con 205 vecinos.	
Alcaráz, *c.*.	700	13,5		Buenas condiciones para alojamiento; en su jurisdiccion existen siete aldeas y 232 edificios aislados y agrupados en caseríos, con un total de 267 vecinos.	En Ballestero se separa, p bledo (*núm.* 754). El que ahora se sigue hast atraviesa por terreno ondula ciones de un estribo de Sierr
Reolid, *ald.*	45	9,0		Corta capacidad y escasos recursos, así como los dos pueblos que siguen.	En Robledo empalma, á la (*núm.* 751).
Villa-Palacios, *v.*.	232	8,5			De dicho pueblo á Alcaráz
Fénave, *v.*.	188	18,0			

PUEBLOS.	Vecindario.	Distancia en kilómetros.	Número de etapas.	OBSERVACIONES DE LOS PUEBLOS.
Beas de Segura, *v.*	1081	30,0		Esta villa y las poblaciones siguientes reunen buenas condiciones para alojamiento; es poco capaz para el del ganado.
Villanueva del Arzobispo, *v.*	984	17,0		
Villacarrillo, *v.*	1426	8,0		Tiene estacion telegráfica, de servicio.
Torre-Pero-Gil, *v.*	1132	19,0		
Úbeda, *c.*	3953	8,0		Tiene estacion telegráfica, con servicio de dia, limitado.
Baeza, *c.*	3225	8,0		Tiene estacion telegráfica, como el anterior.
Jaen, *c.*	5348	43,0		Capital de la provincia de su nombre; es poblacion cerrada, y tiene estacion telegráfica, con servicio de dia, completo.

OBSERVACIONES DEL C[...]

otro por el santuario de Nuestra
se describe; asciende, para dir
loma de un estribo de la sierra d
zar á 7 k., por un puente de ma
Señora de Córtes, cuya ermita s
ranco por donde aquel corre, cu
se unen los dos caminos, y á 1
misma clase, el arroyo del Pio
Guadalmena.

En Alcaráz se separa, por la
ñas (*núm.* 116), y por la izquierd

El que se describe atraviesa
en lo general de bosques, los
A 3 k. se vadea el rio Guadalm
cruza el arroyo de la Casa por
se vadea el rio Currnchel, en cu
mita del mismo nombre; dicho r
cete y Jaen, y las capitanías gen

A 12 k. se vadea el arroyo de
sa importancia.

En Génave faldea, por terreno
de la sierra de Alcaráz, que orig
de ninguna importancia en époc
var, á 9 k., la divisoria de aguas
dalimar, y desciende para cru
puente de piedra, de un arco, d
ras; el rio es vadeable en este p
por las estribaciones de la sierra

PUEBLOS.	Vecindario.	Distancia en kilómetros.	Número de etapas.	OBSERVACIONES DE LOS PUEBLOS.	DEL
					do y despejado, y á 27 k. entr por la que desciende á esta vil En Beas de la Segura corta to á Yeste (*núm.* 793). A la salida de Beas cruz puente de piedra, y el camino pedregoso, por los estribos d atraviesa dos profundos barr 11,5 y 12 los arroyos de las difíciles en tiempos lluvioso En Villanueva del Arzobisp tistéban del Puerto (*núm.* 794 Asciende despues, para ent de aguas de los rios Guad continúa desde ántes de Villa De este punto á Úbeda est por la loma por terreno culti En Torre-Pero-Gil arranca, car (*núm.* 790), y en Úbeda se ras á Almería (*núm.* 788). De Ubeda á Jaen la carret hasta Baeza por la loma de Úb En Baeza empalma, por la (*núm.* 789); la carretera desc del Matadero, que corre muy pasa dicho rio por el puente arcos, y se dirige, por terreno pié de las últimas ramificacio A 10,5 k. pasa por un pequ

ALBACETE Á JAEN.

PUEBLOS.	Vecindario.	Distancia en kilómetros.	Número de etapas.	OBSERVACIONES DE LOS PUEBLOS.	OBSERVACIONES DEL CA[MINO]
					el arroyo Vil, cuya orilla derecha [...] pasada la cual, desciende suavem[ente] várias vertientes insignificantes, q[...] tarillas. A 38,5 k. empalma con la carre[tera] (*número* 8), entre Jaen y La Guardia, [...] A 26,5 k. se separa, por la izqui[erda] [...]gitud, que empalma en Mancha-R[eal] [...] Lorca (*núm.* 796).

NÚMERO 642.

DE ALBACETE Á GRANADA POR ÚBEDA Y BAEZA.

De Albacete al empalme con la carretera de Jaen á Granada. 245 Kil.—*V. Nún*
De dicho empalme á Granada. . . . . 91,5 » —*V. Nún*

RESÚMEN POR ETAPAS.

	Núm.	Kilóm.	
De Albacete á Balazote..	1	28	
» Ballestero.	2	30,5	
» Alcaráz.	3	22,5	
» Génabe.	4	35,5	
» Beas de Segura.	5	30	
» Villacarrillo.	6	25	
» Úbeda.	7	27	
» Mancha-Real (2 k. *i.*).	8	34,5	A esta distancia hay que añadi[r] Real está separado de la carretera ésta, del ramal de Mancha-Real, e[n] se sigue la carretera de Úbeda á J[aen] sada aquella, la de Jaen á Granad[a] para, por la izquierda.
» La Guardia (1 k. *d.*).	9	17,5	A esta distancia hay que aum[entar] Mancha-Real y La Guardia están r[etira]dos de las carreteras citadas.
» Campillo de Arenas.	10	28,5	Hay que añadir el kilómetro qu[e] rada de la carretera.
» Iznallóz (5 k. *i.*).	11	28	A estas distancias hay que añad[ir] está separado de la carretera.
» Granada..	12	29,5	
TOTAL.	12	336,5	

NÚMERO 643.

DE ALBACETE Á CIUDAD-REAL POR RUIDERA Y MANZANARES.—211 K

NÚMERO 644.

DE ALBACETE Á CUENCA.

De Albacete al Provencio. . . . . . . 75 Kil.—*V. Núm.* 7.
Del Provencio á Cuenca. . . . . . . 99,5 » —*V. Núm.* 62.

NÚMERO 645.

DE MORELLA Á ALCAÑIZ.

3 etapas.—70,5 kilómetros.

RESÚMEN POR ETAPAS.

	Núm.	Kilóm.	
De Morella á Monroyo..........	1	31,5	A estas distancias h... añadir los 2 k. que Valde... está separado de la car...
» Valdealgorfa (2 k. d).....	2	29,5	
» Alcañiz...........	3	9,5	
TOTAL.....	3	70,5	

PUEBLOS.	Vecindario.	Distancia en kilómetros.	Número de etapas.	OBSERVACIONES DE LOS PUEBLOS.	OBSERVACIONES DEL CA...
					Es carretera de primer órden, ... la Plana á Morella (*núm.* 606), l... Valdealgorfa, que une dicha capi... tante del Maestrazgo. De Morella al límite de las pro... Teruel está en construccion.

PUEBLOS.	Vecindario.	Distancia en kilómetros.	Número de etapas.	OBSERVACIONES DE LOS PUEBLOS.	DE
Pobleta de Morella, *parr.* (1 k. *d.*).	26	19,5	1ª	Este pueblo y el siguiente son de corta capacidad y de escasos recursos.	Desde aquella plaza se sig á 0,5 k. empalma con la ca Monroyo. Sigue con bastante desarr en gran parte de monte, poi va y otras ramificaciones de las aguas de los rios Caldes sionan gran número de verti orígen. A 2,5 k. de Morella se s Gandesa (*núm.* 646), y á 21 les de Castellon y Teruel, construida. En esta etapa se encuent ambos lados de la carretera
Torre de Arcas, *v.* (1 k. *i.*) . . .	100	7,0			
Monroyo, *v.* (*d.*).	282	5,0		Regulares condiciones para alojamiento.	
Valdealgorfa, *l.* (2 k. *d.*). . . .	388	29,5	2ª	Regulares condiciones para alojamiento.	En Monroyo desciende pc anterior; á 7,5 k. cruza el c (*núm.* 666), y á 8,5 el barrar asciende fuertemente, para curso de dicho barranco, y cortado por gran número de dalope. A 16,5 k., y á la derecha, de Monserrat, y la carretera dulado hasta 29,5 k., que em Tarragona, ó sea el camino por el que se continúa á Alc

MORELLA Á ALCAÑIZ.

PUEBLOS.	Vecindario.	Distancia en kilómetros.	Número de etapas.	OBSERVACIONES DE LOS PUEBLOS.	DEL CA
Alcañiz, *c*.	1845	9,5	3ª	Es poblacion cerrada, y tiene un castillo en la cima del monte, en cuya falda asienta aquella. Reune buenas condiciones para alojamiento. Hay estacion telegráfica, con servicio permanente.	A 25 k. empalma, por la derech *mero* 656). En esta etapa se encuentran ta

NÚMERO 646.

DE MORELLA Á GANDESA POR VALDERROBRES.

73 kilómetros.

PUEBLOS.	Vecindario.	Distancia en kilómetros.	Número de etapas.	OBSERVACIONES DE LOS PUEBLOS.	OBSERVACIONES DEL
Hervés, *l.*	137	15,5		Valderrobres y Gandesa reunen regulares condiciones para alojamiento; los demas pueblos son de escasa capacidad y de limitados recursos, y todos tienen bastantes masías diseminadas por sus términos respectivos.	Es de herradura, y existe e tera de tercer órden entre Val Tiene una gran importancia plaza de Morella al Ebro, po con parte de Aragon y de Cat Arranca, á la derecha de la gorfa (Morella á Alcañiz, *núm* Atraviesa por terreno áspe de Chiva, y otros contrafuert tos de Beceite, que originan camino cruza. A 14,5 k., y despues de un Enebro, se vadea el arroyo de faldeando el estribo que limi se vuelve á vadear, y á 3 k. s modo, á 5 k., el Tastavius, d las expresadas distancias est les de Castellon y Teruel. El camino sigue por la már
Fuentespalda, *v.*	217	12,5			
Valderrobres, *v.*	630	11,5			
Arnés, *v.*	266	10,0			
Horta, *v.*	471	6,5			
Bot, *l.*	231	9,5			
Gandesa, *c.*	583	7,5			

PUEBLOS.	Vecindario.	Distancia en kilómetros.	Número de etapas.	OBSERVACIONES DE LOS PUEBLOS.	OBSERVACIONES DEL CA
					reno más suave ; á 7 k. se encu Virgen de las Fuentes, á cuya piedra de un arco sobre el Tast yo de los Prados, afluente del de, por terreno cubierto de bosq nes del cerro de la Humbría, qu y del Matarraña, del que descien tado por barrancos de difícil p puente de piedra de cuatro arcos En esta villa corta el camino *ro* 656), y á la entrada del puent de Camarillas (*núm.* 666). El que se describe asciende bierto de monte, para salvar, á Matarraña y Algas, y desciende á Arrets ó de Horta-Sires, que se vadea el citado rio, que separa d civiles de Teruel y Tarragona, y cion de las lluvias. En Arnés empalma, por la d (*núm.* 654), se suaviza el terreno últimas ramificaciones de un con ceite, que se prolonga hasta Ga del Algas y Ebro ; á 1,5 k. se vad estos rios. En Horta vuelve á hacerse que desciende rápidamente por el cur te del Ebro ; á 6 k. le abandona, y no tan áspero hasta Gandesa, d de Zaragoza á Tarragona (*núm.* 4 En Bot cruza el camino de Che

NÚMERO 647.

DE ALCAÑIZ Á FLIX POR VALDEALGORFA Y MAELLA.

82,5 kilómetros.

PUEBLOS.	Vecindario.	Distancia en kilómetros.	Número de etapas.	OBSERVACIONES DE LOS PUEBLOS.	OBSERVACIONES DEL
Valdealgorfa, *l.*	338	11,5		Regulares condiciones para alojamiento, así como Mazaleon.	Arranca en Valdealgorfa, á cida por de Alcolea del Pinar Teruel á Tarragona (*núm.* 429) Es de herradura en su mayo Desde el arranque asciende, por el estribo de los puertos de los rios Guadalope y Matar por el estrecho valle por don de Alcañiz, cuyas laderas está Desde 5,5 k. de Valdealgorf tero natural, y desde Mazaleo estribo de los puertos de Be Matarraña, cuya orilla izquier á 9 k. se encuentra el límite ruel y Zaragoza. El paso del rio es muy difi lluvias; para evitarlo puede s no tan bueno, se separa á la i
Mazaleon, *v.*	304	14,5		Se está construyendo un puente sobre el rio Matarraña, en cuya orilla izquierda está situada.	
Maella, *v.*	733	10,0		Buenas condiciones para alojamiento.	
Batea, *v.*	523	17,0		Regulares.	
Villalva, *v.*	350	9,0		En este pueblo y el siguiente escasean los recursos.	
Fatarella, *v.*	385	9,0			
Flix, *v.*	458	11,5		Buenas condiciones para alojamiento; tiene barca en el Ebro.	

PUEBLOS.	Vecindario.	Distancia en kilómetros.	Número de etapas.	OBSERVACIONES	
				DE LOS PUEBLOS.	DEL C[illegible]
					de Valdealgorfa, y conduce á el rio. En Maella empalma el camin[illegible] cion y proyectada de Zaragoza [illegible] por ella 8,5 k., y despues de pa[illegible] separa, por la izquierda, el ca[illegible] El expresado rio divide las [illegible] Tarragona. Desde el puente el camino a[illegible] ranco Vall de San Juan por otr[illegible] Beceite, cubierta de bosque, [illegible] Maella, para cruzar el arroyo Va[illegible] de este pueblo. En el descenso [illegible] en algunos puntos obliga á ma[illegible] dregoso del piso dificultan el tr[illegible] En Batea empalma, por la de[illegible] *mero* 653). Desde el rio de Batea ascien[illegible] continuar por terreno quebrado [illegible] puertos citados, y desciende, á [illegible] Ebro, por el que continúa desd[illegible] ma con el camino de Mequinen[illegible] cha del expresado rio (*núm.* 650[illegible] Flix tiene barca en el Ebro, [illegible] camino de Lérida á Tortosa por [illegible]

NÚMERO 648.

DE NONASPE Á CASPE.

27,5 kilómetros.

PUEBLOS.	Vecindario.	Distancia en kilómetros.	Número de etapas.	OBSERVACIONES DE LOS PUEBLOS.	OBSERVACIONES DEL
Caspe, *v.*	2376	27,5		Buenas condiciones para alojamiento; tiene estacion telegráfica, con servicio de dia, completo.	Arranca, á la izquierda del tre Fabara y Nonaspe, á 8,5 gundo. Es de herradura, y remont yor parte cultivado, la orilla se vadea y se abandona su puertos de Beceite, divisoria cual se cruza por un antigu este camino se encuentran a parideras de ganado. A 8,5 k. corta el camino de En Caspe empalma con la por Gandesa *núm.* 417). El Guadalope divide en est Maestrazgo de la provincia m generales de Valencia y Arag

NÚMERO 649.

DE MAELLA Á FAYON POR NONASPE.

33 kilómetros.

PUEBLOS.	Vecindario.	Distancia en kilómetros.	Número de etapas.	OBSERVACIONES DE LOS PUEBLOS.	OBSERVACIONES DEL CA
					Arranca, á la izquierda del d en el monasterio de la Trapa y C Maella.
Fabara, *v.*	450	9,0		Buenas condiciones para alojamiento; tiene un puente sobre el Matarraña.	Es de herradura. A 0,5 k. del a raña, y sigue su orilla derecha p del estribo que se desprende de l vide las aguas de aquel rio y el A
Nonaspe, *v.*	293	9,0		Buenas condiciones para alojamiento.	A 8,5 k. de Fabara arranca, p Caspe (*núm.* 648).
Fayon, *l.*	183	15,0		Regulares; está situado en la márgen derecha del Ebro, en el cual tiene una barca.	A 1,5 de Nonaspe se vadea el con el Matarraña, y el camino fal por terreno accidentado, las últim de Beceite. A 6,7 y 10,5 k., se va empalma el camino con el de Meq orilla derecha del Ebro (*núm.* 650

NÚMERO 650.

DE MEQUINENZA Á TORTOSA Y AMPOSTA POR LA ORILLA DERECH

6 etapas.—111,5 kilómetros.

RESÚMEN POR ETAPAS.

	Núm.	Kilóm.
De Mequinenza á Fayon.	1	16
» Ascó.	2	24,5
» Mirabet.	3	23
» Cherta.	4	23,5
» Tortosa.	5	11
» Amposta.	6	13,5
TOTAL.	6	111,5

PUEBLOS.	Vecindario.	Distancia en kilómetros.	Número de etapas.	OBSERVACIONES DE LOS PUEBLOS.	OBSERVACIONES DEL
Fayon, *l.*	183	16,0	1ª	Regulares condiciones para alojamiento; está situado en la márgen derecha del Ebro, en el que tiene barca.	Se separa, por la derecha, Caspe y orilla derecha del Eb de Lérida á Alcañiz (*núm.* 579 De Cherta á Tortosa es par den que se está construyend

PUEBLOS.	Vecindario.	Distancia en kilómetros.	Número de etapas.	OBSERVACIONES DE LOS PUEBLOS.	 DEL CA
					parte restante es de herradura, e transitables á carruajes. Faldea por terreno muy accide bles los estribos que se despren que forman por esta parte las desde el arranque sigue la orilla d se separa en algunos trozos, pero En Fayon arranca, por la derec *ro* 649), y á la entrada se encuen el Ebro, capaz para 70 hombres.
Ribarroja, *v.*	390	12,0	2ª	Regulares condiciones para alojamiento, así como el siguiente; están situados en la márgen derecha del Ebro, en el que cada uno tiene barca.	A 0,5 k. de Fayon se vadea el entre las provincias civiles de Z valle estrecha, constituyendo un ras casi inaccesibles; á 11,5 está pacidad para 100 hombres.
Flix, *v.*	458	6,0			
Ascó, *v.*	495	6,5		En la otra orilla del rio está Vinebre, lugar de 269 vecinos, que puede compartir la carga de alojamiento.	De Ribarroja á Flix el terren valle, más ancho, está cultivado d En el segundo punto se separa Alcañiz (*núm.* 647), y se une en Tortosa (*núm.* 580). El que se describe continúa po cultivado, y más ó ménos inmedi se separa, por la derecha, un ca
Mora de Ebro, *v.*	809	14,0	3ª	Buenas condiciones para alojamiento; puede ayudarle Mora la Nueva, de cuyo lugar está separada la villa por	De Ascó á Mora de Ebro el tráns quebrado el terreno, y por tener profundos desfiladeros, formados

PUEBLOS.	Vecindario.	Distancia en kilómetros.	Número de etapas.	OBSERVACIONES DE LOS PUEBLOS.	DE
Mora la Nueva, *l.* (1 k. *i.*). . .	218	»	3ª	el Ebro, en el que hay una barca, interin se construye un puente.	peñas conocidas por los Se los caminos; el primero en tud; el segundo, conocido á 5,5 k., y concluye á 6,5; cultivado, y el camino conti lla derecha. A 9 k. se separa un cort comunica con García, villa En Mora de Ebro cruza del Pinar á Tarragona, ó Gandesa (*núm.* 417). El camino de Mora de E sigue la orilla derecha, po rias ramblas, de las que la Seco; se pasa á 2 k. del pr
Benisanet, *v.*	341	4,0		Este pueblo y el siguiente reunen regulares condiciones para alojamiento, y tienen barca en el Ebro.	
Mirabet, *v.*	390	5,0			
Cherta, *v.*	743	23,5	4ª	Buenas condiciones para alojamiento; tiene barca en el Ebro.	En Mirabet el camino vu los ásperos cerros y peñas de Beceite, que limitan el camino está abierto en cor orilla forman la cuenca las des. A 8,5 k. entra en el es cido por Barranc-Fond, y barca para comunicar con mino de la orilla izquierda, verano. A 14,5 cruza la ram A 21,5 se separa, por la *mero* 651), que forma, con carretera en construccion las inmediaciones del pun

PUEBLOS.	Vecindario.	Distancia en kilómetros.	Número de etapas.	OBSERVACIONES DE LOS PUEBLOS.	DEL CA
					en el Ebro, para dar entrada á las tacion del de navegacion entre Rápita.
Aldover, *l.*	283	3,5	5ª	Corta capacidad y escasos recursos.	De Cherta á Tortosa el camino e un terreno ondulado y cultivado derecha; el canal de alimentacion ta 6,5 k. de Aldover, que le cruza piedra. A 2 y 3 k. de Cherta cruza la Conca.
Tortosa, *c.* (1 k. *i.*)	4951	7,5		Buenas condiciones para alojamiento. Es plaza de guerra. Tiene estacion en el ferro-carril de Valencia á Barcelona, y telegráfica, con servicio de dia, completo. Entre la poblacion y un arrabal hay un puente de barcas sobre el Ebro.	A 6 de Aldover atraviesa el cam nominado Jesus y María, y á 7,5 e gona á Castellon de la Plana (*núm.* reccion á Ulldecona, una longitud separa, por su izquierda, un camin duce á Amposta por terreno culti orilla derecha del Ebro. A 2,5 y 7 k. de la carretera, y á cruza por puentes el canal de alim ximo al camino; y á 3,5 de la citad Galera. En Amposta empalma la carrete de la Plana (*núm.* 517).
Amposta, *v.*	582	13,5	6ª	Buenas condiciones para alojamiento; tiene barca en el Ebro, y estacion en el ferro-carril citado; ésta se halla en la orilla izquierda, y á este mismo lado de la carretera á Tarragona.	A 5 k. de Tortosa se cruza el fer lona.

NÚMERO 651.

DE GANDESA Á TORTOSA POR CHERTA.

43,5 kilómetros.

PUEBLOS.	Vecindario.	Distancia en kilómetros.	Número de etapas.	OBSERVACIONES DE LOS PUEBLOS.
Pinell, *v.*	254	12,5		Corta capacidad y escasos recursos.
Cherta, *v.*	743	20,0		Buenas condiciones para alojamiento; tiene barca sobre el Ebro.
De Cherta á Tortosa.	»	11,0		V. *Núm.* 650.

OBSERVACIONES DE[L CAMINO]

Arranca en Gandesa, á la
de Alcolea del Pinar á Tarr
á Tarragona (*núm.* 417).

Es carretera de segundo
las Armas del Rey, y en con

Remonta con regulares p
Tejería, faldeando por terr
y el Puig Caballé, ramificaci
limitan el curso de dicho ba

En Pinell se separa, por
mero 652).

La carretera desciende, c
las pendientes, á la rambl
un puente de piedra de tres
ma por otra ramificacion de
venta de las Armas del Rey,
camino á Batea (*núm.* 653).

GANDESA Á TORTOSA.

PUEBLOS.	Vecindario.	Distancia en kilómetros.	Número de etapas.	OBSERVACIONES DE LOS PUEBLOS.	OBSERVACIONES DEL CA
					truida de la carretera, y se sigue continúa en ascenso hasta la Peña de Pinell; en dicho punto descie do barranco de Prat de Compte, tas de monte. A 14 k. está la ven el camino atraviesa el barranco d el anterior en las inmediaciones censo suave por terreno cultivado palmar á 18 k. con el camino d Flix y orilla derecha del Ebro (nú tinúa á Tortosa.

NÚMERO 652.

DE PINELL Á ASCÓ.

23,5 kilómetros.

PUEBLOS.	Vecindario.	Distancia en kilómetros.	Número de etapas.	OBSERVACIONES DE LOS PUEBLOS.	OBSERVACIONES DEL
Ascó, *v.*	495	23,5		Regulares condiciones para alojamiento; tiene barca en el Ebro.	Arranca en Pinell, á la izq á Tortosa (*núm.* 651). Es carretero natural, y reco de la divisoria de aguas entre A 8 k. desciende fuertemen bajo, á la rambla citada; se c pues con la carretera conocid gona, ó sea la de Zaragoza á T se sigue en direccion de esta la venta de Campusini se aban no de herradura, que se separ por terreno ondulado y cubier de un barranco por la sierra puertos de Beceite. A la entrada de Ascó empal á Amposta por la orilla derec

NÚMERO 653.

DE CHERTA Á BATEA.

30 kilómetros.

<table>
<tr><th rowspan="2">PUEBLOS.</th><th rowspan="2">Vecindario.</th><th rowspan="2">Distancia en kilómetros.</th><th rowspan="2">Número de etapas.</th><th colspan="2">OBSERVACIONES</th></tr>
<tr><th>DE LOS PUEBLOS.</th><th>DEL CA</th></tr>
<tr><td>Prat de Compte, l. . . . . . .</td><td>105</td><td>14,5</td><td></td><td>Corta capacidad y escasos recursos, así como Bot.</td><td rowspan="3">Arranca, á la izquierda de la
Gandesa á Tortosa (núm. 651), en
á 11 k. de Cherta.
Es de herradura, y desde el
fuerte por el profundo barranco
monte, y tan estrecho, que en a
paso á una caballería; á 1 k. de P
llado de este nombre un estrib
desciende rápidamente á la ra
á 2,5 k.
En Bot corta el camino de Mor
El que se describe asciende po
viñedo, y con gran desarrollo, p
cacion de los puertos citados. A
Caminos, corta la carretera cono
Tarragona, ó sea de Zaragoza á
ro 417), y desciende suavemente
camino de Alcañiz á Flix (núm. 6</td></tr>
<tr><td>Bot, l.. . . . .</td><td>231</td><td>4,0</td><td></td><td></td></tr>
<tr><td>Batea, v.. . . . .</td><td>523</td><td>11,5</td><td></td><td>Regulares condiciones para alojamiento.</td></tr>
</table>

NÚMERO 654.

DE TORTOSA Á ARNÉS.

29 kilómetros.

PUEBLOS.	Vecindario.	Distancia en kilómetros.	Número de etapas.	OBSERVACIONES DE LOS PUEBLOS.	OBSERVACIONES DEL
					Arranca, á la derecha de la de la Plana (*núm.* 518), á m palme del camino de Mequi Ebro (*núm.* 650). Es carretera hasta Roquet este pueblo, y de herradura l Recorre un terreno ligera pié de las ramificaciones del ceite. A 6 k. de Roquetas el entra en el desfiladero que fo monte, y por el cual corre el za por un puente en mal es terreno cubierto de monte, pa Coll de este nombre, el Bosc puertos de Beceite; el descen como la subida, por las muc á 8 k., y despues vuelve á as Coll del Orunal, una ramifica que desciende al rio Algas, s por la orilla derecha hasta con el de Morella á Gandesa (
Roquetas, *l.*	847	4,5		Buenas condiciones para alojamiento.	
Alfará, *l.*	129	11,0		Corta capacidad y escasos recursos,	
Arnés, *v.*	266	16,5		así como Arnés.	

NÚMERO 655.

DE MORELLA Á TORTOSA.

3 etapas.—65 kilómetros.

RESÚMEN POR ETAPAS.

	Núm.	Kilóm.
De Morella á Vallibona.	1	14,5
» La Cenia.	2	22
» Tortosa..	3	28,5
Total.	3	65

PUEBLOS.	Vecindario.	Distancia en kilómetros.	Número de etapas.	OBSERVACIONES DE LOS PUEBLOS.	DEL CA
					Arranca, á la derecha de la car. á Morella (*núm.* 606), ántes de pa 30 k. de Chert ó 4,5 de Morella. Es de herradura.
Vallibona, *v.*	255	14,5	1ª	Corta capacidad y escasos recursos.	Remonta la orilla izquierda del poco despues, para continuar en

PUEBLOS.	Vecindario.	Distancia en kilómetros.	Número de etapas.	OBSERVACIONES. DE LOS PUEBLOS.	DEL
					de monte, por el Tosal de C mificacion de los puertos d desfiladero por donde corre une á 13,5 con el de Vallibo núa en descenso, en el desf nes de la peña de Bel, á la i recha.
Bosell, *v.*	506	16,5	2ª	Regulares condiciones para alojamiento, así como el siguiente.	En Rosell termina el de barranco, que desde aquí t camino desciende por la fald este rio separa las provincia Tarragona, y se vadea á 5 k En La Cenia empalma, po (*núm.* 656), sigue por el qu la derecha, para continuar á
Cenia (La), *v.*	564	5,5			
Mas de Barberans, *l.*	280	12,5	3ª	Regulares condiciones.	Desde La Cenia faldea las de Beceite por terreno cul Plana de la Galera, y cortad tantes; á 7,5 k. se atraviesa de Alchip, su afluente, y á 1 mino de Beceite (*núm.* 657). De Mas de Barberans á T barranco de San Antonio, y Tarragona á Castellon de la
Tortosa, *c.*	4951	16,0		Es plaza de guerra; tiene estacion en el ferro-carril de Valencia á Barcelona, y telegráfica, con servicio de dia, completo.	

NÚMERO 656.

DE ULLDECONA Á ALCAÑIZ POR BECEITE.

84,5 kilómetros.

PUEBLOS.	Vecindario.	Distancia en kilómetros.	Número de etapas.	OBSERVACIONES DE LOS PUEBLOS.	DEL CA
					Arranca en Ulldecona, á la der gona á Castellon de la Plana por Existe el proyecto de construir de Beceite á Valderrobres, y se e gundo desde este último punto. Es carretero natural hasta La restante.
Cenia (La), *v.*	564	14,5		Regulares condiciones para alojamiento, así como los demas pueblos, excepto Frédes, que carece de recursos, y cuyo caserío es pequeño.	Remonta por terreno cultivado (casas de labor), la orilla izquier las provincias civiles de Tarrago palma con el de Morella á Tortosa ta La Cenia, donde se separa, po cribe.
Frédes, *l.*	26	15,0			
Beceite, *v.*	452	16,0			
Valderrobres, *v.*	630	6,5			
Fresneda (La), *v.*	420	10,0		Escasea el agua.	Este último es de herradura, pa
Valjunquera, *l.*	233	5,0			
Alcañiz, *c.*	1845	17,5		Es poblacion cerrada y tiene un castillo en la cima del monte, en cuya falda asienta la poblacion. Esta re-	piedra de un arco, á 1,5 k., y con rio por un desfiladero formado p Mangraner, sierra de Castelar,

PUEBLOS.	Vecindario.	Distancia en kilómetros.	Número de etapas.	OBSERVACIONES DE LOS PUEBLOS.	OBSERVACIONES DEL
				une buenas condiciones para alojamiento, y tiene estacion telegráfica, con servicio permanente.	desprenden de los puertos d pasar el Cenia por puentes está ruinoso; el terreno es m en ascenso con pendiente fue Infern (collado del Infierno), el Cenia; á 12 k. pasa por el tos de Beceite, y desciende f de Empomá, y continúa en Conquichal, al Toral del Rey, dencias de los puertos de Be 1 á la izquierda, en cuya cum provincias civiles de Castello distancia, y en una extension cumbres cubiertas de espeso vincia civil de Tarragona; en ciende fuertemente á la inme se cruza, y asciende en la mi tribo de los puertos; en la b vueltas y su piso es de roca. y á la entrada en Beceite se c arco. En Beceite se separa, po Barberans (*núm.* 657). El que se describe pasa el la salida de Beceite y á 1,5 k. formado por el Coll de Angu robres; á 2 k. termina el des despejado y está cultivado; á afluentes del Matarraña.

ULLDECONA Á ALCAÑIZ.

PUEBLOS.	Vecindario.	Distancia en kilómetros.	Número de etapas.	OBSERVACIONES DE LOS PUEBLOS.	OBSERVACIONES DEL C
					En Valderrobres corta el cami ro 646), del cual se separa, po bre el Matarraña otro á Camari El que se describe sigue la o vadea á 6 k., y asciende por el e que divide sus aguas de las del puente de piedra de un arco un izquierda, el Tastavius al Mata En la Fresneda se suaviza el ro natural; á 4 k. de Valjunque Morella á Alcañiz (*núm.* 645), po

NÚMERO 657.

DE BECEITE AL MAS DE BARBERANS.

29,5 kilómetros.

PUEBLOS.	Vecindario.	Distancia en kilómetros.	Número de etapas.	OBSERVACIONES DE LOS PUEBLOS.	DE[illegible]
Mas de Barberans, *l*..	280	29,5		Regulares condiciones para alojamiento.	Arranca en Beceite, á la d (*núm*. 656). Es de herradura, y remont pendientes muy fuertes el cu gen en los puertos de Beceit royo por el collado que form tra en un profundo desfilad por el que sigue en ascenso su final; este mal paso, cono y se llega á las cumbres, p pinares. A 10 k. está el límit y Tarragona, y á 10,5 descie llosa, que termina á 13 k. A ciende, por entre maleza y llamada de la Suca, de pendi

BECEITE AL MAS DE BARBERANS.

PUEBLOS.	Vecindario.	Distancia en kilómetros.	Número de etapas.	OBSERVACIONES	
				DE LOS PUEBLOS.	DEL CA
					un contrafuerte que se desprende los Bufadors; en la bajada, ráp camino, el que á 22 k. entra en el barranco del Alchip, afluente del d y faldea por terreno cultivado las puertos hasta 29 k. que empalma Tortosa (*núm.* 655).

NÚMERO 658.

DE VINARÓZ Á SAN MATEO POR LA JANA.

30,5 kilómetros.

PUEBLOS.	Vecindario.	Distancia en kilómetros.	Número de etapas.	OBSERVACIONES DE LOS PUEBLOS.	DE[illegible]
San Jorge, *v*.	360	11,0		Los pueblos de este itinerario reunen buenas condiciones para alojamiento. Tiene estacion telegráfica, con servicio de dia, limitado.	Arranca en Vinaroz, á la d á Castellon de la Plana (*núm* Es carretera de segundo ó en construccion de este punt Recorre un terreno ligera garrobos y viñedo. A 1 k. Barcelona, y á 5,5 se deja, cordia, situada en un cerro, En San Jorge se separa, Magdalena (*núm.* 660). Un k. ántes y 0,5 despue de Agua de Oliva. La carretera está en const gue un camino carretero nat misma clase. A 7 k. de la Jana, en las in fina, empalma con la carrete lla (*núm.* 606), por la que se En el trayecto de este cam sas de labor) á uno ú otro la
Traiguera, *v*.	597	4,0			
Jana (La), *v*.	400	3,5			
San Mateo, *v*.	805	12,0			

NÚMERO 659.

DE VINARÓZ Á SAN MATEO POR CÁLIG.

28 kilómetros.

PUEBLOS.	Vecindario.	Distancia en kilómetros.	Número de etapas.	OBSERVACIONES DE LOS PUEBLOS.	OBSERVACIONES DEL C
					Arranca en Vinaróz, á la dere na á Castellon de la Plana (*núm.* Es carretero natural.
Cálig, *v.*	1005	11,0		Buenas condiciones para alojamiento, así como los otros dos pueblos.	A 1 k. cruza el ferro-carril de en un terreno ligeramente ondul viñedo; á la entrada en Cálig se gran corriente en la estacion de
Cervera del Maestre, *v.* (*i.*). . .	487	8,0		Tiene estacion telegráfica, con servicio de dia, limitado.	En Cálig corta el camino de S *mero* 660), y arranca, por la izq de 5,5 k. de longitud, que sigue empalma en Benicarló con la car de la Plana (*núm.* 517).
San Mateo, *v.*.	805	9,0			De Cálig á Cervera remonta co de la sierra de Valdanche, el c vuelve á vadearse 1 k. ántes de

PUEBLOS.	Vecindario.	Distancia en kilómetros.	Número de etapas.	OBSERVACIONES DE LOS PUEBLOS.	DE:
					En esta villa desciende del monte de la Basola, pa rambla á 2 k. y á la inmedia(farguell ó barranco de San M no ondulado y cultivado ; di ántes de llegar á San Mateo carretera de Castellon de la

NÚMERO 660.

DE SAN JORGE Á SANTA MAGDALENA POR CÁLIG.

14,5 kilómetros.

PUEBLOS.	Vecindario.	Distancia en kilómetros.	Número de etapas.	OBSERVACIONES DE LOS PUEBLOS.	DEL CA
					Arranca en San Jorge, á la izq róz á San Mateo (*núm.* 658). Es carretero natural. Recorre un terreno llano y cu la rambla del Cervera y asciend camino de Vinaróz á San Mateo En la misma villa arranca, por tero natural, de 5,5 k. de longitu bla de Cervera por terreno cul con la carretera de Tarragona á C El que se describe asciende derivacion de la sierra de las Ata lig desciende en la misma forma, Magdalena, donde empalma co Castellon (*núm.* 517). A 7 k. de Cálig se corta el f lona.
Cálig, *v.*	1005	6,5		Buenas condiciones para alojamiento.	
Santa Magdalena, *l.*	268	8,0		Poca capacidad.	

NÚMERO 661.

DE CASTELLON DE LA PLANA Á PEÑÍSCOLA POR ALCALÁ DE

3 etapas.—68,5 kilómetros.

RESÚMEN POR ETAPAS.

	Núm.	Kilóm.
De Castellon de la Plana á Torreblanca.. . .	1	37,5
» Alcalá de Chisbert..	2	12,5
» Peñíscola.. . . .	3	18,5
TOTAL.	3	68,5

PUEBLOS.	Vecindario.	Distancia en kilómetros.	Número de etapas.	OBSERVACIONES DE LOS PUEBLOS.	DE
De Castellon de la Plana á Santa Magdalena.	»	59,0	2	V. *Núm.* 517.	Arranca, á la izquierda d llon de la Plana (*núm.* 517), á 9,5 k. del primer punto ó
Peñíscola, *c.*	636	9,5	3ª	Es plaza de guerra, situada en la costa. En el fondeadero sólo tocan buques de cabotaje y de pequeño porte.	Es carretero natural, y re Poco ántes de Peñíscola rodeada del mar, el que e sito.

NÚMERO 662.

DE VALENCIA Á PEÑÍSCOLA POR CASTELLON DE LA PLANA Y ALCAL[Á]

De Valencia á Castellon de la Plana. . . . . . . 66,5 Kil.—*V. Núm.* 66[...]
De Castellon de la Plana á Santa Magdalena.. . . . 59 » —*V. Núm.* 51[...]
De Santa Magdalena á Peñíscola. . . . . 9,5 » —*V. Núm.* 66[...]

6 etapas.—135 kilómetros.

RESÚMEN POR ETAPAS.

	Núm.	Kilóm.
De Valencia á Murviedro.	1	24,5
» Núles.	2	23
» Castellon de la Plana..	3	19
» Torreblanca.	4	37,5
» Alcalá de Chisbert.	5	12,5
» Peñíscola.	6	18,5
TOTAL.	6	135

NÚMERO 663.

DE BENICARLÓ Á PEÑÍSCOLA POR LA COSTA.

6 kilómetros.

PUEBLOS.	Vecindario.	Distancia en kilómetros.	Número de etapas.	OBSERVACIONES DE LOS PUEBLOS.	OBSERVACIONES DEL
Peñíscola, *c.*	636	6,0		Es plaza de guerra, situada en la costa. En su fondeadero sólo entran buques de cabotaje y de pequeño porte.	Arranca en Benicarló, á la gona á Castellon de la Plana ,(Es carretero natural, y sigu costa del Mediterráneo; á 3 k arrastra agua en la estacion d(

NÚMERO 664.

DE CASTELLON DE LA PLANA Á TORREBLANCA POR EL DESIERTO D

41 kilómetros.

PUEBLOS.	Vecindario.	Distancia en kilómetros.	Número de etapas.	OBSERVACIONES DE LOS PUEBLOS.	DEL C
					Arranca, á la derecha de la c llon de la Plana (*núm.* 517), entr del primer punto ó 5 del segund Es de herradura, y transitabl ros k. del arranque, y desde 7 de
Monasterio de las Palmas, *cas.* .	16	13,0		Perteneció á los carmelitas, y hoy está habitado por seis monjes y algunos legos y criados.	Asciende por terreno quebrad montes del Desierto de las Pal En el monasterio de aquel nom
Torreblanca, *v.*	604	28,0		Regulares condiciones para alojamiento; tiene estacion en el ferro-carril de Valencia á Barcelona.	ma; á 7 k. vuelve á ser transitabl za notablemente. A 13 k. del monasterio cruza 20 empalma con la citada carret la Plana (*núm.* 517), entre Torre mer punto ú 8,5 del segundo. En el monasterio se corta el (*núm.* 680), y se separa, por la tud, que asciende fuertement Miguel, situada en lo más eleva sierto. A 19 k. se cruza el ferro-carri

NÚMERO 665.

DE CASTELLON DE LA PLANA Á ALCORISA

POR PUEBLA-TORNESA, VILLAR DE CANES, MORELLA Y CASTELLOT

184 kilómetros.

PUEBLOS.	Vecindario.	Distancia en kilómetros.	Número de etapas.	OBSERVACIONES — DE LOS PUEBLOS.	DEL
De Castellon de la Plana á Puebla-Tornesa.	»	19,0		V. *Núm.* 606.	Arranca, á la izquierda de l· á la salida de Puebla-Tornesa Es carretero natural hasta V parte restante.
Varona, *cas.*	18	8,5		Escasísimos recursos.	Existe el proyecto de constr entre la Pobleta de Morella y .
Villar de Canes, *l.* (1 k. *i.*). . .	108	22,0		Corta capacidad y escasos recursos; una parte del vecindario habita en masías del término.	que pasará desde Zurita por mino.
Llacova, *parr.*	4	16,0		Forman esta parroquia várias masías diseminadas, que dependen del ayuntamiento de Morella.	Sigue por terreno cultivado cruza el arroyo de la Pobleta Varona, á la entrada de cuyo c
Morella, *v.*	813	14,0		Es plaza de guerra y residencia del comandante general del Maestrazgo. Tiene estacion telegráfica, con servicio de dia, completo.	comandancia militar del Maes tellon. El que se describe asciende bla de la Viuda al pié de la sie
Chiva de Morella, *l.*	126	6,0		Castellote y Alcorisa son los únicos	masía de los Ibarsos, la aband

PUEBLOS.	Vecindario.	Distancia en kilómetros.	Número de etapas.	OBSERVACIONES DE LOS PUEBLOS.	OBSERVACIONES DEL C
Ortells, *l.*	146	6,5		pueblos que reunen algunas condiciones para un regular alojamiento; los demas son de corta capacidad y de limitados recursos.	bonera, que cruza dos veces; á Puchols, se separa, por la dere tension, que empalma en Albo bert á Castellote (*núm.* 668), el del que se describe, á 20,5 k., y de la Segarra, á 22 k., que se se girse á Forcall y Castellote. En la izquierda, el camino de Luce A 3 k. de Varona, en la venta mino de Cabanés á Adzaneta (n El que se describe es de herra bonera, y remonta el barranco d convierte en un desfiladero, del Balluga, para continuar en asce mificacion de la Muela de Arés. A 6 k. de la venta de la Segar camino á San Mateo, ántes citad separa otro, que á 5 k. empalma el de Alcalá de Chisbert á Cast venta de la Segarra, ó 12 de las Desde Llacoba sigue por la d desciende por la cuesta de Muc pues de pasar á vado el rio Ber lla (*núm.* 606), por la que se dir En Morella se separa, por la Rubielos (*núm.* 670). Desde dicha plaza recorre un t general de encinas, desciende a
Zurita, *v.*	255	5,5			
Parras de Castellote (Las), *v.*	185	11,5			
Jaganta, *ald.*	54	2,5		Depende del ayuntamiento de las Parras, al que puede ayudar en el servicio de alojamiento.	
Castellote, *v.*	339	6,0			
Seno, *v.*	148	3,5			
Alcorisa, *v.*	597	13,0			

PUEBLOS.	Vecindario.	Distancia en kilómetros.	Número de etapas.	ORSERVACIONES — DE LOS PUEBLOS.	ORSERVACIONES — DEI
					á 1 k., y continúa con pendie tientes de las ramificacione En Ortells se aproxima a por Forcall ó Caldes, y sigue vado y dominado; se vadea dona su curso, para remonta barranco de la Balma; la pe está en zic-zac; á 6 k. se su elevada de la divisoria ent En ella está el límite de las ruel, y el camino desciende cuyo rio se vadea á 2,5 k. d mente hasta Castellote. A 1 k. de Jaganta cruza el palma, por la derecha, el ca con el que se describe hast quierda, para continuar á parte, por este mismo lad (*núm.* 668). De Castellote á Alcorisa s de la sierra de San Just, qu lope y Guadalopillo, su aflu importantes, y entre ellas e esta villa. En Alcorisa empalma con colea del Pinar á Tarragona gona (*núm.* 429).

NÚMERO 666.

DE VALDERROBRES Á CAMARILLAS POR CASTELLOTE.

98,5 kilómetros.

PUEBLOS.	Vecindario.	Distancia en kilómetros.	Número de etapas.	OBSERVACIONES DE LOS PUEBLOS.	DEL CA
Ráfales, *v.*	197	13,5		Castellote, Aliaga y Camarillas reunen regulares condiciones para alojamiento; los demas pueblos son de escasa capacidad y de muy cortos recursos.	Arranca, á la izquierda del de á la entrada en Valderrobres, des el Matarraña. Es de herradura y comunica los llote y Aliaga, puntos important cion que ocupan. Sigue la orilla izquierda del Mat para atravesar á 6, con pendiente de pinos, la ramificacion de los pu aguas entre aquel rio y su afluen ciende en la misma forma; á 7,5 y á 8 pasa por vado á la izquierda A 12 k. se abandona, y entra en que continúa ascendiendo, y del otro, que cruza repetidas veces; gue en ascenso, para salvar á 6 k. tado por várias vertientes, otra ra del Matarraña y Bergantes, y de l
Cerollera (La), *v.*	92	7,5			
Aguaviva, *v.*	386	13,0			
Abenfigo, *parr.*	65	8,0			
Castellote, *v.*	339	6,0			
Ejulve, *v.*	330	22,0			
Cañadilla (La), *barr.* de Cirujeda	21	7,0			
Aliaga, *v.*	207	12,5			
Camarillas, *l.*	204	9,0			

PUEBLOS.	Vecindario.	Distancia en kilómetros.	Número de etapas.	OBSERVACIONES DE LOS PUEBLOS.	DE
					te fuerte en un principio, y despues. A 5,5 k. de Ráfales corta (*núm.* 645). A 11 k. de la Cerollera se tambien por Forcall ó Calde fluencia con el Guadalope, l El camino, desde el rio, de aquel y el Guadalope, y cultivado y despejado. A 3,5 la remonta, y á 4,5 pasa á la punto existen los restos de podrian utilizarse, en caso c las caballerías tienen que va El camino remonta la ori de huertas, al pié de un estr A 6 k. se separa, por la d *ro* 667). El terreno vuelve á ser q abandona el Guadalope, pa que se separa á 2 k., despu A 5 k. empalma con el de *mero* 665), por el que sigue por la izquierda. De Castellote parte, por e de Chisbert (*núm.* 668). El que se describe faldea lo general quebrado y cubi

VALDERROBRES Á CAMARILLAS.

PUEBLOS.	Vecindario.	Distancia en kilómetros.	Número de etapas.	OBSERVACIONES DE LOS PUEBLOS.	DEL CA
					viesa algunos estrechos y fértile cion es de dicha sierra, los cuale dalope, que está bastante separa Cañadilla se vadea el arroyo de á cuya orilla izquierda se acerca izquierda sigue el cauce del ri con pendientes fuertes, un est unen 1 k. ántes de Aliaga. En la mente deberá seguirse el segun En Aliaga se corta el camino *mero* 671). El que se sigue pasa por vado, lope, y asciende fuertemente, por monte, por la sierra de San Just, pendiente regular á Camarillas, á Sarrion (*núm.* 473).

NÚMERO 667.

DE CASTELLOTE Á ALCAÑIZ POR MAS DE LAS MATA[S]

40 kilómetros.

PUEBLOS.	Vecindario.	Distancia en kilómetros.	Número de etapas.	OBSERVACIONES DE LOS PUEBLOS.	DEL
					Arranca, á la derecha del [...] *ro* 666), entre Aguaviva y Ab[...] del segundo.
Abenfigo, *parr.*	65	6,0		Corta capacidad y escasos recursos.	Es de herradura, y de alg[...] punto de los más notables [...] ocupa con otro situado en [...] en el confin de aquella coma[...] ruel.
Mas de las Matas, *l.*	450	4,0		Regulares condiciones para alojamiento.	
Alcañiz, *c.*	1845	30,0		Es poblacion cerrada. Tiene un castillo en la cima del monte en cuya falda asienta aquella. Reune buenas condiciones para alojamiento, y tiene estacion telegráfica, con servicio permanente.	Sigue la orilla izquierda [...] mas descendencias de la si[...] aguas de dicho rio y del Gua[...] pendientes fuertes. El terren[...] A 13,5 k. de Mas de las Ma[...] te; á 14,5 pasa el Guadalopil[...] arco, y continúa por la vega [...] palma con la carretera en c[...] Tarragona, ó sea el camino [...] desa (*núm.* 417), y entre Cal[...] punto ó 5 del segundo.

NÚMERO 668.

DE ALCALÁ DE CHISBERT Á CASTELLOTE POR CUEVAS DE VINROMÁ

98 kilómetros.

PUEBLOS.	Vecindario.	Distancia en kilómetros.	Número de etapas.	OBSERVACIONES — DE LOS PUEBLOS.	OBSERVACIONES — DEL CA
					Arranca en Alcalá de Chisbert, Tarragona á Castellon de la Plan Está proyectada la construccio den, que partirá en Forcall de la por Mora y Cantavieja, y pasan Vinromá, terminará en Torrebla dia la variacion del trazado par niente llevarla de Cuevas de Vin El camino que ahora se sigu parte, y de gran importancia por la tienen en el Maestrazgo con la los con várias carreteras de prim
Cuevas de Vinromá, *v.* (1,5 k. *i.*).	823	16,0		Buenas condiciones para alojamiento.	Asciende con fuerte pendiente
Albocacer, *v.*	553	12,0		El caserío es reducido; la poblacion cuenta con recursos para un regular alojamiento.	Morron, en las Atalayas de Alca al barranco del Valdanche, que iguales condiciones por la rami
Villar de Canes, *l.* (1 k. *i.*). . .	108	6,0		Corta capacidad y escasos recursos, así como Arés del Maestre; en su término hay várias masías habitadas por parte de los vecinos.	che por el Coll de Lelochá, y á 1
Arés del Maestre, *v.* (1 k. *d.*).. .	354	15,5			las Cuevas, y pocos metros desp lla (*núm.* 606). A 1 k. se pasa el barranco d

PUEBLOS.	Vecindario.	Distancia en kilómetros.	Número de etapas.	OBSERVACIONES DE LOS PUEBLOS.
Forcall, *v.*	451	23,0		Buenas condiciones para alojamiento.
Luco de Bordon, *l.*	112	11,5		Este pueblo y el siguiente tienen muy pocos recursos y mal caserío.
Planas (Las), *parr.*	82	5,0		
Castellote, *v.*	339	9,0		Regulares condiciones para alojamiento.

OBSERVACIONES DEL

curso, para salvar á 7,5 k., p
pendiente rápida, una rami
de la que desciende con gra
En esta villa se separa, po
de longitud, que empalma c
corisa por Puebla-Tornesa y
chols, á 16 k. de Varona.
De Albocacer á Arés del
carros; faldea el Tosal de P
de Arés, y se aproxima á la r
y empalma con el camino ci
corisa (*núm.* 665), el que se
garra, que se separa por la i
ca tambien, por el mismo
ro 679).
Desde la citada venta de
Carbonera, á la que cruza vá
tado por las descendencias d
cina, sobre las cuales se en
pendiente, poco pronunciada
sensible desde 13 k. de Albo
cuya distancia el camino sig
Muela de Arés, por el collad
encuentran unas ventas.
A 2,5 k. de la venta de Se
Arranque, se separa, por la
de longitud, que empalma
Plana á Alcorisa (*núm.* 665),

PUEBLOS.	Vecindario.	Distancia en kilómetros.	Número de etapas.	OBSERVACIONES DE LOS PUEBLOS.	DEL
					tas ó 10 de Llacoba, en el mis San Mateo á Lucena (*núm.* 679) A 5 k. de la venta de la Seg cercanías del mas de la Torre quierda, un camino á Iglesuela En las ventas de Arés se se Mosqueruela (*núm.* 674). El que se describe desciende pendiente en un principio, y m de Peña-Valiente, á la que cruz cia, á 14 k. de las ventas de Ar des; sigue despues el curso d hasta Forcall. A 10,5 k. de las ventas de Ar camino de herradura, que rem gura, desciende un afluente de 7,5, salva á 10,5 el balcon de tes á 11, y empalma á 13 con la 1 k. ántes de esta plaza. El Caldes afluye en la ramb ántes de Forcall, y desde dicho el Bergantes toma el nombre de En esta villa se une, por la sigue 0,5 por el que se describ para dirigirse á Mora de Rubiel Poco despues de la separacio rio Cantavieja, y asciende con quebrado, para salvar á 7,5 k. u

PUEBLOS.	Vecindario.	Distancia en kilómetros.	Número de etapas.	OBSERVACIONES DE LOS PUEBLOS.	DEL
					ñagolosa, que divide las agu pe, y en el que está el límite llon y Teruel. En el mismo p Joaquin del Orcajo, y el cam dalope. A la salida de Luco d Molino; sigue por él hasta e por un puente de madera. A rio, que corre, por la derech por un puente de piedra de asciende con regular pendi con el de Valderrobres á Ca De Forcall á Castellote hay tada, que se separa, á la der punto, y empalma con él á puente sobre el Guadalope; quebrado, para salvar á 9 k. d tada, un estribo de la sierra las provincias civiles de Cas pido y sigue el curso del a están unas masías, y se aban descenso; la longitud de e es de 16 k. A 2,5 k. de las Planas, ó 0 por la izquierda, un camino

NÚMERO 669.

DE TORREBLANCA Á CUEVAS DE VINROMÁ.

13 kilómetros.

PUEBLOS.	Vecindario.	Distancia en kilómetros.	Número de etapas.	OBSERVACIONES DE LOS PUEBLOS.	OBSERVACIONES DEL CA
Cuevas de Vinromá, *v.*	823	13,0		Buenas condiciones para alojamiento.	Arranca en Torreblanca, á la d ragona á Castellon de la Plana (n Es parte de la carretera de te desde Forcall á Torreblanca por má; pero, segun se ha indicado e do los estudios necesarios para trazado desde las Cuevas, dirigié El camino que ahora se sigue e pendientes algo fuertes y por te su mayor parte de algorrobos y vi de la sierra de Engarcerán. A 3,5 k. cruza el barranco de pasándole repetidas veces en este Cuevas de Vinromá se vadea el poco despues en el Segarra ó de palma con la carretera de Morella

NÚMERO 670.

DE MORELLA Á MORA DE RUBIELOS POR FORCALL, CANTAVIEJA Y

96,5 kilómetros.

PUEBLOS.	Vecindario.	Distancia en kilómetros.	Número de etapas.	OBSERVACIONES DE LOS PUEBLOS.	OBSERVACIONES DEL
					Arranca en Morella, á la i: órden conocida por de Cas (*números* 606 y 645). Existe el proyecto de cons desde aquella plaza á Puebla la de primer órden de Teruel El camino que ahora se si cia, por comunicar la plaza la tienen por su situacion en una extension bastante gran
Forcall, *v.*	451	11,0		Buenas condiciones para alojamiento.	De Morella á la Mata es tr
Mata (La), *v.*	121	8,0		Esta villa y la siguiente son de corta capacidad y de escasos recursos; el vecindario está repartido en las distintas masías del término respectivo.	dientes sensibles la orilla de no áspero y cortado por gra su origen en las ramificacio estrechan el rio. A 4 k. se v A 10 k., y muy cerca de la co
Mirambel, *v.*	217	7,0		Es poblacion cerrada.	ó rio Caldes, y del Cantavi

PUEBLOS.	Vecindario.	Distancia en kilómetros.	Número de etapas.	OBSERVACIONES DE LOS PUEBLOS.	DEL C
Cantavieja, *v*..	384	12,0		Está rodeada de un muro, y reune regulares condiciones para alojamiento; una parte del vecindario está diseminada en las masias del término.	éste, para remontar la orilla der un puenté de piedra, á la entra En esta villa empalma, por la de Chisbert por Albocacer, si, á 0,5 k. se le separa, por la der (*núm*. 668). Desde Forcall remonta la or por terreno de la misma clase, ra de Gúdar; á 3 k. pasa, á la i dra de dos arcos. A 4,5 k. de la Mata, se pasa po divide por esta parte las provinc algunos metros ántes empalma Castellote (*núm*. 672). En Mirambell se hace más que aumenta, para salvar la sierra tres barrancos, y á 9,5 un braz constante. En Cantavieja se separa, por ban (*núm*. 671). El que se describe continúa r del rio Cantavieja, que nace en tribo de la Muela de Arés, y de cortado por varios barrancos, yor parte. En Mosqueruela se separan, Iglesuela del Cid (*núm*. 675), á Viver (*núm*. 676). El que se describe, despues
Mosqueruela, *v*.	681	21,0		Regulares condiciones para alojamiento; una parte del vecindario habita las masías de su término.	
Linares, *v*..	298	14,5		Reducido caserío y pocos recursos.	
Mora de Ruvielos, *v*.	707	23,0		Buenas condiciones para alojamiento; tiene estacion telegráfica, con servicio de dia, limitado.	

PUEBLOS.	Vecindario.	Distancia en kilómetros.	Número de etapas.	OBSERVACIONES	
				DE LOS PUEBLOS.	DEL
					mente ondulado y cultivado, y con regular pendiente, pa sierra de Peñagolosa, del qu Linares, que se cruza por un A 4,5 k. de Mosqueruela s mino á Lucena (*núm.* 677). D orilla izquierda del rio Grand varios barrancos, para salvar A 9 k. está la ermita de San dancia general del Maestrazg y de las capitanías generales mas de las Huesas y el nacin nocido más adelante por de descenso, que se efectúa con bierto de pinares; á 20 k. se con el camino de Galve á Sar tinúa á Mora de Rubielos, do el de Teruel á Castellon por l

NÚMERO 671.

DE CANTAVIEJA Á MONTALBAN POR ALIAGA.

59,5 kilómetros.

PUEBLOS.	Vecindario.	Distancia en kilómetros.	Número de etapas.	OBSERVACIONES DE LOS PUEBLOS.	OBSERVACIONES DEL CA
Cañada de Benatanduz, *v.*	136	14,5		Aliaga y Montalban reunen regulares condiciones para alojamiento; los demas pueblos son de reducido caserío y escasos recursos.	Arranca en Cantavieja, á la de Rubielos por Forcall y Mosquerú Está proyectada la construccio den, que unirá puntos important tera de primer órden de Alcolea zando al mismo tiempo la plaza d El camino que ahora se sigue un corto descenso al brazo del sierra Palomita, remonta su curs reno fragoso y áspero, la expres de Peñagolosa, y de la cual desc arroyo, que cruza repetidas veces puente, á 13 k. A la salida de Cañada de Bena atravesar por terreno quebrado, c cubierto en lo general de pinos,
Aliaga, *v.*	207	20,0			
Campos, *l.*	66	5,5			
Palomar, *v.*	151	11,5			
Montalban, *v.*	434	8,0			

PUEBLOS.	Vecindario.	Distancia en kilómetros.	Número de etapas.	OBSERVACIONES DE LOS PUEBLOS.	DE
					dar. A 13 k. se encuentran la pendiente disminuye, y á lope, cuyo rio se vadea á la En esta villa corta el ca (*núm.* 666). A 1,5 k. de Aliaga cruza Guadalope, y asciende sua sierra de San Just, divisori tin, que forman várias caña A 7 k. de Campos cruza mente, para salvar por el Just, del que desciende el á 8,5 k. de Campos, está e del Maestrazgo y la provinci nías generales de Valencia y censo, la orilla izquierda de separa de él, y continúa en de la citada sierra. A 7,5 k. pasa el Martin po empalma con la carretera e á Tarragona, ó sea el camin sa (*núm.* 429).

NÚMERO 672.

DE CASTELLOTE Á CANTAVIEJA POR MIRAMBEL.

42 kilómetros.

PUEBLOS.	Vecindario.	Distancia en kilómetros.	Número de etapas.	OBSERVACIONES DE LOS PUEBLOS.	OBSERVACIONES DEL C
Bordon, *l.*	141	15,5		Una gran parte del caserío de estos pueblos lo constituyen masías (casas de campo), diseminadas en sus términos.	Arranca, á la izquierda del de por Forcall (*núm.* 668), entre del primer punto ó 6,5 del segu Es de herradura, y desde el a diente, y por terreno cubierto d fuerte despues, para atravesar, vacion de la sierra de Peñagolo don. Cruza este rio á 14,5 k., y ficacion, en la que, á 3,5 k. de vincias civiles de Teruel y Caste y á 4,5 k. de Olacau, ántes del p palma con el camino de Morella vieja (*núm.* 670), por el que se c
Olocau, *v.*	125	7,5			
Mirambel, *v.*	215	7,0		Es poblacion cerrada.	
Cantavieja, *v.*	384	12,0		Está rodeada de un muro, y reune regulares condiciones para alojamiento.	

NÚMERO 673.

DE ALBOCACER Á LA IGLESUELA DEL CID POR BENAS

35,5 kilómetros.

PUEBLOS.	Vecindario.	Distancia en kilómetros.	Número de etapas.	OBSERVACIONES DE LOS PUEBLOS.	OBSERVACIONES DEL
					Arranca, á la izquierda de (*núm.* 668), en las cercania á 12 k. de Albocacer. Es de herradura, y atravie cendencias de la Muela de A Árbole y Seco, los cuales se En Villafranca del Cid se c á Mosqueruela (*núm.* 674). El que se describe es tran zac, para cruzar por un puen conocida tambien por Rio-Se lante toma los nombres de r rambla limita las provincias pues de pasar la rambla, se s á Mosqueruela (*núm.* 675). A 2,5 k. de Villafranca del ñora de Losar, se separa un palma con el de Arés del M 11 k. del primer punto ó 2,5 De Iglesuela del Cid parte (*núm.* 676).
Benasal, *v.*	571	16,0		Una parte del vecindario de estos pueblos vive en las masías; reunen regulares condiciones para alojamiento.	
Villafranca del Cid, *v.*	465	12,5			
Iglesuela del Cid (La), *v.*	293	7,0			

NÚMERO 674.

DE ARÉS DEL MAESTRE Á MOSQUERUELA POR VILLAFRANCA

32,5 kilómetros.

PUEBLOS.	Vecindario.	Distancia en kilómetros.	Número de etapas.	OBSERVACIONES DE LOS PUEBLOS.	OBSERVACIONES DEL CA
Villafranca del Cid, *v.*	465	13,0		Una parte del vecindario habita en las masías; ambas villas reunen regulares condiciones para alojamiento.	A 1 k. de Arés del Maestre cr Castellote por Albocacer (*núm.* Maestre. Es transitable á carros. Descic cañada de este nombre, á un aflu mina tambien rambla de las Truc A 11 k. se cruza el barranco Ca ra, por la derecha, un ramal, de con el camino de Albocacer á la á 2,5 k. de Villafranca ó 4,5 de Ig En Villafranca del Cid corta el la Iglesuela del Cid (*núm.* 673), fuertemente por terreno cubierto por el portillo de los Monllats, Peñagolosa, y continuar atravesa ruela, donde empalma con el de Cantavieja (*núm.* 670), del que p mismo punto, los que conducen (*números* 675 y 676). A 5,5 k., en las cercanías del m de las provincias civiles de Castel
Mosqueruela, *v.*	681	19,5			

NÚMERO 675.

DE IGLESUELA DEL CID Á MOSQUERUELA.

19 kilómetros.

PUEBLOS.	Vecindario.	Distancia en kilómetros.	Número de etapas.	OBSERVACIONES DE LOS PUEBLOS.	OBSERVACIONES DEL
Mosqueruela, *v.*	681	19,0		Regulares condiciones para alojamiento; una parte del vecindario ocupa las masías del término.	Parte, á la izquierda del c *mero* 673), 1 k. ántes del últ bla de las Truchas, que lim Castellon. Es carretero en los 7,5 k. remonta el curso de la citad la falda de várias descend cerca de Mosqueruela aume en zic-zac hasta dicho punt Mora de Rubielos por Cant ran, por la izquierda, los q Viver (*números* 674 y 676).

NÚMERO 676.

DE VIVER Á MOSQUERUELA POR MONTANEJOS.

61 kilómetros.

PUEBLOS.	Vecindario.	Distancia en kilómetros.	Número de etapas.	OBSERVACIONES DE LOS PUEBLOS.	DEL CA
					Arranca en Viver, á la izquie Valencia (*núm.* 432). Es de herradura y enlaza con portantes del Maestrazgo.
Montan, *v.*	356	19,5		Regulares condiciones para alojamiento.	Asciende por terreno accide para salvar á 8 k. la sierra de
Montanejos, *l.*	205	5,5		Corta capacidad y escasos recursos.	fuertemente; á 11 se suaviza la
San Vicente, *cas.*	69	10,5		Lo forman várias masías dependientes de Córtes de Arenoso.	orígen los dos barrancos que fo orilla izquierda sigue por terr
Castelvispal, *l.*	43	16,0		Una mitad próximamente del vecindario ocupa las masías diseminadas en el término.	entrada en Montan se vadea el sigue en descenso sensible su o mificaciones de la citada sierr
Mosqueruela, *v.*	681	9,5		Regulares condiciones para alojamiento; una parte del vecindario habita las masías del término.	vuelve á cruzarse el arroyo por tres arcos, situado cerca de la que se corta el camino de Olv por la derecha el de Segorbe (n

PUEBLOS.	Vecindario.	Distancia en kilómetros.	Número de etapas.	OBSERVACIONES DE LOS PUEBLOS.	DE[L]
					El que se describe cruza e sional, á 1 k., y se separa, p hermosa (*núm.* 678); á 3 k. pa fuertemente, para salvar á 8 del que desciende en la mism derecha, un grupo de masía tejuda y dependiente de Ara camino de Teruel á Castellon A 4 k. está el límite de la pro mandancia general del Maest A la salida de San Vicent Villahermosa (*núm.* 678). El que se describe faldea asciende por la cuesta de Ta estribo, del que desciende m tante desarrollo al final, al 0,5 k. ántes de Castelvispal. mite de las provincias civiles En Castelvispal asciende fu por terreno cubierto de encin geras ondulaciones hasta Mo mino de Morella á Mora de R A 5,5 k. de Castelvispal cr *ro* 677).

NÚMERO 677.

DE LUCENA Á LINARES POR VILLAHERMOSA.

46 kilómetros.

PUEBLOS.	Vecindario.	Distancia en kilómetros.	Número de etapas.	OBSERVACIONES DE LOS PUEBLOS.	DEL CA
					Arranca en Lucena, á la izqui de la Plana por Lucena (*núm.* 430 Es de herradura. A la salida de barranco de los Pasos, de curso c para salvar una ramificacion de que desciende fuertemente y en por terreno cortado por várias ve orilla izquierda, que remonta ha entrada el rio Carbó por un pequ
Villahermosa, *v*.	472	17,0		Regulares condiciones para alojamiento; una gran parte del vecindario está repartido en las masías del término.	El rio Villahermosa está form Mayor, que se unen á corta dista Villahermosa se separa, por la nejos (*núm.* 678).
Puertomingalvo, *v*.	261	10,0		Es poblacion cerrada y reune regulares condiciones para alojamiento.	El que se describe asciende p terreno quebrado, entre los dos
Linares, *v*..	298	19,0		Reducido caserío y pocos recursos.	descendencia por el collado de

PUEBLOS.	Vecindario.	Distancia en kilómetros.	Número de etapas.	OBSERVACIONES DE LOS PUEBLOS.	OBSERVACIONES DEL
					del Agua, afluente del rio M Carrasca; á 6,5 el barranco (parte las provincias civiles continúa en ascenso, para sa en la sierra de Peñagolosa, leon ó Monlleó. Desde el collado sigue el ca citada sierra; á 2 k. cruza la forman el rio Monleon, y á 4,! llado de Saura, y á 9 empalm de Rubielos por Cantavieja (s A 6 k. corta el de Viver á M

NÚMERO 678.

DE MONTANEJOS Á VILLAHERMOSA POR SAN VICENTE.

91 kilómetros.

PUEBLOS.	Vecindario.	Distancia en kilómetros.	Número de etapas.	OBSERVACIONES DE LOS PUEBLOS.	OBSERVACIONES DEL CA
San Vicente, *cas*..	69	9,5		Lo forman várias masías dependientes de Córtes de Arenoso.	Arranca, á la izquierda del de á 1 k. de Montanejos, despues d Es de herradura, y asciende p Campana en un estribo de la sie vincia militar de Castellon de la trazgo, del que desciende á San A la salida de este caserío cr ver á Mosqueruela, el que pued Montanejos á San Vicente. El que se describe continúa e nes de la sierra mencionada con várias vertientes, que afluyen en e corta el camino de Teruel á Gas Lucena (*núm.* 430), y á 11 pasa p de tres arcos el rio Grande ó Ma de Villahermosa. A la entrada en esta poblacio Linares (*núm.* 677).
Villahermosa, *v*.	472	11,5		Regulares condiciones para alojamiento; una gran parte del vecindario está repartido en las masías del término.	

NÚMERO 679.

DE SAN MATEO Á LUCENA POR CATÍ Y VILLAR DE CA

71,5 kilómetros.

PUEBLOS.	Vecindario.	Distancia en kilómetros.	Número de etapas.	OBSERVACIONES DE LOS PUEBLOS.
Chert, *v.* (1 k. *d.*)	476	6,0		Regulares condiciones para alojamiento, así como Catí.
Catí, *v.*	448	14,5		Tiene várias masías diseminadas por el término. A 5 k. de la villa hay un establecimiento de baños salinos.
Villar de Canes, *l.*	108	15,0		Este pueblo y el siguiente son de corta capacidad y escasos recursos, y tienen bastantes masías en sus términos.
Torre Embesora, *l.* (0,5 k. *d.*)	78	6,0		
Adzaneta, *v.*	638	11,0		Buenas condiciones para alojamiento; en su término hay 148 masías habitadas por una parte del vecindario.
Lucena, *v.*	795	19,0		Una gran parte del caserío la componen las masías diseminadas en el término.

DE

Arranca, á la izquierda
Plana á Morella (*núm.* 606),
mas de Antolí.
Es transitable á carros h
parte restante.
Pasado el arranque, cru
pues atraviesa por terreno c
mificaciones de la Muela de
bla de Gatera, conocida des
curso remonta en alguna e
mino de Castellon de la Pla
por el que sigue los 6 k. qu
de la Segarra; en ésta se se
la izquierda del que se ac
Canes, distante 1 k. de la v
minos se unen, á 8 k. de Ca
5 de longitud, que empalma
Alcalá de Chisbert á Castell
ó 12 de las ventas de Arés.

SAN MATEO Á LUCENA.

PUEBLOS.	Vecindario.	Distancia en kilómetros.	Número de etapas.	OBSERVACIONES DE LOS PUEBLOS.	OBSERVACIONES DEL CA
				La poblacion reune buenas condiciones para alojamiento.	En Villar de Canes entra el cam cultivado de viñedo en su mayo desciende suavemente al rio Mo ciones de la Muela de Arés, que de la rambla Carbonera ; estas ver masías de los Ibarsos, forman la ra zora. El rio Monlcon se vadea á 6,5 cruza el barranco con vado por la asciende muy suavemente por la sierra de Peñagolosa, á corta dist á 10 k. entra en la rambla de Ad sigue por ella 0,5, y asciende á es En Adzaneta se separan, por la cora y á Benlloch (*números* 681 y A 1,5 k. de Adzaneta se cruza el y el camino asciende con fuerte pe var á 13 k., por el collado de Sell Peñagolosa, del que desciende po Lucena ; le pasa por un puente de te á aquella ciudad, donde empalr Castellon de la Plana por Mora (*n*

NÚMERO 680.

DE BENICASÍM Á ALCORA POR EL DESIERTO DE LAS PALMAS Y PI

37 kilómetros.

PUEBLOS.	Vecindario.	Distancia en kilómetros.	Número de etapas.	OBSERVACIONES DE LOS PUEBLOS.	DEL
					Arranca en Benicasím, á l gona á Castellon de la Plana Es de herradura hasta Puc deberá construirse una carr cluida hasta Villafamés.
Monasterio de las Palmas, *cas.*	16	5,0		Perteneció á los carmelitas, y hoy está habitado por seis monjes y algunos legos y criados.	A la salida de Benicasím á Barcelona, y el camino asc brado, por los montes del D
Puebla-Tornesa, *l.*	152	11,5		Regulares condiciones para alojamiento.	de Peñagolosa, y con gran d cido por Tosal de Caragolet
Villafamés, *v.*	408	6,0		El ayuntamiento tiene 940 vecinos, y están repartidos en gran número de de caseríos ó masías diseminados por el término; el casco de la villa está cercado por un muro de piedra, y reune buenas condiciones para alojamiento.	collado de la Muela, los c mente, para empalmar, á 10 la Plana á Morella (*núm.* 606 nesa. En el Monasterio corta el (*núm.* 664), y arranca, por l que asciende fuertemente y
Alcora, *v.*	1237	14,5		Buenas condiciones para alojamiento.	situada en la parte más ele sierto.

PUEBLOS.	Vecindario.	Distancia en kilómetros.	Número de etapas.	OBSERVACIONES	
				DE LOS PUEBLOS.	DEL C
					En Puebla Tornesa se cruz corisa (*núm.* 665); se abandona gue la de Alcora, que se sep concluida hasta Villafamés; e pendiente por los montes de la De Villafamés á Alcora es de y rápida bajada, asciende, para silla, en la sierra de Peñagol desciende suavemente por la turas de las Contiendas, para c da ó rio Almazora, de ancho ca Lucena y remonta su curso, pa mino de Teruel á Castellon de A 10,5 k. de Villafamés, en la te de la provincia militar de Ca del Maestrazgo.

NÚMERO 681.

DE ADZANETA Á ALCORA POR FOYA.

20,5 kilómetros.

PUEBLOS.	Vecindario.	Distancia en kilómetros.	Número de etapas.	OBSERVACIONES DE LOS PUEBLOS.	OBSERVACIONES DEL (
					Arranca en Adzaneta, á la iz na (*núm.* 679).
Useras, *v.*	639	9,0		Una gran parte del vecindario ocupa las muchas masías del término. La poblacion reune buenas condiciones para alojamiento.	Es de herradura. Cruza á la del Castell, y asciende por un corre otro barranco afluente d Tosal del Pico, en la sierra Pe vemente por terreno ondulad puente de mampostería el ba cender, para cruzar, á 4 k. de U ma sierra por el collado de Pa á Foya por el barranco de este
Foya, *ald.*	50	7,5		Corta capacidad y escasos recursos.	En Foya empalma con el ca Plana por Lucena (*núm.* 430),
Alcora, *v.*	1237	4,0		Buenas condiciones para alojamiento.	

NÚMERO 682.

DE CABANES Á ADZANETA POR BENLLOCH.

27,5 kilómetros.

PUEBLOS.	Vecindario.	Distancia en kilómetros.	Número de etapas.	OBSERVACIONES DE LOS PUEBLOS.	OBSERVACIONES DEL CA
					Arranca, á la izquierda de la ca á 5,5 k. de Cabanes. Es carretero natural, y recorre do, por las descendencias de la s de Benlloch se cruza la rambla ciende á la de la Viuda ó rio de A A 7,5 k., en la venta y masías d no de Castellon á Alcorisa (*núm.* 6 A 9 k. se vadea la rambla de la con regular pendiente, para salv Balsa, una ramificacion de la s desciende fuertemente y en zic-za se cruza á la entrada de Adzaneta poblacion con el de San Mateo á
Benlloch, *v.*	302	7,0		Regulares condiciones para alojamiento.	
Adzaneta, *v.*	638	20,5		Buenas condiciones para alojamiento; en su término hay 148 masías ocupadas por una parte del vecindario.	

NÚMERO 683.

DE OLVA Á ONDA POR MONTANEJOS Y TOGA.

54,5 kilómetros.

PUEBLOS.	Vecindario.	Distancia en kilómetros.	Número de etapas.	OBSERVACIONES DE LOS PUEBLOS.	OBSERVACIONES DEL (
					Arranca, á la izquierda del (á la salida de Olva, despues jares. Es de herradura, y sigue pol jares, dominado á la derecha Espadan, y á la izquierda, por J rios estribos de las citadas sie
Puebla de Arenoso, *v*.	460	5,0		Su caserío está repartido en cuatro barrios y bastantes masías, así como el del pueblo siguiente; los recursos de ambos son muy escasos.	Desde el arranque sigue la c mite de las provincias militar capitanías generales de Arago
Campos, *l*.	176	6,0			A 4 k. cruza, por un puente ranco de Santa Bárbara, y as
Montanejos, *l*.	205	6,0		Corta capacidad y escasos recursos.	Arenoso; desciende en la mis
Arañuel, *l*.	258	3,5		Está formado por un barrio y tres grandes masías, pero de corta capacidad y escasos recursos uno y otras.	jares, por una palanca, por es punto entra en un desfiladero el que sigue hasta Montanejos
Cirat, *v*.	265	3,0		Este pueblo y los siguientes son de escasa capacidad y cortos recursos.	Puebla de Arenoso cruza la por una palanca, y á 5 de Cam
Torrechiva, *l*.	130	8,0			Campillo.

PUEBLOS.	Vecindario.	Distancia en kilómetros.	Número de etapas.	OBSERVACIONES DE LOS PUEBLOS.	OBSERVACIONES DEL
Toga, *l.* (*d.*).	106	3,5			En Montanejos ensancha e terreno quebrado y con pendie del Mijares; á la salida de aq piedra, de tres arcos, el arroy grupo de casas denominado la el camino de Viber á Mosquer la derecha, otro á Segorbe (*nú* A 0,5 k. de Cirat vuelve á cr ras, y el camino abandona su fuerte pendiente, el alto del R forma; á 4 k. pasa el barranco de Tormo, del que desciende f cia está el límite de la provinc mandancia general del Maestra A la salida de Torrechiva asc nes, y desciende con pendiente jares, por un puente de piedra, tribos las rocas que estrechan e Desde Toga sigue con pendie da de los Morrones y orilla der Espadilla se vadea el rio de A otro camino de herradura, de 1 y 3,5 k. los barrancos de Tu la sierra de Cantallops á Onda, cribe; dicho camino es el que s A 1,5 k. de Espadilla vuelve puente de troncos de árboles; da, el rio Villahermosa.
Espadilla, *v.* (*d.*).	103	2,5			
Vallat, *l.*	63	2,0			
Fauzara, *v.*	206	3,0			
Rivesalbes, *l.*	277	4,5			
Onda, *v.*	1232	7,5		Buenas condiciones para alojamiento.	

PUEBLOS.	Vecindario.	Distancia en kilómetros.	Número de etapas.	OBSERVACIONES DE LOS PUEBLOS.	DEL
					En Fauzara asciende, par salbes, del que desciende á ó barranco de Beita. Desde Rivesalbes el camin da pasa por un mal puente abandona á 1,5 k., para dirig dentado y cultivado, por la 6 k. cruza el barranco de Be los caminos de Teruel á Cas Alcora á Núles (*núm.* 684). A la salida de Rivesalbes dancia general del Maestra tellon.

NÚMERO 684.

DE ALCORA Á NÚLES por ONDA.

30 kilómetros.

PUEBLOS.	Vecindario.	Distancia en kilómetros.	Número de etapas.	OBSERVACIONES DE LOS PUEBLOS.	OBSERVACIONES DEL CA
Onda, *v.*	1232	15,0		Buenas condiciones para alojamiento.	Arranca, á la derecha del de Te Lucena (*núm.* 430), á 5,5 k. de A Es carretero natural, y enlaza tantes de la cuenca del Mijares y A 7,5 k. de Alcora está el límit del Maestrazgo y de la provincia Desciende suavemente en un p te y en zic-zac despues, por las ú ra de Peñagolosa, para cruzar, á un puente de piedra, de un arco; forma, cruza á 12,5 k. el barranc la carretera de Onda á Burriana Castellon de la Plana (*núm.* 431),
Bechí, *v.*	411	6,0		Regulares.	
Núles, *v.*	1036	9,0		Buenas condiciones para alojamiento; es poblacion cerrada y tiene estacion en el ferro-carril de Valencia á Barcelona.	

PUEBLOS.	Vecindario.	Distancia en kilómetros.	Número de etapas.	OBSERVACIONES DE LOS PUEBLOS.	DI
					En esta villa se une, por *mero* 683). Desde Onda faldea por te otras ramificaciones de la E Soneja, y á 3,5 la de Arlaña A 6,5 k. de este pueblo s carretero, de 2 k. de longit 484 vecinos, en la que hay termales, frecuentados por En Núles empalma el cam lencia á Castellon de la Pla

NÚMERO 685.

DE VILLA-REAL Á NÚLES POR BURRIANA.

11,5 kilómetros.

PUEBLOS.	Vecindario.	Distancia en kilómetros.	Número de etapas.	OBSERVACIONES DE LOS PUEBLOS.	DEL C
					Arranca en Villa-Real, á la d á Castellon (*núm.* 600). De Villa-Real á Burriana es carretera de tercer órden de O Núles está en proyecto la const ma clase.
Burriana, *v.*	1502	5,0		Buenas condiciones para alojamiento; tiene estacion en el ferro-carril de Valencia á Barcelona, y está proyectada la construccion de un faro. En su puerto sólo entran los buques de pequeño calado, que trasportan á distintos puntos la cosecha de naranja de toda la provincia.	El camino que ahora se sigue viesa un terreno llano, cubier quias de riego, que lo hacen carril de Valencia á Barcelon cauce del rio Seco ó de Bechí, tancia lo atraviesa por un puent En Burriana la carretera está aduana, distante 3 k.
Mascarell, *v.*	100	5,5		Corta capacidad y escasos recursos.	Desde Burriana sigue por un Mascarell vuelve á cruzar el me
Núles, *v.*	1036	1,0		Buenas condiciones para alojamiento; es poblacion cerrada y tiene estacion en el indicado ferro-carril.	se une el camino con la carrete *mero* 600).

NÚMERO 686.

DE NÚLES Á CHIVA POR LIRIA.

73 kilómetros.

PUEBLOS.	Vecindario.	Distancia en kilómetros.	Número de etapas.	OBSERVACIONES DE LOS PUEBLOS.	OBSERVACIONES DEL (
					Arranca, á la izquierda de la de la Plana (*núm.* 600), á la ent
Vall de Uxo, *v*.	1569	7,5		Buenas condiciones para alojamiento de tropa.	De Núles á Algimia de Alfar gundo órden, que deberá unir a cual está en construccion el tr Vall de Uxo. De Liria á Chiva e carretera de tercer órden.
Alfara de Algimia, *l*..	176	14,5		Regulares, así como los dos pueblos siguientes.	El camino que ahora se sigu cercanías de Algimia de Alfar dura la parte restante.
Algimia de Alfara, *l*.	235	1,0			De Núles hasta 1 k. despues
Serra, *l*.	280	11,0			Recorre un terreno ondulad últimas descendencias de la sie ra, por la derecha, la citada ca vecinos, distante 1,5 k., en la q baños salino-termales, frecuen lencia.
Liria, *v*..	2181	17,5		Buenas condiciones para alojamiento.	
Villamarchante, *v*.	493	7,5		Regulares.	
Cheste, *v*.	989	10,0		Esta villa y la siguiente reunen buenas condiciones para alojamiento.	
Chiva, *v*.	1006	4,0			

PUEBLOS.	Vecindario.	Distancia en kilómetros.	Número de etapas.	OBSERVACIONES DE LOS PUEBLOS.	
					A 1 y 2 k. de Vall man el rio Bellcayde ó rola, que cruza repetid vincias de Castellon y V mente, para vadear el ri mia. Algunos metros á carretero natural, de 4 puente á corta distanci derecha, pasa por Alga mente, para empalmar de Teruel á Valencia (n monacid, á 6 k. del pri ra en construccion de I fara de Algimia por los A 1 k. de Algimia de carretera citada de T punto es de herradura, A 5,5 k. entra en un de calá, por el que asciend ra, ramificacion de la d ranco de Olocau por te A 5 k. se separa, por y en Serra se une por A 4 k. de Serra se en ficio bastante capaz. A no continúa á Liria po En Liria corta el de (*núm.* 61), y á ménos d

PUEBLOS.	Vecindario.	Distancia en kilómetros.	Número de etapas.	OBSERVACIONES DE LOS PUEBLOS.	DEL
					de 4 k. de longitud, que condu cinos. En Liria el camino es carre mente al rio Guadalaviar, Bla caciones de la sierra de Javala de Villamarchante, y por vado de el rio asciende por la falda no cultivado, y á la entrada e de Madrid á Valencia por las

NÚMERO 687.

DE VALENCIA Á TORRES-TORRES POR BÉTERA.

39 kilómetros.

PUEBLOS.	Vecindario.	Distancia en kilómetros.	Número de etapas.	OBSERVACIONES DE LOS PUEBLOS.	DEL C
					Arranca en Burjasot, á la iz Valencia por Ademúz y Chelva Deberá ser carretera de seg construidos los dos primeros ki Náguera es carretero natural, y inmediaciones de Torres-Torre Es la comunicacion más corta ruel á Zaragoza.
Burjasot, *l.*	438	4,0		Buenas condiciones para alojamiento, así como los dos pueblos siguientes.	Atraviesa un terreno cultivad
Godella, *l.*	417	1,5			En Bétera pasa la rambla de
Bétera, *v.*	491	11,0		Tiene un castillo en regular estado, y capaz para 120 hombres y 20 caballos.	Portaceli, y á 6,5 la de Náguer aguas en épocas de lluvias, las su paso á vado.
Náguera, *l.*	201	8,5		Pocos recursos.	En Náguera el camino es de h
Serra, *l.*	280	3,0		Regulares condiciones para aloja-	la rambla de aquel nombre ha

PUEBLOS.	Vecindario.	Distancia en kilómetros.	Número de etapas.	OBSERVACIONES DE LOS PUEBLOS.	DE
Torres-Torres, *v.*	181	11,0		miento, así como el siguiente pueblo.	diente fuerte y mucho desar de Náguera, ramificacion d ma con el camino de Núles por él 6 k. en direccion de para dirigirse á Torres-Torr de 1 k. de la expresada se aquel pueblo empalma con *mero* 432).

NÚMERO 688.

DE CHIVA Á TABERNES DE VALLDIGNA POR ALCIRA.

73 kilómetros.

PUEBLOS.	Vecindario.	Distancia en kilómetros.	Número de etapas.	OBSERVACIONES DE LOS PUEBLOS.	OBSERVACIONES DEL CA
Godelleta, *l.*	328	8,5		Regulares condiciones para alojamiento.	Arranca, á la izquierda de la por las Cabrillas (*núm.* 6), á 0,5 k De este último punto á Alcira e construccion, y de Alcira á Tabe carretera del mismo órden, y est retera con las de Alicante, con los Carcagente á Gandía y con la cos De Chiva á Túris está la primer sa las últimas descendencias de l A 2,5 k. se pasa un afluente de Godelleta el barranco de este nom va, conocido tambien por de Torr En Túris corta el camino de Va concluye la carretera, y empieza que faldea un estribo de la citada al rio Juanes, conocido tambien Magro y rambla de Algemesí; lo
Túris, *v.*	837	5,5		Buenas.	
Monserrat, *l.*	365	9,5		Regulares condiciones para alojamiento, así como los cuatro pueblos siguientes.	
Montroy, *l.*	325	2,5			
Real de Montroy, *l.*	264	1,0			
Llombay, *v.*	434	8,5			
Catadau, *v.*	323	0,5			
Carlet, *v.*	1002	7,0		Buenas condiciones para alojamiento.	
Guadasuar, *l.*	329	7,0		Regulares.	
Alcira, *v.*	2891	5,5		Buenas condiciones para alojamiento; tiene estacion en el ferro-carril de Valencia.	
Tabernes de Valldigna, *v.*	1396	17,5		Buenas condiciones para alojamiento; tiene estacion en el tramvía de Carcagente á Gandía.	

PUEBLOS.	Vecindario.	Distancia en kilómetros.	Número de etapas.	OBSERVACIONES DE LOS PUEBLOS.	DE[L CAMINO]
					sigue su curso por la falda de los Almudes.—En Carl[…] pera (*núm.* 691), y á 3 k. […] por Albacete (*núm.* 7). En […] el camino de Sueca (*núm.* 6[…] El camino se separa de […] desciende suavemente al J[…] por acequias de riego. A 3,5 k. se pasa el rio d[…] tres arcos, y á 4 el ferro-ca[…] tes, y á la salida de Alcira[…] que rodean la poblacion po[…] ro, llamado de San Gregori[…] retera á Alberique (*núm.* 70[…] la de Valencia á Alicante p[…] para, por la izquierda, en […] San Bernardo. De Alcira á Tabernes de […] y recorre un terreno ondul[…] Agujas; á 4 k. entra en […] sierra y la de Valldigna, p[…] de la Vaca; á 6 k. ensanch[…] de Carcagente á Gandía, qu[…] tera, la cual vuelve á cruza[…] distancia se separa comple[…] A 10 k., y á la derecha, […] capaz edificio, de propieda[…] convertirse en desfiladero, […] na, donde empalma con la […] Gandía (*núm.* 603).

NÚMERO 689.

DE VALENCIA Á COFRENTES POR TORRENTES Y TÚRIS

85,5 kilómetros.

PUEBLOS.	Vecindario.	Distancia en kilómetros.	Número de etapas.	OBSERVACIONES DE LOS PUEBLOS.	DEL C
Mislata, *l.*	258	3,5		Corta capacidad y escasos recursos, así como el pueblo siguiente.	Arranca en Mislata, á la dere llas (*núm.* 6). De Mislata à Torrente se est tercer órden. El camino es car herradura de este punto á Cofr Recorre un terreno llano, se acequias de riego; á 2,5 k. de mampostería, con diez arcos, este punto se le conoce ya con En esta villa se separa, por l que recorre un terreno ligeram villa de 422 vecinos, distante 7 ma con la carretera de Valencia ginet y Silla, á 7 k. del primer De Torrente á Túris el camin la sierra de los Ajos, que divid de poca importancia; á 7 k. cr afluente del de Torrente, y á 1 remonta hasta Túris.
Chirivella, *l.*	254	1,5			
Alacúas, *v.*	435	3,0		Buenas condiciones para alojamiento; está cerrada por una tapia, y tiene un buen castillo de propiedad particular.	
Aldaya, *l.* (1 k. *d.*).	450	»		Este pueblo y los dos siguientes reunen tambien buenas condiciones para alojamiento.	
Torrente, *v.*	1465	3,5			
Túris, *v.*	837	27,5			
Alborache, *l.* (*d.*).	218	6,0		Corta capacidad y escasos recursos, así como Macastre.	
Macastre, *l.*	204	1,0			
Cofrentes, *v.*	520	39,5		Regulares condiciones para alojamiento. En las cercanías de la poblacion, y dominándola, existe un antiguo castillo, propiedad del Duque de Osuna, y capaz para 400 hombres.	

PUEBLOS.	Vecindario.	Distancia en kilómetros.	Número de etapas.	OBSERVACIONES DE LOS PUEBLOS.	DEL
					En esta villa corta la carrete bernes de Valldigna (*núm.* 688 A 0,5 k. empalma con la car castre, por la cual sigue por tes de los Almudes; á 4 k. s Siete-Aguas, cuyo curso remo poco ántes de Macastre. En e pendiente al rio Regajos, que viesa várias descendencias de A 6 k. se vadea el rio Magr por de Requena, en el términ despues por rambla de Algem mino por terreno cubierto de p castre, por la cuesta de las Cu ramificacion de la sierra de l para atravesar á 15, por el co que divide las aguas del rio Ma que desciende al Cabriel, por A 21 k. está la venta Gaeta vecinos, y desde ella sigue el por derivaciones de la sierra droñeras, la cual estrecha bast tra en la rambla de Cofrentes bastante agua, y sigue su curs para seguir en descenso al Ca En este punto hubo un puente dearse en ciertas épocas; desd da; á 37,5 se pasa por un puen camino con el de Chelva á Yec

NÚMERO 690.

DE SUECA Á GUADASUAR.

17 kilómetros.

PUEBLOS.	Vecindario.	Distancia en kilómetros.	Número de etapas.	OBSERVACIONES DE LOS PUEBLOS.	DEL CA
Poliñá, *l.* (*i.*)..	231	5,5		Corta capacidad; está situado en la orilla derecha del Júcar, que no es vadeable, y sobre el que no tiene puente ni barca, por lo que no puede comunicarse con dicho pueblo, y es preciso ir directamente desde Sueca por la citada orilla, ó pasar la barca de Albalat.	Arranca en Sueca, á la derech Alicante por Gandía (*núm.* 603). Está en construccion una carre El camino que ahora se sigue la orilla izquierda del Júcar, po nocido por la Rivera. En Algemesí corta la carretera tiva (*núm.* 602), y á la salida se conocida tambien por rio Juanes cruza el ferro-carril de Madrid á palma con la carretera en constr *mero* 688).
Albalat de la Rivera ó de Pardines, *v.*	508	2,5		Regulares condiciones para alojamiento de tropas; tiene barca en el Júcar.	
Algemesí, *v.*	1299	5,0		Buenas condiciones para alojamiento; tiene estacion en el ferro-carril de Madrid á Valencia.	
Guadasuar, *l.*	329	4,0		Regulares condiciones para alojamiento.	

NÚMERO 691.

DE ALGINET Á ALPERA POR AYORA.

86,5 kilómetros.

PUEBLOS.	Vecindario.	Distancia en kilómetros.	Número de etapas.	OBSERVACIONES DE LOS PUEBLOS.
Carlet, *v*.	1002	6,0		Buenas condiciones para alojamiento.
Benimodo, *l*.	205	2,0		Regulares.
Tous, *v*.	336	15,5		La avenida del Júcar de 1864 destruyó más de 100 edificios, por lo que su capacidad y recursos son escasos.
Quesa, *l*.	197	10,5		Corta capacidad y escasos recursos.
Bicorp, *l*.	293	6,0		Regulares condiciones para alojamiento.
Ayora, *v*.	1224	27,5		Buenas condiciones, así como Alpera.
Alpera, *v*.	593	19,0		Tiene estacion en el ferro-carril del Mediterráneo, pero algo distante.

OBSERVACIONES DEL

Arranca, á la izquierda de
por Albacete (*núm.* 7), entre A
del primer punto ó 25 del seg
Es de herradura, excepto l
que son de camino carretero r
Desde el arranque se dirig
cauce del rio Juanes, Chico,
se cruza por un mal puente d
en cuya villa corta la carreter
bernes de Valldigna (*núm.* 688
A 2,5 k. de Benimodo, deja
tra en un terreno áspero, para
des, divisoria entre los rios
presada, pasa el barranco de
en un principio, para salvar á
divisoria por el alto de la Ga
mente ondulado, pasa á 9 k.
en la montaña Cotilla, y cru

ALGINET Á ALPERA.

PUEBLOS.	Vecindario.	Distancia en kilómetros.	Número de etapas.	OBSERVACIONES DE LOS PUEBLOS.	OBSERVACIONES DEL
					Narro, y á 12,5 k. el de la cue asciende con pendiente bast atravesar á 13,5 el alto del Po pasando á la entrada en Tous A la salida de la poblacion capaz para 30 personas, y de ciende el camino al rio Escalo dole várias veces, por terreno que se desprenden de la sierra A la salida de Quesa se vade calona, y el camino asciende Devanaderas al alto de las Viña zic-zac á la inmediacion del y á 3,5 se pasa el collado del ciende al rio Mengual ó de Bico dose á 4,5 k., y á la entrada en En Quesa se une, por la izq gue con el que se describe hast recha, para continuar á Cofren Continúa desde Quesa remon va el alto de Fuente-Rubia, en fuertemente al rio Cazuma, A 3,5 k. se vadea, y atraviesa dientes muy marcadas, las ram que se desprenden del pico Ca Llana, á 17,5 k., desciende fue ro á la rambla de Ayora. A 2 Hortichuela, y se suaviza el te bla, y el camino asciende suav

PUEBLOS.	Vecindario.	Distancia en kilómetros.	Número de etapas.	OBSERVACIONES DE LOS PUEBLOS.	OBSERVACIONES DEL
					de Chelva á Yecla (*núm.* 69[illegible] Onteniente (*núm.* 704). En Ayora asciende por las silla, salva este monte á 8,5 diente. A 12 k. el camino e[illegible] límite de las provincias de [illegible] continúa el camino por terr[illegible] de Tortosilla y otras. En Alpera empalma con e[illegible] *mero* 698).

NÚMERO 692.

DE CHELVA Á YECLA POR REQUENA, COFRENTES, AYORA Y A

161 kilómetros.

PUEBLOS.	Vecindario.	Distancia en kilómetros.	Número de etapas.	OBSERVACIONES DE LOS PUEBLOS.	DEL CA
					Arranca, á la derecha de la ca por Ademúz (*núm.* 61), á 10 k. de pues de pasar el puente sobre el r Hasta Requena es camino de h la parte restante. Entre aquella c estudio el proyecto de construccio do órden. El camino que se describe enl Cuenca y las de Madrid, atravesa Turia, Magro, Cabriel y Júcar, y importancia del distrito de Valenc
Calles, *l.*	337	5,0		Regulares condiciones para alojamiento, así como Domeño.	Desde el arranque hasta Chera e ral por terreno muy quebrado con
Domeño, *l.*	225	4,0			
Loriguilla, *l.*	160	3,5		Poca capacidad y cortos recursos; tiene un puente de mampostería sobre el Turia.	var los estribos de la sierra Negr rio Túria. A 3 k. de Loriguilla pa 5 la rambla de la Losa, de curso c
Chulilla, *v.*.	332	7,0		Buenas condiciones para alojamiento de infantería; á 4,5 k. de la villa, en	collado de Sot de Chera, del que lla izquierda sigue desde el pue

PUEBLOS.	Vecindario.	Distancia en kilómetros.	Número de etapas.	OBSERVACIONES DE LOS PUEBLOS.
				la márgen derecha del Turia, hay un establecimiento de baños sulfuroso-termales.
Sot de Chera, *l.*	152	6,0		Poca capacidad y cortos recursos, así como Chera.
Chera, *l.*	140	8,0		
Requena, *c.*	2927	16,0		Buenas condiciones para alojamiento.
Porteza, *cas*	39	9,0		Poca capacidad y cortos recursos.
Cofrentes, *v.*	520	22,5		Regulares condiciones. En las cercanías y dominando la poblacion existe un antiguo castillo, propiedad del duque de Osuna y capaz para 400 hombres.
Jalance, *v.*	414	6,5		Regulares condiciones para alojamiento.
Jarafuel, *v.*	547	6,0		Esta poblacion y las siguientes reunen buenas condiciones para alojamiento.
Teresa, *v.*	490	4,5		
Ayora, *v.*	1224	6,0		
Almansa, *c.*	1844	22,5		Tiene estacion en el ferro-carril de Madrid á Valencia y Alicante, y telegráfica, con servicio permanente.
Yecla, *v.*	2858	34,5		

DE

censo fuerte por una estre
das montañas; á 3 k. de So
á 4,5 pasa, con fuerte pendi
Muela, y desciende rápidam
de la Fuente de la Olla.

El Turia sigue desde el
recha, hasta 0,5 k. de Lori
ximarse en las cercanías d
trecho y profundo, que las
el Salto.

De Chulilla arranca, por
de longitud, al establecimi
derecha, y no muy distante
de Chulilla se pasa por u
mampostería el Turia, y se

De Chera á Requena el
practicable á carros.

A 3,5 k. se pasa la rambl
Sot, cuya orilla izquierda
cia se abandona, y el cami
dulado; atraviesa á 8 y 10
continúa á Requena por la

En Requena se cruza la
arranca, por la derecha, e

A poco más de 1 k. de R
dra de dos arcos el rio Ole
al que desde Túris se le c
rambla de Algemesí.

El camino, carretero na

PUEBLOS.	Vecindario.	Distancia en kilómetros.	Número de etapas.	OBSERVACIONES DE LOS PUEBLOS.	OBSERVACIONES DEL
					terreno ondulado y cultivado ; lera, en las derivaciones de la cuenca de aquel rio ; á la mi recha, un camino carretero á tes 5 k. A 3,5 de Porteza pasa el co y desciende suavemente por l A 19,5 k. cruza la rambla Bol puente de madera. En él empa de Valencia (*núm.* 689), y desc Cabriel puede tambien vadear rastra gran cantidad de agua ; rio abajo del expresado puente mente destruido. En Cofrentes se separa, po cete (*núm.* 755), y por la izquie *ro* 700). De Cofrentes á Jalance el ca bre, por la orilla izquierda d Campielmelo ; á 5 k. pasa el ri estribos de mampostería, y as á Jalance. A 0,5 k. de Cofrente y arranca, por la orilla derec más corto que el anterior. De Jalance á Ayora el terren collado de los Hornos, en la s vemente, para vadear el rio la En este pueblo parte, por l (*núm.* 760).

PUEBLOS.	Vecindario.	Distancia en kilómetros.	Número de etapas.	OBSERVACIONES DE LOS PUEBLOS.	DE[…]
					De Jarafuel à Ayora hay ot[…] to, pero recorre un terreno […] y llega poco despues à Zarr[…] Ayora 4 k. En esta villa arranca, po[…] niente (*núm.* 704), y se corta[…] De Ayora à Almansa fald[…] Mayor y otras ramificaciones[…] A 1, 7 y 8 k. se pasan las […] Peña. A 12 se encuentran la[…] cinos, y à 19,5 el límite de[…] cete. En Almansa se cruza la […] Albacete (*núm.* 7), y arranca[…] (*núm.* 756). A la salida de Almansa co[…] corre un terreno llano hasta[…] se accidenta notablemente. […] vincias de Albacete y Murcia[…] A 16 k. se pasa el collado[…] un terreno áspero por las m[…] cendencias de los altos de C[…] En Yecla empalma con la[…] Murcia (*núm.* 727), y à la en[…] chilla (*núm.* 757). A 5, 12,5 y 18,5 k. de Alm[…] bor de Zucaña, Jódar y Tob[…]

NÚMERO 693.

DE CHELVA Á SEGORBE POR EL SANTUARIO DE LA CUEVA S

53,5 kilómetros.

PUEBLOS.	Vecindario.	Distancia en kilómetros.	Número de etapas.	OBSERVACIONES DE LOS PUEBLOS.	DEL C
					Arranca en Chelva, á la izqu Valencia por Ademúz (*núm.* 61). Es de herradura hasta la Cu desde este punto á Segorbe. E Aragon y la de Ademúz, que c las de Cuenca y Teruel.
Higueruelas, *l.*	114	14,0		Poca capacidad y cortos recursos.	Desciende con regular pend Chelva, á la rambla de este n 2 k. hasta 5,5, y asciende con de Mataja, para pasar á 8,5 el Chelva; desciende fuertemente reno ondulado y cultivado; cru de la Fuente de Elías y de los l á la salida de Higueruelas; des vaciones de la sierra de Javala ramblas de Baládrar, del Cam las anteriores sólo arrastran ag tónces suelen interceptar el trán A 10 k. de Chelva se encuent Por Alcúblas pasa tambien
Alcúblas, *v.*	636	15,0		Regulares condiciones para alojamiento.	
Altura, *v.*	602	22,5		Buenas.	
Segorbe, *c.*	1806	2,0		Buenas; tiene estacion telegráfica, con servicio de dia, completo.	

PUEBLOS.	Vecindario.	Distancia en kilómetros.	Número de etapas.	OBSERVACIONES DE LOS PUEBLOS.	OBSERVACIONES DEL
					Segorbe (*núm.* 694), y del mi: otro á Algimia de Almonaci hay dos caminos; uno es el q rio; el otro pasa por la Cueva escaso de aguas, y de pendie vesar á 9,5 k. el monte de la célebre santuario de su nomb Valencia y Castellon. El camino desciende en la la rambla de la Cueva Santa, por terreno cultivado y ondul el camino de Losa del Obis de Altura se pasa el barranco

NÚMERO 694.

DE LOSA DEL OBISPO Á SEGORBE.

43 kilómetros.

PUEBLOS.	Vecindario.	Distancia en kilómetros.	Número de etapas.	OBSERVACIONES DE LOS PUEBLOS.	OBSERVACIONES DEL C
Villar del Arzobispo, *v.*	703	6,0		Alcúblas reune regulares condiciones para alojamiento, y buenas los demas pueblos. Tiene estacion telegráfica, con servicio de dia, completo.	Arranca, á la izquierda del c. Ademúz y Chelva *núm.* 61), á 1 el arrranque á Villar está proye mal de carretera de tercer órde Es carretero natural hasta A sensiblemente ondulado y de di. En Villar del Arzobispo empa mal de 5,5 k., que se separa de lencia como 1 k. ántes de Losa. A 2 k. se pasa el barranco de De Alcúblas á Altura, ademas cribe, hay otro que pasa por el *mero* 693, y del mismo pueblo á Algimia de Almonacid (*núm.* De Alcúblas á Altura es de h áspero y cubierto de matorral y de la sierra de Javalambre.
Alcúblas, *v.*	636	14,0			
Altura, *v.*	602	21,0			
Segorbe, *c.*	1806	2,0			

PUEBLOS.	Vecindario.	Distancia en kilómetros.	Número de etapas.	OBSERVACIONES DE LOS PUEBLOS.	DEL
					A 5,5 k. de Alcúblas está el lencia y Castellon, y á 6,5 k. edificio fuerte y capaz para al De Altura á Segorbe el cam mer punto empalma, por la i *mero* 693), y en el segundo s de Teruel á Valencia (*núm.* 4:

NÚMERO 695.

DE VALENCIA Á ALBARRACIN por CHELVA Y ADEMÚZ.

7 etapas.—178 kilómetros.

RESÚMEN POR ETAPAS.

	Núm.	Kilóm.
De Valencia á Liria.	1	25
» Losa del Obispo.	2	26,5
» Chelva.	3	17
» Aras de Alpuente.	4	28,5
» Ademúz.	5	26
» Javaloyas.	6	31,5
» Albarracin.	7	23,5
Total.	7	178

PUEBLOS.	Vecindario.	Distancia en kilómetros.	Número de etapas.	OBSERVACIONES DE LOS PUEBLOS.	OBSERVACIONES DEL CA[MINO]
					Arranca, á la derecha del de T (*núm.* 433), entre Torre-Baja y Ad ó 3 del segundo.

PUEBLOS.	Vecindario.	Distancia en kilómetros.	Número de etapas.	OBSERVACIONES DE LOS PUEBLOS.	D
De Valencia á Ademúz.	»	123,0	5	V. *Núm.* 61.	Es de herradura y enl punto importante de la de
Castielfabib, *v.*	193	10,5	6ª	Los pueblos de esta etapa son de corta capacidad y de muy escasos recursos.	Desde el arranque se s Ebron, su afluente, por sierra de Javalambre, divi 6 k. se atraviesa el segun la orilla izquierda por terr un mal puente, y á la sali mismo modo. A 2 k. de Castielfabib se tante capacidad, y pocos provincias de Valencia y de Valencia y Aragon, te da por Rincon de Ademúz Despues de pasar el Eb abandona su curso, y salv desarrollo, por terreno cu los montes Universales, d á la entrada en Tormon y l de dicho pueblo, á cuya d forman dicho rio. El tránsito hasta Javalo te con frecuencia en un de rivaciones de la sierra d sales. En Tormon se corta el
Cuervo (El), *l.*	120	3,5			
Tormon, *l.*	69	8,5			
Javaloyas, *l.*	157	9,0			

VALENCIA Á ALBARRACIN.

PUEBLOS.	Vecindario.	Distancia en kilómetros.	Número de etapas.	OBSERVACIONES DE LOS PUEBLOS.	DEL CA
Valdecuenca, *l.*	75	7,5	7ª	Este pueblo y el siguiente están en el mismo caso que los anteriores.	De Javaloyas á Albarracin salv gunas derivaciones de los monte tante accidentado y cubierto en
Saldon, *l.*	111	4,0			A 7,5 k. de Saldon desciende ria ó Blanco, cuyo rio se pasa á puente de piedra, en el que em lajara á Teruel por Molina de A
Albarracin, *c.*	487	12,0		Regulares condiciones para alojamiento de infantería; escasea el pienso, y las cuadras son pocas y reducidas.	

NÚMERO 696.

DE ALCÚBLAS Á ALGIMIA DE ALMONACID POR VIVE

38 kilómetros.

PUEBLOS.	Vecindario.	Distancia en kilómetros.	Número de etapas.	OBSERVACIONES DE LOS PUEBLOS.	DEL
					Arranca en Alcúblas, á la Segorbe (*núm.* 693).
Viver, *v.*	768	18,0		Buenas condiciones para alojamiento.	Es de herradura, y recorre
Benafer, *l.*	148	3,0		Corta capacidad y escasos recursos.	caciones de la sierra Bollida
Caudiel, *v.*	468	1,0		Regulares condiciones para alojamiento, así como el pueblo que sigue y Algimia de Almonacid.	vincias de Valencia y Castell
Gaibiel, *v.*	354	8,0			laciones al rio Palancia, que
					En esta villa corta la carre
Matet, *l.*	169	4,0		Corta capacidad y escasos recursos.	y parte, por la izquierda, un
Algimia de Almonacid, *l.*	232	4,0			El que se describe se diri ra de Espadan, y atraviesa l sus vertientes.
					Empalma en Algimia de A Castellon de la Plana (*núm.*
					En Gaibiel corta el de Se

NÚMERO 697.

DE SEGORBE Á MONTANEJOS POR GAIBIEL.

32 kilómetros.

PUEBLOS.	Vecindario.	Distancia en kilómetros.	Número de etapas.	OBSERVACIONES DE LOS PUEBLOS.	OBSERVACIONES DEL C
					Arranca, á la izquierda de la c (*núm.* 432), entre Gérica y Segor 2 del segundo. Es carretero natural hasta G restante. Desciende suavemente por ter al que se aproxima en Navajas; s dicho pueblo; á 1,5 k. se vadea, ascender por la sierra de Espada de Gaibiel, cuyo curso remonta pueblo salva la sierra, de la que en el principio, y por terreno onc A la entrada de Montanejos cr puente de piedra, de tres arcos, minos de Viver á Mosqueruela y En Gaibiel corta el camino de cid (*núm.* 696).
Navajas, *l.*	263	3,5		Regulares condiciones para alojamiento, así como el pueblo siguiente. En las cercanías hay un establecimiento de aguas salinas.	
Gaibiel, *v.*	354	10,5			
Pavias, *l.*	158	6,0		Este pueblo y el que sigue son de corta capacidad y escasos recursos.	
Montanejos, *l.*	205	12,0			

NÚMERO 698.

DE ALMANSA Á LA MINGLANILLA POR ALCALÁ DE JÚCAR Y CA

102,5 kilómetros.

PUEBLOS.	Vecindario.	Distancia en kilómetros.	Número de etapas.	OBSERVACIONES DE LOS PUEBLOS.	OBSERVACIONES DE
					Arranca, á la izquierda de por Albacete (*núm.* 7), entre de la Vega y estacion de Alp 11 del segundo. Es carretero natural en ca carreteras que de Madrid co
Alpera, *v.*	593	20,0		Buenas condiciones para alojamiento; tiene estacion en el ferro-carril del Mediterráneo.	Remonta nuevamente por de la acequia redonda, que A 4 k. de la venta de la Ve
Fuentes, *ald.*	30	8,0		Depende del ayuntamiento de Alpera, su caserío es reducido, y escasísimos recursos.	terráneo, y en Alpera se une net (*núm.* 691). En Fuentes se accidenta
Alatoz, *v.*	325	13,5		Regulares condiciones para alojamiento.	ascenso por la cañada de alto de este nombre, en una
Casas del Cerro, *ald.*	65	12,0		Esta aldea y la de las Heras dependen de Alcalá del Júcar, y están en el mismo caso que la de Fuentes.	lla, del que desciende en la En esta villa corta el c *ro* 760).
Alcalá de Júcar, *v.*	434	1,5		Regulares condiciones para aloja-	A poco más de 0,5 k. se c

PUEBLOS.	Vecindario.	Distancia en kilómetros.	Número de etapas.	OBSERVACIONES DE LOS PUEBLOS.	OBSERVACIONES DEL C
				miento. En su jurisdiccion municipal existen cuatro aldeas y 148 edificios aislados ó agrupados en caseríos, con 286 vecinos.	curso se sigue en alguna exten Chinchilla; á 1,5 k. asciende p de pinos, para atravesar á 5,5 el de su nombre, del que desciend siblemente llano. En Casas del Cerro el camir gran desarrollo al Júcar; pasa e con seis arcos, á 1 k., y asciend corta el camino de Cofrentes á A Desde Las Heras recorre un Casas-Ibañez se atraviesan los c de arbolado, y el camino vuelve que continúa hasta El Herrumb camino de Requena á Albacet A 1 k. de Villamalea está el lí cete y Cuenca, y de las capitaní tilla la Nueva. En El Herrumblar se acciden el camino es de herradura, y as los cerros de Moreno, cubiertos de por terreno cortado por vario asciende á La Minglanilla, y em brillas (*núm.* 6). En El Herrumblar se separa, retero de 16,5 k. de longitud, qu do, salva á 5,5 los cerros de Mo Iniesta, con la citada carretera derecha, está el lugar de Villart el camino de La Minglanilla al P
Heras (Las), *ald.*	62	1,0		Depende del ayuntamiento anterior, su capacidad y recursos son insignificantes.	
Serradiel, *ald.*	25	6,0		Depende de Casas-Ibañez, y tiene el mismo caserío que las demas aldeas.	
Casas-Ibañez, *v.*	523	4,5		Buenas condiciones para alojamiento; en su término está la aldea anterior, y 73 edificios, con 84 vecinos.	
Villamalea, *v.*	369	12,5		Regulares condiciones; en su jurisdiccion existe la aldea de Tamayo y 70 edificios, con 100 vecinos.	
Herrumblar (El), *v.*	131	5,0		Este pueblo y los dos siguientes son de corta capacidad y escasísimos recursos.	
Alcadoso, *ald.*	26	1,5			
Villalpardo, *v.*	135	9,5			
Minglanilla (La), *v.*	523	7,5		Regulares condiciones para alojamiento; en sus cercanías hay una mina de sal.	

NÚMERO 699.

DE ALBAIDA Á ALMANSA POR ONTENIENTE Y FUENTE LA I

61,5 kilómetros.

PUEBLOS.	Vecindario.	Distancia en kilómetros.	Número de etapas.	OBSERVACIONES DE LOS PUEBLOS.	DEL
					Está en estudio la constru órden, que ponga en comuni niente y Pego con el interior no está resuelto si pasará po habiendo construidos más qu do para su descripcion en los nerario y el del *núm.* 703. Arranca en Albaida, á la d á Alicante por Játiva y Alcoy
Benisoda, *l.*	72	2,0		Poca capacidad y cortos recursos.	Hasta Onteniente es carret
Agullent, *v.*	317	2,0		Regular capacidad, pero pocos recursos.	dregoso, y faldea por terren la sierra de Albaida.
Onteniente, *v.*	2072	5,5		Buenas condiciones para alojamiento.	1,5 k. ántes de Onteniente
Alorines, *cas.*	170	19,0		Poca capacidad y cortos recursos.	no de carros, que desciende
Fuente la Higuera, *l.*	678	10,0		Regulares condiciones; tiene estacion en el ferro-carril de Valencia.	rio Clariana, y empalma en Valencia á Alicante por Játi
Almansa, *c.*	1844	23,0		Buenas condiciones; tiene estacion	Onteniente y Játiva, sin pas

PUEBLOS.	Vecindario.	Distancia en kilómetros.	Número de etapas.	OBSERVACIONES DE LOS PUEBLOS.	DEL CA
				en el citado ferro-carril y en el de Alicante, y telegráfica, con servicio permanente.	De Onteniente arranca, por la por el puerto de la Ollería (*núm.* En Onteniente empieza la carr do algunos trozos transitables. A la salida de dicha villa se de piedra, de dos arcos, y poco cha, el camino á Ayora (*núm.* 7 A 2,5 k. se atraviesa un profun piedra, y empieza el ascenso al p ta 10 k., y más fuerte, y por terre do y formando un desfiladero, de desciende con pendientes poco p tivado. Desde Alorines la carretera atr to de casas de campo; á 3,5 k. as desarrollo y por terreno quebrad ras de Mogente y Peña-Rocha, y á la venta del Carrascal, empalma c lencia por Albacete (*núm.* 7), p mansa. De Fuente la Higuera arranca que empalma con la carretera de en el portazgo y venta del Gitano, comun con el que se describe, lo venta del Carrascal y Fuente la H A mitad de distancia de estos ferro-carril de Valencia, y á la de segundo.

NÚMERO 700.

DE JÁTIVA Á COFRENTES POR BICORP.

66 kilómetros.

PUEBLOS.	Vecindario.	Distancia en kilómetros.	Número de etapas.	OBSERVACIONES DE LOS PUEBLOS.
Novelé, *l.* (*i.*)..	113	2,5		Este pueblo y los dos que siguen son de reducida capacidad y escasos recursos.
Granja, *l.*	114	1,0		
Llanera, *l.*	198	1,5		
Anna, *v.* (0,5 k. *d.*)..	412	9,0		Sobre el camino se encuentra el barrio de las Heras, separado 0,5 k. de la poblacion. Reune regulares condiciones para alojamiento, así como los tres pueblos que siguen.
Chella, *l.*	359	3,0		
Bolbaite, *l.*	278	2,0		
Navarrés, *v.*	526	4,5		
Quesa, *l.*	197	5,5		Corta capacidad y escasos recursos.
Bicorp, *l.*	293	6,0		Este pueblo y el siguiente reunen regulares condiciones para alojamiento.
Cofrentes, *v.*	520	31,0		En las cercanías de la poblacion, y dominándola, existe un antiguo castillo, propiedad del Duque de Osuna, y capaz para 400 hombres.

DEL

Es carretero natural hasta
restante.
Arranca en Játiva, á la der
Alicante (*núm.* 602).
Recorre un terreno llano,
por várias acequias de riego.
A 2 k. se cruza el ferro-carr
velé se pasa la rambla de C
Montesa ó rio Guardamar.
En Llanera se corta la carr
bacete (*núm.* 7), y el camino
sar á 3,5 k. el collado de la
sierra de Énguera, del que
terreno de la misma clase;
guera, y continúa el camino
valle conocido por canal de N
Entre Chella y Bolbaite se
tancia, y á la entrada en el s

PUEBLOS.	Vecindario.	Distancia en kilómetros.	Número de etapas.	OBSERVACIONES DE LOS PUEBLOS.	DEL C
					pequeño puente de piedra, el quierda se remonta en alguna El camino es de herradura d una palanca, el rio de aquel n de por terreno quebrado para Horquetas, en la Muela de B En dicho lugar empalma el c (*núm.* 691), con el cual tiene corp. En este punto se separa cha de aquel, para recorrer co quebrado por las derivaciones A la salida de Bicorp se pas de el camino para atravesar á tas de Sangre; á 7 el alto de l del Estrecho de Cosmilla, del penosa cuesta de Pizar al vall éste, por el que corre la ramb dos veces. El valle está perfectamente sobre ambos flancos várias cas pues por terreno llano; á 19,5 á 23 asciende por la cuesta de e la sierra de Alcola, de la que sima cuesta de la misma deno A 30 k. se aproxima á la ori poco ántes de Cofrentes, dond madera. En aquella villa empalma el (*núm.* 692).

NÚMERO 701.

DE JÁTIVA Á ONTENIENTE POR EL PUERTO DE LA OLI

25 kilómetros.

PUEBLOS.	Vecindario.	Distancia en kilómetros.	Número de etapas.	OBSERVACIONES DE LOS PUEBLOS.	DE
Novelé, *l.* (1 k. *d.*)	113	1,5		Canals y Ayelo reunen regulares condiciones para alojamiento, y Onteniente buenas; los otros dos pueblos son de corta capacidad y escasos recursos.	Arranca en Játiva, á la d Alicante (*núm.* 602). Es carretero natural, y re dulado y cultivado; á 3,5 k. nals, y entra en un terreno el que asciende, para salvar aguas del Clariana y Guarda ciende al rio Clariana, lo c para personas, á 16,5 k., y vuelve á pasar por vado, y e con el de Albaida á Almans A 10,5 k. de Novelé se s carretero natural, de 2 de ex de 961 vecinos.
Lugar Nuevo de Fenollet, *l.*	66	2,0			
Canals, *v.* (1 k. *d.*)	669	2,5			
Ayelo de Malferit, *v.* (1 k. *d.*)	672	10,0			
Onteniente, *v.*	2072	9,0			

NÚMERO 702.

DE JÁTIVA Á ALBAIDA POR BENIGÁNIM.

28 kilómetros.

PUEBLOS.	Vecindario.	Distancia en kilómetros.	Número de etapas.	OBSERVACIONES DE LOS PUEBLOS.	OBSERVACIONES DEL CA
					De Játiva á Benigánim es carr ro natural la parte restante. Arranca en Játiva, á la izquie á Alicante (*núm.* 602). Desciende suavemente, por te Albaida; se vadea á 2 k., y asc principio, y muy fuerte y por un de Benigánim, en la sierra Gros alto del puerto, del que descien pendientes poco fuertes por el g A 5 k. se une, por la izquierd *ro* 707), en la casa llamada Corr En Benigánim concluye la ca carretero en bastante mal estad dulado y cultivado. A 3 y 4 k. d royos que afluyen en el rio Alb citada carretera de Valencia á Al sigue hasta Albaida.
Genovés, *l.*	231	3,5		Regulares condiciones para alojamiento.	
Benigánim, *v.*	903	9,5		Buenas.	
Palomar, *l.*	213	12,5		Poca capacidad, así como Alchorf.	
Alchorf, *v.* (0,5 k. *d.*)	115			Puede ayudar en el alojamiento á Albaida, distante 0,5 k.	
Albaida, *v.*	777	2,5		Buenas condiciones para alojamiento.	

NÚMERO 703.

DE ALBAIDA Á DENIA POR PEGO.

78,5 kilómetros.

PUEBLOS.	Vecindario.	Distancia en kilómetros.	Número de etapas.	OBSERVACIONES DE LOS PUEBLOS.	OBSERVACIONES DEL
					Es carretero natural y de h la carretera de Valencia á Al San Antonio, á 12,5 k. de Alb cion de una carretera de segu cacion á Denia con Onteniente
Muro, *v.*	661	13,5		Buenas condiciones para alojamiento.	Desde el arranque descienc
Benimarfull, *l.*.	139	4,0		Poca capacidad; en las cercanías hay un establecimiento de baños sulfurosos.	riola, para vadear á 1,5 k. de l de efectuar fácilmente en époc fuerte pendiente á Benimarf
Plánes, *v.*	309	4,5		Regulares condiciones para alojamiento.	piso pedregoso y por terrenc sierra de Almudaina, origen
Vall de Gallinera, *valle*.. . . .	449	6,5		Este valle tiene varios pueblos y caseríos diseminados en los 10 k. de su longitud, y todos cuentan poca capacidad y recursos para el alojamiento.	tanto profundo, y de los que cruza á 3 k. En Planes arranca, por la (*núm.* 706). El que se describe asciend

PUEBLOS.	Vecindario.	Distancia en kilómetros.	Número de etapas.	OBSERVACIONES DE LOS PUEBLOS.	DEL C
Adsnbia, *l.*	94	22,0		Poca capacidad y cortos recursos.	bar, y desciende en la misma f pero; á 2 k. cruza el barranco en un estrecho desfiladero de d no está abierto en la roca, y p de profundo cauce; sale de este estrecho valle, del que desemb Gallinera. Este fértil valle está poblado corta distancia del rio del mism quierda entre las sierras Azafor y una serie de colinas por el op ye el valle, y el camino sigue e trar despues en un arroyo de desfiladero, cuyo curso remonta que entra en la huerta de Pego, En dicha villa parte, por la iz *mero* 709), y á 1 k. se separa, p *mero* 715). El que se describe vuelve á cultivada huerta de Pego, limi Segarria. A 11 k. de Pego empalma, p Valencia á Alicante (*núm.* 605) Denia.
Pego, *v.*	1325	3,5		Buenas condiciones para alojamiento.	
Vergel, *l.*	278	12,0		Regulares.	
De Vergel á Denia.	»	12,5		V. *Núm.* 603.	

NÚMERO 704.

DE ONTENIENTE Á AYORA.

64,5 kilómetros.

PUEBLOS.	Vecindario.	Distancia en kilómetros.	Número de etapas.	OBSERVACIONES DE LOS PUEBLOS.	OBSERVACIONES DEL
Vallada, *v*..	598	14,0		Montesa reune regulares condiciones para alojamiento, y buenas las otras tres villas.	Arranca, á la derecha de baida á Almansa (*núm.* 699); pasar el puente sobre el rio Es carretero natural los d dura los restantes. A 4 k. asciende con regul puerto de Vallada, en la si quebrado, que se suaviza á r llamado tambien rambla de á 0,5 k. de Vallada, y conti cubierto en lo general de al A 2,5 k. cruza el ferro-ca palma con la carretera ent (*núm.* 7), la que se sigue 0, su derecha. En Montesa asciende por camino está abierto en la r
Montesa, *v*..	313	7,0		Tiene estacion en el ferro-carril de Madrid á Valencia.	
Énguera, *v*.	1580	6,0			
Ayora, *v*.	1224	37,5			

ONTENIENTE Á AYORA.

PUEBLOS.	Vecindario.	Distancia en kilómetros.	Número de etapas.	OBSERVACIONES DE LOS PUEBLOS.	DEL CA
					Montesa, y desciende con fuert guera. En esta villa entra en el valle á 2 k., para subir la sierra de bierta en lo general de bosque d que originan sus vertientes, y las ducen, dificultan notablemente e la reducidísima casa de Cuarte. A 21,5 k. aumenta la pendient ra. El descenso se verifica por con pendientes ménos rápidas y A 25,5 y 27 k., y algo separada labor. A 35,5 se cruza la rambla de l los Morteros. En Ayora empalma con los ca Alginet á Alpera (*números* 692 y

NÚMERO 705.

DE ALCIRA Á ALBERIQUE.

7,5 kilómetros.

PUEBLOS.	Vecindario.	Distancia en kilómetros.	Número de etapas.	OBSERVACIONES. DE LOS PUEBLOS.	DE
					Arranca, á la derecha de (*núm.* 602), ántes de pasar Júcar.
Benimuslen, *l.*	38	4,5		Corta capacidad y escasos recursos.	Es carretera de tercer ór berique con el ferro-carril
Alberique, *v.*	948	3,0		Buenas condiciones para alojamiento.	Remonta el valle del Júc por várias acequias de riego y en Alberique empalma c por Albacete (*núm.* 7).

NÚMERO 706.

DE GANDÍA Á PLANES.

38 kilómetros.

PUEBLOS.	Vecindario.	Distancia en kilómetros.	Número de etapas.	OBSERVACIONES DE LOS PUEBLOS.	OBSERVACIONES DEL C
					Arranca en Gandía, á la dere Alicante (*núm.* 603). Es carretero natural y de h construir una carretera de segu
Benipeixcar, *l.*	105	1,0		Los pueblos de este camino son en lo general de corta capacidad y sus recursos bastante limitados.	Faldea por terreno cultivado sierra de las Agujas, que limit se separa el camino á medida q Gandía se vadea el arroyo B convento de San Jerónimo, bas
Real de Gandía, *l.* (*i.*)	224	1,5			
Ador, *l.* (1 k. *i.*)	127	3,0			
Rótova, *l.*	143	4,0			
Lugar Nuevo de San Jerónimo, *l.*	67	3,5			En Lugar Nuevo de San Jer un camino á Játiva (*núm.* 707).
Almiserat, *l.* (*d.*)	62	»			
Montichelvo, *l.*	211	6,0			
Rugat, *l.*	43	2,5			Desde Rótova el camino es d reno quebrado várias descend
Castellon del Duc ó de Rugat, *l.*	255	2,0			

PUEBLOS.	Vecindario.	Distancia en kilómetros.	Número de etapas.	OBSERVACIONES DE LOS PUEBLOS.	OBSERVACIONES DEL
Salem, *l.*	155	3,0			4,5 k. de Lugar Nuevo de San chelvo, y poco despues remo Fonts, al que abandona á la s En Salem asciende, para p nombre en la sierra de Benic las provincias de Valencia y A vemente ; cruza por vado á 2 tran en el valle de Planes, en de Albaida á Denia (*núm.* 703
Beniarres, *v.*	260	5,0			
Planes, *v.*	309	6,5			

NÚMERO 707.

DE GANDÍA Á JÁTIVA.

38 kilómetros.

PUEBLOS.	Vecindario.	Distancia en kilómetros.	Número de etapas.	OBSERVACIONES DE LOS PUEBLOS.	OBSERVACIONES DEL C
					Arranca en Lugar Nuevo de de Gandía á Planes (*núm.* 706). Es de herradura hasta Luche restante.
Benipeixcar, *l.*	105	1,0		Este pueblo y los seis que siguen son de reducido caserío y de no muchos recursos.	Remonta por terreno cultiva cuyo valle está formado por la s la loma Alta á la derecha; á 2,5 orilla izquierda en alguna exten
Real de Gandía, *l.* (*i.*)	224	1,5			
Ador, *l.* (1 k. *i.*)	127	3,0			
Rótova, *l.*	143	4,0			
Lugar Nuevo de San Jerónimo, *l.*	67	3,5			A 5,5 y 7 k. de Lugar Nuevo de Piuet, que sólo arrastra ag afluye en el de Alcoy; el camino
Benicolet, *l.* (0,5 k. *i.*)	75	6,5			
Luchente, *v.*	286	2,5			
Cuatretonda, *v.*	466	4,0		Este pueblo y el siguiente reunen regulares condiciones para alojamiento.	Desde este punto es carretero del camino; se cruza á 3 k., y el entrar en Cuatretonda.
Genovés, *l.*	231	8,5			
Játiva, *c.*	3556	3,5		Buenas condiciones para alojamiento; tiene estacion en el ferro-carril de Valencia, y telegráfica, con servicio de dia, completo.	A 1,5 k. se pasa el barranco d puerto de Benigánim, en la sierr nocida por Corral-Blanco, y situ ma el camino con el de Játiva

NÚMERO 708.

DE IBI Á YECLA POR VILLENA.

48,5 kilómetros.

PUEBLOS.	Vecindario.	Distancia en kilómetros.	Número de etapas.	OBSERVACIONES — DE LOS PUEBLOS.	OBSERVACIONES — DEL
					Arranca en Ibi, á la dere Alicante por Játiva (*núm.* 70 Es carretera de segundo ó tural de este punto á Yecla.
Castalla, *v.* (1 k. *i.*)..	685	8,0		Estos pueblos reunen buenas condiciones para alojamiento.	Enlaza la citada carretera cante por Villena (*núm.* 601) á Murcia (*núm.* 727), uniend con el ferro-carril de Alicant
Biar, *v.*	814	10,0			Recorre por terreno cultiv ya de Castalla, valle casi circ ra de las Talayas, los mont rambla de Biscoy, y á 7,5 el sale de la Hoya, y asciende por el puerto de Biar, del qu
Villena, *c.*	2389	8,5		Tiene estacion en el ferro-carril de Alicante, y telegráfica, con servicio de dia, limitado.	
Yecla, *v.*	2858	22,0			

IBI Á YECLA.

PUEBLOS.	Vecindario.	Distancia en kilómetros.	Número de etapas.	OBSERVACIONES DE LOS PUEBLOS.	DEL
					A 7 k. de Ibi se separa, po extension, que conduce á Oni La carretera continúa desde Peña-Rubia; á la entrada en V jo; á 8 k. de Biar empalma c Villena (*núm.* 601), la que se Desde ella el camino es carre recha de la citada carretera; c cante, y entra en un terreno l arroyo Acequia del Rey, por u y 1 á la derecha, está el santua tudes; el camino sigue desde la sierra del Rincon, el cerro colinas de poca elevacion. A 14 k. está el límite de las y á 21 arranca, por la izquier en Yecla empalma con la car Murcia (*núm.* 727).

NÚMERO 709.

DE OLIVA Á PEGO.

9,5 Kilómetros.

PUEBLOS.	Vecindario.	Distancia en kilómetros.	Número de etapas.	OBSERVACIONES DE LOS PUEBLOS.	OBSERVACIONES DEL C
Pego, v..	1325	9,5		Buenas condiciones para alojamiento.	Es carretera de tercer órden, derecha de la de Valencia á Ali Remonta por terreno cultivad el cerro de Mastalla, en el que de Valencia y Alicante, y desci Calapatar, que se cruza ántes empalma con el camino de Den

NÚMERO 710.

DE DENIA Á CALPE POR JAVEA.

35 kilómetros.

PUEBLOS.	Vecindario.	Distancia en kilómetros.	Número de etapas.	OBSERVACIONES DE LOS PUEBLOS.	OBSERVACIONES DEL C.
Javea, *v.*	1369	18,0		Es poblacion cerrada; reune buenas condiciones para alojamiento. De su puerto arranca el cable eléctrico submarino que comunica la península con las islas Baleares; dicho cable termina en la isla de Ibiza. Javea tiene estacion telegráfica, con servicio de dia, completo. En su fondeadero, situado cerca del	Arranca, á la izquierda de la por Gandía (*núm.* 603), á 8,5 k. Es carretero natural y de her una carretera que parte de Javea el trozo de la de Valencia á Ali tre Denia y Benisa. Desde el arranque á Javea rod ondulado, el monte Mongó, que en el que hay un faro de segund Entre Denia y Calpe existe parte de aquella ciudad y tiene salva el referido monte Mongó c hace de muy difícil tránsito. A la salida de Javea se vade avenidas en tiempo de lluvias,

PUEBLOS.	Vecindario.	Distancia en kilómetros.	Número de etapas.	OBSERVACIONES DE LOS PUEBLOS.	OBSERVACIONES DE[...]
				cabo de San Antonio, entran gran número de buques de cabotaje, pero de pequeño porte. Dista 12 millas de Javea y 49 de Alicante.	Benitachell, y de herradura[...] reno accidentado y bastante[...] los montes del Puig; éstos[...] la Nao.
Benitachell, *l.*	301	7,0		Regulares condiciones para alojamiento, así como los dos pueblos siguientes.	A 4 k. de Teulada empal[...] Alicante (*núm.* 603), de la [...] tado.
Teulada, *v.*	624	3,0			De Benitachell parte un [...] gitud, á la ensenada de Mo[...] das rocas.
Calpe, *v.*	422	7,0		Es poblacion cerrada. En su fondeadero sólo entran buques de cabotaje y de pequeño porte.	

NÚMERO 711.

DE COCENTAINA Á BENISA POR PARCENT.

47,5 kilómetros.

PUEBLOS.	Vecindario.	Distancia en kilómetros.	Número de etapas.	OBSERVACIONES DE LOS PUEBLOS.	D
Millena, *l.*	98	4,5		Jalon y Benisa reunen buenas condiciones para alojamiento, y regulares Parcent; los demas pueblos son de reducidó caserío y limitados recursos.	Arranca en Cocentaina, lencia á Alicante por Játiva Es de herradura, y enlaz bas capitales por Gandía (Desciende suavemente mal puente de madera; se camino remonta su orilla salva el pequeño collado d ciende otra vez al barran montando hasta Tóllos, p várias vertientes, pero de nes pasa el collado de est El terreno es áspero y qu tra en el valle de Capaym tell y de Alfaro, por el qu
Gorga, *v.* (0,5 k. *d.*)	200	0,5			
Balones, *l.*	84	3,0			
Benimasot, *v.*	80	6,5			
Tóllos, *l.*	70	2,0			
Benichembla, *l.*	179	14,5			
Parcent, *l.*	283	4,5			
Jalon, *v.*	684	5,0			
Benisa, *v.*	1198	7,0			

PUEBLOS.	Vecindario.	Distancia en kilómetros.	Número de etapas.	OBSERVACIONES DE LOS PUEBLOS.	DE[L]
					curso se sigue por una ú o por la derecha, el barranco de rio Gorgos, cuyo curso s guart y del Carrascal. En Parcent cruza el camin En Jalon se abandona el (de Cuta, y el camino ascien de Benisa en la sierra Berni empalma con la carretera de *mero* 603.

NÚMERO 712.

DE ALCOY Á ALTEA POR CONFRIDES.

43 kilómetros.

PUEBLOS.	Vecindario.	Distancia en kilómetros.	Número de etapas.	OBSERVACIONES DE LOS PUEBLOS.	OBSERVACIONES DEL C[AMINO]
Pueblo Nuevo, *cas.*	15	3,5		Bellinova reune regulares condiciones para alojamiento, y buenas los tres pueblos últimos; los restantes son de reducido caserio y escasos recursos.	Arranca en Alcoy, á la izquie Alicante por Játiva (*núm.* 602). Es de herradura y enlaza la c ambas capitales por Gandia (*núm* Desciende rápidamente al bar su cauce á 0,5 k., y lo remonta abandona, para salvar á 2,5 k., co el alto de la Rambla en una deri ó de Alcoy. En Pueblo Nuevo d barranco conocido por rio de puente de piedra de dos arcos á mino, está el caserío denominad De Benilloba á Benifallim exis carretera, que conducirá tambien En Benilloba asciende por la Serrella, que forman la cuenca d nasan aumenta la pendiente, y cruza á 2 k. el barranco de Arés,
Benilloba, *v.*	359	5,5			
Benasan, *l.*	110	4,5			
Arés, *ald.*	44	1,5			
Confrides, *v.*	140	6,0			
Benifató, *l.*	71	3,5			
Chirles, *cas.* (0,5 k. *i.*)	61	9,0			
Polop, *v.*	424	2,0			
Nucia, *v.*	510	1,0			
Altea, *v.*	1460	6,5		En la punta del Albir hay un faro de quinto órden, y en el fondeadero sólo entran buques de cabotaje y de pequeño porte.	

PUEBLOS.	Vecindario.	Distancia en kilómetros.	Número de etapas.	OBSERVACIONES DE LOS PUEBLOS.	DE
					rior, y salva á 4,5 el puerto lla ; el descenso se efectúa reno cubierto de monte y si En Confrides entra en u dentado, y desciende suave na, y á la inmediacion del izquierda. A 6 k. de Benifat Carrasquetas. A 8, cruza e de Polop, el de Guiatchar. Desde Nucia el tránsito derivaciones del Puig-Cam mediacion del rio Algar, en dicho pueblo á Altea se enc A ménos de 1 k. ántes de camino de Pego (*núm.* 713), con la carretera de Valencia

NÚMERO 713.

DE PEGO Á ALTEA POR PARCENT.

41,5 kilómetros.

PUEBLOS.	Vecindario.	Distancia en kilómetros.	Número de etapas.	OBSERVACIONES DE LOS PUEBLOS.	D
					Arranca, á la derecha de de Pego. Es de herradura, recorr barranco de Castelló, y asc en la sierra Segarria ; á 4 terreno áspero al valle de rona. A 0,5 k. de Sagra cruza mos el rio Seco, nombre c En Orba asciende por la por el puerto de aquel nom dea á 4,5 k. En Parcent corta el cami A 1,5 k. asciende fuert brado ; á 3,5 gana el collad de la sierra del Carrascal, censo se verifica en la mis orilla derecha del rio. A 6
Sagra, *v.*	128	6,0		Parcent y Tárbena reunen regulares condiciones para alojamiento, y buenas Callosa de Ensarriá y Altea; los demas pueblos son de corta capacidad y escasos recursos.	
Tormos, *l.*	209	1,0			
Orba, *v.*	221	2,5			
Parcent, *l.*	283	6,5			
Tarbeneta, *arr.* de Tárbena.	»	9,0			
Tárbena, *v.*	401	0,5			
Bolulla, *l.*	255	4,0			
Callosa de Ensarriá, *v.*	1108	3,5			
Altea, *v.*	1460	8,5		En la punta del Albir hay un faro de quinto órden, y en el fondeadero sólo entran buques de cabotaje y de pequeño porte.	

PUEBLOS.	Vecindario.	Distancia en kilómetros.	Número de etapas.	OBSERVACIONES DE LOS PUEBLOS.	OBSERVACIONES DEL
					el terreno es ménos áspero, y cruza el barranco de Viñarrea te por piso empedrado á Tárb Desde esta villa desciend Almedia, y siguiendo el curso cruza á 0,5 y 2 k. A 3,5 atravi el Negro, desde el que ascien mita, que salva á 1,5 k. de B del Agua. En Callosa de Ensarriá el Algar por las derivaciones d no cubierto de huertas; á 4,5 orilla derecha. A ménos de 8 k. empalma c *mero* 712).

NÚMERO 714.

DE ALCOY Á VILLAJOYOSA.

39 kilómetros.

PUEBLOS.	Vecindario.	Distancia en kilómetros.	Número de etapas.	OBSERVACIONES DE LOS PUEBLOS.	OBSERVACIONES DEL C[AMINO]
					Arranca, á la izquierda de la c por Játiva (*núm.* 602), en el pue Alcoy. Existe el proyecto de construir que pasará por Benifallim, Per desde el puente del Carrascal á comun con este camino, y está p Esta carretera enlaza las dos d nica Alcoy y otros puntos impor ráneo.
Benifallim, *v.*	125	11,5		Corta capacidad y escasos recursos.	Faldea por terreno cultivado
Relleu, *v.*	675	14,0		Buenas condiciones para alojamiento.	por alcantarillas varios arroyos
Orcheta, *v.*	229	6,0		Regulares.	De Alcoy á Benifallim hay un
Era de Soler, *cas.*	29	5,0		Cortísima capacidad y escasos recursos.	de 10 k. de longitud, que cruza 0,5; atraviesa várias ramificacio
Villajoyosa, *v.*	258	2,5		Buenas condiciones para alojamiento. Al E. de la poblacion hay un faro de	7,5 k. el barranco de Is, del que En este punto se abandona la

PUEBLOS.	Vecindario.	Distancia en kilómetros.	Número de etapas.	OBSERVACIONES DE LOS PUEBLOS.	DEL
				sexto órden. En el fondeadero tocan solamente los buques dedicados al cabotaje.	terminada hasta Penáguila, y que asciende fuertememete y al puerto de Benifallim, en la s desciende en la misma forma, Regajo de Tagarina, que corre con el de Monferri, sigue el cu A 2,5 se encuentra una reducid por de los Cipreses. A 1,5 k. de Relleu se cru y el camino asciende por terre ta, en la sierra de Aguilar; l tortuosa cuesta de los Castell recha sigue. Se vadea á 2 k. d confluencia del barranco de R toma el de Monferri, y desde Sella por de la Villa. El camin pié de las últimas estribacion En Villajoyosa empalma co te por Gandía (núm. 603).

NÚMERO 715.

DE ALCOY Á ALICANTE por JIJONA.

48,5 kilómetros.

PUEBLOS.	Vecindario.	Distancia en kilómetros.	Número de etapas.	OBSERVACIONES DE LOS PUEBLOS.	OBSERVACIONES DEL C
Jijona, *c.*	1169	22,0		Buenas condiciones para alojamiento, así como Muchamiel.	Arranca, á la izquierda de la por Játiva (*núm.* 602), á 8 k. de Es de herradura hasta Jijona tante. Asciende con piso pedregos cumbre de la sierra de Carrasq mente á Jijona por el barranco Desde Jijona el camino es ca faldea la sierra del Almaden y cultivado, y á corta distancia d co, afluente del Castalla ó Mor los 7 k.. A la salida de Jijona se pasa mero de dichos rios, y á 14 se v tra en la huerta de Alicante, c que continúa á San Juan, donde lencia á Alicante por Gandía aquella ciudad.
Muchamiel, *v.*	478	16,5			
San Juan, *universidad.*	899	2,0		Regulares.	
De San Juan á Alicante	»	7,5		V. *Núm.* 603.	

NÚMERO 716.

DE MURCIA Á CARTAGENA.

2 etapas.—50 kilómetros.

RESÚMEN POR ETAPAS.

	Núm.	Kilóm.
De Murcia á Albujon.	1	35,5
» Cartagena.	2	14,5
TOTAL. . . .	2	50

PUEBLOS.	Vecindario.	Distancia en kilómetros.	Número de etapas.	OBSERVACIONES DE LOS PUEBLOS.	DEL
					Arranca, á la izquierda d (*núm.* 639), á 1 k. de aquella Es carretera de primer órd el trozo de Madrid á Albacet de Madrid á Cartagena. Atraviesa un terreno llano, le hacen impracticable á la c

MURCIA Á CARTAGENA.

PUEBLOS.	Vecindario.	Distancia en kilómetros.	Número de etapas.	OBSERVACIONES DE LOS PUEBLOS.	DEL C
Aljucer, *l.* (1 k. *d.*).	629	4,5	1ª	Buenas condiciones para alojamiento de tropas, así como Palmar, y regulares los dos últimos pueblos.	A 2,5 k. se cruza por un puen to, cuya orilla derecha remonta reno áspero, para atravesar, á 6 8 k. se vuelve á cruzar el arroy retera continúa remontando la suave, para pasar, á 10 k., el pu Desciende despues por la má se cruza á 13,5 k., y entra en u el que continúa á Albujon, cruz nombre.
Palmar, *l.*	594	2,0			
Baños, *cas.* (*d.*).	126	10,5			
Albujon, *ald.* (*d.*).	277	18,5			
Santa Ana, *cas.* (0,5 k. *i.*). . . .	100	7,0	2ª	Corta capacidad y escasos recursos.	Continúa por terreno llano y pasa la rambla de Miranda.
San Antonio Abad, *arr.* de Cartagena..	572	5,5		Regulares condiciones para alojamiento.	El ferro-carril de Murcia á Ca la izquierda, y á alguna distanci
Cartagena, *c.*	4556	2,0		Plaza de guerra, residencia del gobernador militar de la provincia de Murcia y capital del departamento de marina de su nombre. Tiene estacion telegráfica con servicio permanente, y del puerto arranca el cable submarino á Oran. La tiene tambien en el ferro-carril de Murcia. De su ayuntamiento dependen várias aldeas y caseríos, y reune un total de 10,899 vecinos. En el puerto, en la punta de la Podadera, hay un faro de cuarto órden, y otro de sexto en la isla Escombrera.	En San Antonio Abad se une, de Murcia por Pacheco (*núm.* 7 el de Totana (*núm.* 735).

PUEBLOS.	Vecindario.	Distancia en kilómetros.	Número de etapas.	OBSERVACIONES DE LOS PUEBLOS.	DEL
				Ademas de los muchos buques de guerra que entran en su puerto, arriban tambien gran número de vapores de los que navegan entre Cádiz y Marsella, y tocan en Málaga, Almería, Alicante y Valencia. Las distancias del puerto de Cartagena á todos éstos son las siguientes: Cartagena á Málaga. Almería. . . . . . . 96 millas. Málaga. . . . . . . 100 » Cartagena á Valencia. Alicante. . . . . 65 millas. Valencia. . . . . 98 » Ademas tocan varios buques de los que hacen el comercio con Oran y otros pnntos de África.	

NÚMERO 717.

DE MURCIA Á CARTAGENA POR PACHECO.

62 kilómetros.

PUEBLOS.	Vecindario.	Distancia en kilómetros.	Número de etapas.	OBSERVACIONES DE LOS PUEBLOS.	OBSERVACIONES DEL
Beniajan, *l.*	678	7,0		Este lugar y los dos que siguen están formados por várias casas de la huerta de Murcia, y pertenecen al ayuntamiento de esta capital; no tienen importancia para el alojamiento, por ser su caserío bastante reducido y limitados los recursos. Beniajan tiene estacion en el ferro-carril de Cartagena.	Arranca, á la izquierda de l (*núm.* 639), en el puente sobre Es carretero natural, y recor A la entrada en Torreahuera c que ha seguido por la derecha. En dicho pueblo se aproxim entra en la cañada de San Ped Peña-Roya, el Espil de Escalo árido; á 11 entra en una barra los Moñinos, y aumenta la penc de San Pedro, del que descien hasta San Antonio Abad. A 11 k. de Torreahuera se en en cuyas cercanías hay una bal quierda respectivamente, están y la venta del Puerto, muy capa El ferro-carril sigue á la inm cruza á 3, 5, 7 y 18 k. de Torr
Torreahuera, *l.*	520	1,0			
Sucina, *l.*	195	21,5			
Avilés, *cas.*	102	4,5		Corta capacidad y escasos recursos, así como Balsicas.	
Balsicas, *cas.*	96	4,0		Tiene estacion en el ferro-carril de Cartagena.	

PUEBLOS.	Vecindario.	Distancia en kilómetros.	Número de etapas.	OBSERVACIONES DE LOS PUEBLOS.	OBSERVACIONES DEL
Pacheco, *v*.	193	7,5		Regulares condiciones para alojamiento; tiene estacion en el citado ferro-carril.	del camino, se encuentra la e A 2,5 de Avilés y á 5 de B carril, que sigue por la dere
Palma, *ald*.	428	5,5		Corta capacidad y escasos recursos; tiene estacion en el citado ferro-carril.	hasta 5,5 k. de Palma, que la por la izquierda hasta Cartag A 2,5 k. de Avilés, y cerca
San Antonio Abad, *arr*. de Cartagena..	572	9,0		Regulares condiciones para alojamiento.	un arroyo que vierte en el m bla de Albujon. A 2,5 k. de Balsicas está la
Cartagena, *c*.	4556	2,0		Plaza de guerra, residencia del gobernador militar de la provincia de Murcia y capital del departamento de marina de su nombre. Tiene estacion telegráfica, con servicio permanente, y del puerto arranca el cable submarino á Oran. La tiene tambien en el ferro-carril de Murcia. De su ayuntamiento dependen várias aldeas y caseríos, y reune un total de 10,899 vecinos. En el puerto, en la punta de la Podadera, hay un faro de cuarto órden, y otro de sexto en la isla Escombrera. Tiene las comunicaciones marítimas que se expresan en la observacion correspondiente del *núm*. 716.	De Balsicas se separa, por de longitud, que recorre un Javier con el de Alicante á Á De Palma se separa, por el de extension, que recorre u empalma en Garbanzal con e A 3,5 k. de Palma se pasa En San Antonio Abad emp retera de Murcia á Cartagena recha, el camino á Totana (n

NÚMERO 718.

DE VALENCIA Á CARTAGENA.

De Valencia á Murcia. . . . . . . **9 etapas.—213 Kil.**—*V. Núm.* 604.
De Murcia á Cartagena.. . . . . . . **2** » — **50** » —*V. Núm.* 716.

RESÚMEN POR ETAPAS.

	Núm.	Kilóm.
De Valencia á Alginet.	1	25
» Rotglá y Corberá.	2	30
» Mogente.	3	22
» Fuente la Higuera.	4	14,5
» Villena.	5	23
» Novelda.	6	32
» Crevillente..	7	18
» Orihuela.	8	23,5
» Murcia.	9	25
» Albujon.	10	35,5
» Cartagena..	11	14,5
TOTAL.	11	263

NÚMERO 719.

DE ALICANTE Á ÁGUILAS POR LA COSTA.

181 kilómetros.

PUEBLOS.	Vecindario.	Distancia en kilómetros.	Número de etapas.	OBSERVACIONES DE LOS PUEBLOS.	DEL C
Santa Pola, *l.*	697	14,0		Buenas condiciones para alojamiento, así como las dos villas que siguen. En la torre Atalayola, situada en el cabo de Santa Pola, hay un faro de sexto órden. Su fondeadero es bueno, y la poblacion tiene bastante comercio de cabotaje, particularmente con Oran. Dista 16 millas de Alicante y 59 de Cartagena. 2,5 millas S. E., 1/4 al S. del cabo, está la isla Plana ó Nueva Tabarca, en la que hay un castillo y 98 edificios, ocupados por 78 vecinos, cuya única industria es la pesca.—En el centro de la isla hay un faro de tercer órden.	Es carretero natural, y enla del Mediterráneo, en la cual s deaderos y refugios para los b De Santa Pola á Algar hay misma costa; su tránsito es i arena ó estar abierto en la ro Cervera y el mar Menor. Recorre un terreno llano y á que se va separando, para sal cabo de Santa Pola; á 2 k. de Ovejas. A 9 se separa, por la derec que es el que deberá seguirse trar en Santa Pola; dicho ram vado; corta á 6 k. de su arranq Aspe á Santa Pola (*núm.* 720) del segundo, el rio Vinalopó, despues empalma con el camin blo y Guardamar, á 11 k. de a
Guardamar, *v.*.	801	22,0		En su corto término hay varios caseríos, con 91 edificios.	La distancia de Alicante á de 31 k.

PUEBLOS.	Vecindario.	Distancia en kilómetros.	Número de etapas.	OBSERVACIONES DE LOS PUEBLOS.	DEL
Torrevieja, *v.*	1438	14,0		Dependiente de su ayuntamiento, y 5 k. distante está la aldea de la Mata, con 71 vecinos. En la punta Cornuda hay un faro de quinto órden. En el fondeadero tocan algunos buques de pequeño porte, de los que la mayor parte embarcan la sal de las salinas, las cuales están unidas al puerto por un tramvía.	A 4 empalma, por la derech (*núm.* 720), y á 11 se une, po separa á 9 k. de Alicante. En caminos á Elche y Crevillent y 16 k., y otro de poco más de serío del Molar, de 15 vecinos pendiente del ayuntamiento d más de 1 k. á la izquierda y p caserío de la Marina, con 2 cinos. El camino á Elche cruza á recorre un terreno cultivado cion empalma con el de Alica El que conduce á Crevillen cultivado; corta á 10,5 k. la *mero* 614), y en aquella villa misma capital por Villena (*n* El camino sigue á unos 2 k blemente, para atravesar, á 1 sierra del Molar, y descen por un puente de piedra de damar. Poco despues de la salida para atravesar á 5 k., con lig Moncayo, de la que desciende la salina de la Mata, que se d vera, y faldeando despues un forma la ensenada de Salare
San Pedro de Pinatar, *v.*	343	19,0		Esta villa y la siguiente reunen regulares condiciones para alojamiento.	
San Javier, *v.*	159	4,0			
Roda, *ald.*	97	6,0		Corta capacidad y escasos recursos.	
Algar, *ald.*	439	10,0		Su caserío está diseminado.	
Garvanzal, *ald.*	732	9,0		Esta aldea y la siguiente reunen buenas condiciones para alojamiento.	
Alumbres, *ald.* (1 k. *i.*)	649	3,0			
Cartagena, *c.*	4556	5,0		Plaza de guerra, residencia del gobernador militar de la provincia de Murcia, y capital del departamento de marina de su nombre. Tiene estacion telegráfica, con servicio permanente, y del puerto arranca el cable submarino á Oran. Tiene estacion en el ferro-carril de Murcia. De su ayuntamiento dependen várias aldeas y caseríos; aquel cuenta un total de 10,899 vecinos. En el puerto, en la punta de la Poda-	

PUEBLOS.	Vecindario.	Distancia en kilómetros.	Número de etapas.	OBSERVACIONES DE LOS PUEBLOS.	OBSERVACIONES DEL
				dera hay un faro de cuarto órden, y otro de sexto en la isla Escombrera. Tiene las comunicaciones marítimas que se expresan en el itinerario *núm.* 716.	A la entrada en Torrevieja no de Catral (*núm.* 724). A 0,5 k. de Torrevieja se c traccion de sal, y poco despu de alimentacion de las salina guel de Salinas (*núm.* 725).
Mazarron, *v.*	891	33,0		Buenas condiciones para alojamiento; de su ayuntamiento dependen várias aldeas, cortijos y caseríos, con más de 800 vecinos. En la torre del puerto, situada en la punta Azoya, hay un faro de quinto órden. En el puerto de Mazarron existe una aldea con aquel nombre, de 146 vecinos, pescadores ó pertenecientes al gremio de mar en su mayor parte. En el puerto sólo entran buques de pequeño porte dedicados al cabotaje.	El que se describe faldea u cia de las salinas de Orihuel y de la que se separa poco d distancia de la costa, por un bastantes vertientes de escas aguar en el Mediterráneo, otr de abrigo á los buques de po Las vertientes más notabl de las Estacas, de bastante p el de Glea á 8,5, el de Caña á 12,5. A 15 k. está el límite de la y el camino continúa á San Pe
Águilas, *v.*.	1152	42,0		Buenas condiciones para alojamiento; en su término hay varios caseríos, con cerca de 500 vecinos. En la punta negra del cerro de San Juan hay un faro de sexto órden. En su puerto entran solamente buques de poco calado y dedicados al cabotaje. Dista 35 millas de Cartagena, 67 de Almería y 156 de Ceuta.	cia de las salinas de San Pedr En aquella villa se une el c El mar Menor es una gran entre la barra de San Pedro longitud de N. á S. es de 10 bos mares se comunican por mada por la isla Arenosa y de zada, ocupada hoy por el cue están separados por una duna gunos puntos, conocida por

ALICANTE Á ÁGUILAS.

PUEBLOS.	Vecindario.	Distancia en kilómetros.	Número de etapas.	OBSERVACIONES DE LOS PUEBLOS.	OBSERVACIONES DEL C
					Al pié de la torre, y cerran Encañizadas, especie de cajon que sirven para recoger el pesc El mar Menor termina en las tiene várias islas, y le surcan a ca del mújol. Tres millas al S. de la Encañ tacio, en el Mediterráneo ó mar las Grosa y Jarallon, y unos b avanza al E. de la playa de la M del fondeadero citado; éste es y está defendido por una torre encuentran en la costa, ocupa Desde San Pedro de Pinatar Menor, por terreno llano y c de ella. A 2 k. se cruza una rambla, En San Javier se separa un c recorre un terreno despejado, y Murcia á Cartagena por Pachec A 3,5 k. de Algar se divide el mero continúa por la costa, fal conduce á San Gines de la Jara, río, con 230 vecinos, distante ayuntamiento de Cartagena, y Menor, inmediato á la costa de de Palos. En éste hay un faro d en la extremidad del islote de

PUEBLOS.	Vecindario.	Distancia en kilómetros.	Número de etapas.	OBSERVACIONES DE LOS PUEBLOS.	DEL
					El segundo de los caminos caserío de 234 vecinos, distan ayuntamiento de Cartagena, bre, en el que hay otro faro El tercer camino se dirige situada en la falda de la sierr de Cartagena, con cuya ciuda pasa por Alumbres; dista 8,5 Alumbres. El cuarto camino, que es e para completamente del mar vado y cubierto de casas de San Gines. A 1 k. de Garvanz de Herrerías á Cartagena, la ciones hasta esta plaza. En Garvanzal se separa u que recorre un terreno ondul con el camino de Murcia á Ca En Cartagena empalma, p cia (*núm.* 716), á la que á 2 Abad, se unen por derecha camino de Murcia por Pachec *ro* 735). De Cartagena á Mazarron h ra, se dirige por la costa y el terreno áspero y cubierto d que forma el cabo Tiñoso, e den; sigue despues por la si

PUEBLOS.	Vecindario.	Distancia en kilómetros.	Número de etapas.	OBSERVACIONES DE LOS PUEBLOS.	OBSERVACIONES DEL
					á 23 k., uno despues de pasar mino que va por la cuesta del y se separa, á la izquierda, p ron, distante 7 k. de dicho puerto parte un camino carrete mino de la cuesta de Cedacero Valdelentisco, hay 37 k. de Ca El segundo camino, conocid es el que debe seguirse, y asc que forma el cabo Tiñoso. A 7 para, por la derecha, el tercer aquel continúa por la citada si ta por la referida cuesta; á 19 y á 20 se le une, por la izquie que se separa por el mismo lad ma costa, que abandona á 23 la sierra del Algarrobo. A 31 k mino carretero del puerto. El camino de la venta de Pini tes por las ásperas lomas del Algarrobo. A 22,5 k. de la sep encuentra la venta de Pinilla, y mente á Mazarron; su longitud En Mazarron se separa, por (*núm.* 736), que en las cercanías bifurca en otro á Velez-Rubio Desde Mazarron continúa el bo; á 4 k. pasa el collado de M dulado y cultivado, por el que

PUEBLOS.	Vecindario.	Distancia en kilómetros.	Número de etapas.	OBSERVACIONES DE LOS PUEBLOS.	DEL
					rambla de Nogalte, siguiend tancia de la orilla izquierda d bla del Puntarron, y á 27,5 la dura desde este punto, ascien Bas, en un estribo de la sierr de poco despues, y con fuerte sios, que desemboca cerca de la punta Cope, en la que hay de carabineros. A 32 k. se une, por la izq de 26 de longitud, que desd tránsito es difícil, por tener pidas pendientes un terreno A 33 k. se pasa la citada ra carretero natural, se dirige á Aguaderas. En dicha villa empalma con

NÚMERO 720.

DE ASPE Á SANTA POLA POR ELCHE.

31,5 kilómetros.

PUEBLOS.	Vecindario.	Distancia en kilómetros.	Número de etapas.	OBSERVACIONES DE LOS PUEBLOS.	DEL C
					Arranca en Aspe, á la izquier Murcia por Villena (*núm.* 604).
Elche, *v.*	2510	14,5		Buenas condiciones para alojamiento; tiene estacion telegráfica, con servicio de dia, limitado.	Es carretero natural, y empal la costa, otros varios de la prov
Santa Pola, *l.*	697	17,0		Buenas condiciones para alojamiento. En la torre Atalaya, situada en el cabo de Santa Pola, hay un faro de sexto órden. Su fondeadero es bueno, y la poblacion tiene bastante comercio de cabotaje, particularmente con Oran. Dista 16 millas de Alicante y 59 de Cartagena; 2,5 millas S. E., 1/4 al S. del cabo, está la isla Plana ó Nueva Tabarca, en la que hay un castillo y 98 edificios, ocupados por 78 vecinos, cuya única industria es la pesca. En el centro de esta isla hay un faro de tercer órden.	Desciende por terreno cultiva derecha se aproxima á 5 k.; lo despues por la otra orilla hasta En esta villa corta la carrete *ro* 614). A 1,5 k. se cruza el barranc un terreno cubierto de palmeras Alicante á Águilas (*núm.* 719), y por el que se continúa á Santa I

NÚMERO 721.

E CREVILLENTE Á SAN PEDRO DE PINATAR POR CATRAL Y SAN MIC

51,5 kilómetros.

PUEBLOS.	Vecindario.	Distancia en kilómetros.	Número de etapas.	OBSERVACIONES DE LOS PUEBLOS.	DEL
					Arranca en Crevillente, á l lencia á Murcia (*núm.* 604). De carretera de tercer órden pro
San Felipe Neri, *v.*	31	8,5		Corta capacidad y escasos recursos.	El camino que se sigue es vemente, por terreno ondulad
Catral, *v.*	358	2,5		Buenas condiciones para alojamiento, así como Almoradí.	baciones de la sierra de Cr pasa el barranco de su nomb
Almoradí, *v.*	454	6,0			
San Miguel de Salinas, *l.*	281	16,5		Corta capacidad y escasos recursos.	A 3,5 corta la carretera de
Pilar de Oradada, *ald.*	188	14,5		Depende del ayuntamiento de Orihuela; su caserío es reducido y sus recursos escasísimos.	En San Felipe Neri entra cortada por acequias de riego
San Pedro de Pinatar, *v.*	343	3,5		Regulares condiciones para alojamiento.	En Catral empalma por la *mero* 729), y á 2,5 k. se sepa vieja (*núm.* 724). A 2 k. de Almoradí se pas piedra con dos arcos; el cau dal de agua, por lo que pue puntos.

CREVILLENTE Á SAN PEDRO DE PINATAR.

PUEBLOS.	Vecindario.	Distancia en kilómetros.	Número de etapas.	OBSERVACIONES DE LOS PUEBLOS.	DEL C
					El terreno se accidenta, y el las montañas de las Rellanas; á ma á San Miguel de Salinas, izquierda, los caminos á Ciez y 725). A 13 k. de Almoradí, y á la iz de labor de la Condesa, de bast A 4 y 9,5 k. de San Miguel de tes poco pronunciadas, el colla Gines, en la sierra Bojosa. En el segundo, y á la izquier caserío de su nombre. A 10 k. se cruza el barranco y á 11,5 el Seco, desde el cual censo. A 1,5 de Pilar de Oradada est Alicante y Murcia, y en San Pe no con el de Alicante á Águilas

NÚMERO 722.

DE SAN MIGUEL DE SALINAS Á CIEZA POR ORIHUEL[A]

71 kilómetros.

PUEBLOS.	Vecindario.	Distancia en kilómetros.	Número de etapas.	OBSERVACIONES DE LOS PUEBLOS.	OBSERVACIONES DEL
					Arranca en San Miguel de S… llente á San Pedro de Pinatar… Es carretero natural hasta… restante.
Bigastro, *l.*	359	15,0		Regulares condiciones para alojamiento.	Asciende suavemente por te… alto de Vistabella, en las mon… ciende en la misma forma al … tro cruza el barranco de Alco…
Orihuela, *c.*	5656	5,5		Buenas. Hay estacion telegráfica, con servicio de dia, limitado, y la tiene tambien en el ferro-carril de Murcia á Cartagena, pero separada 13 k. Pasa por la poblacion el Segura, sobre el que tiene dos buenos puentes.	De Bigastro á Orihuela el te… esta ciudad se pasa el Segu… americana, y empalma el cam… Murcia (*núm.* 604), por la que… llosa de Segura; á dicha dist… por un camino carretero natu… de la citada carretera, y rem… ranco del Ramblar ó rambla d… de Orihuela.
Fortuna, *v.*	1261	20,5		Cuenta ademas doce caseríos con más de 300 vecinos; la poblacion reune buenas condiciones para alojamiento.	

PUEBLOS.	Vecindario.	Distancia en kilómetros.	Número de etapas.	OBSERVACIONES DE LOS PUEBLOS.	OBSERVACIONES DEL C
Cieza, *v.*	2409	30,0		Buenas condiciones para alojamiento. Tiene estacion en el ferro-carril de Cartagena y un puente sobre el Segura, que corre á las inmediaciones de la poblacion.	A 3,5 k. de Orihuela se une Abanilla (*núm.* 723). El que se describe abandona la sierra al campo de la Matanza la, se encuentra el reducido ca nos. A 11,5 k. está el límite de cia; desde este punto continúa y cultivado por las últimas desc En Fortuna se separa, por la (*núm.* 726), y por la derecha otr El camino es de herradura, derivacion de la sierra de la Pi ro abierto en la roca y llamado ensancha notablemente, y el ca formado por la citada sierra y l seminadas várias casas de labor A 20,5 k. despues de cruzar e la carretera de la venta de la En A 25 k. atraviesa la rambla con la carretera de Murcia á Al

NÚMERO 723.

DE ABANILLA Á ORIHUELA.

17 kilómetros.

PUEBLOS.	Vecindario.	Distancia en kilómetros.	Número de etapas.	OBSERVACIONES DE LOS PUEBLOS.	DEL
					Arranca, á la derecha del 1,5 k. de Abanilla.
Benferri, *l.*	231	10,0		Su caserío es reducido y los recursos limitados.	Es carretero natural, y asci 3 k. por terreno cultivado, la de la Murada; desciende desp Dulce, cuyo curso sigue apro
Orihuela, *c.*	5656	7,0		Buenas condiciones para alojamiento. Hay estacion telegráfica, con servicio de dia, limitado, y la tiene tambien en el ferro-carril de Cartagena, pero separada 13 k. Pasa por la poblacion el Segura, sobre el que hay dos buenos puentes.	A 5,5 k. está el límite de la A la salida de Benferri se c ría una rambla afluente de la curso de ésta, que se cruza á San Miguel de Salinas á Cieza á Orihuela.

NÚMERO 724.

DE CATRAL Á TORREVIEJA POR DOLORES.

27,5 kilómetros.

PUEBLOS.	Vecindario.	Distancia en kilómetros.	Número de etapas.	OBSERVACIONES DE LOS PUEBLOS.	OBSERVACIONES DEL C
Dolores, *v.*	775	5,0		Buenas condiciones para alojamiento.	Arranca, á la izquierda del d natar (*núm.* 721), á 2,5 k. de Ca Forma, con el trozo de dicho villente y el punto de separacic proyectada entre aquella villa y El camino que ahora se sigue una extensa, poblada y bien cu titud de acequias de riego, que d En Rojales se cruza el Segur tres arcos, y asciende, suaveme Moncayo; á 2 k. de Benijófar la Atalaya, y desciende suavemen entre las lagunas salinas de est el camino de Alicante á Águilas
San Fulgencio, *v.* (1 k. *i.*)	235	5,5		Regulares.	
Daya-Vieja, *l.*	17	1,0		Corta capacidad.	
Rojales, *v.*	568	2,0		Buenas condiciones para alojamiento, así como los dos pueblos siguientes.	
Benijófar, *l.*	132	1,5			
Torrevieja, *v.*	1438	12,5		En la punta Cornuda hay un faro de quinto órden. En el fondeadero tocan algunos buques de pequeño porte, de los que la mayoría embarcan sal de las salinas de Torrevieja, las que están unidas al pueblo por un tramvía.	

NÚMERO 725.

DE SAN MIGUEL DE SALINAS Á TORREVIEJA.

9 kilómetros.

PUEBLOS.	Vecindario.	Distancia en kilómetros.	Número de etapas.	OBSERVACIONES DE LOS PUEBLOS.	DE[L CAMINO.]
Torrevieja, *v.*	1438	9,0		Buenas condiciones para alojamiento. En la punta Cornuda hay un faro de quinto órden. En el fondeadero tocan algunos buques de pequeño porte, de los que la mayor parte embarcan sal de las salinas de Torrevieja, las cuales están unidas al puerto por un tramvía.	Arranca en San Miguel de [...] villente á San Pedro de Pina[...] Es carretero natural y des[...] tivado á la rambla de Gallá; [...] censo á Torrevieja. A 6 k. se aproxima á la la[...] nos de uno. A 8,5, en el pu[...] palma el camino con el de A[...]

NÚMERO 726.

DE FORTUNA Á MURCIA.

26 kilómetros.

PUEBLOS.	Vecindario.	Distancia en kilómetros.	Número de etapas.	OBSERVACIONES DE LOS PUEBLOS.	OBSERVACIONES DEL CA
					Arranca en Fortuna, á la izqui nas á Cieza (*núm.* 722).
Esparragal, *l.* (*i.*).	506	16,5		Este pueblo y el siguiente pertenecen al ayuntamiento de Murcia, y están formados por várias casas de la huerta.	Es carretero natural y recorre las descendencias de la sierra á faldearla, y á 10, en una depre puerto de Zacacho, desciende su
Monteagudo, *l.*	433	2,5			
Murcia, *c.*	6150	7,0		Capital de la provincia. Es poblacion cerrada, y tiene estacion en el ferro-carril de Albacete á Cartagena, y telegráfica, con servicio de dia, completo.	A 14 k. empalma con la carre *mero* 604), por la que se continúa

NÚMERO 727.

DE VENTA DE LA ENCINA Á MURCIA POR CAUDETE, YECLA

115,5 kilómetros.

PUEBLOS.	Vecindario.	Distancia en kilómetros.	Número de etapas.	OBSERVACIONES DE LOS PUEBLOS.	DE
					Arranca, á la derecha de Casas del Campillo á Alica Encina y venta del Gitan venta de la Encina ú 11 ánt Está proyectada la constr órden entre Fuente la Higu dad camino carretero natur timo punto; de éste á la ve con la carretera de primer *ro* 620), es carretera de se las carreteras de Valencia y carriles á estas capitales, c la carretera que une á ésta
Caudete, *v*..	1327	7,0		Buenas condiciones para alojamiento; tiene estacion en el ferro-carril de Madrid á Alicante.	En el arranque cruza el suavemente, por terreno c altos de Caudete. A 3 k. se

PUEBLOS.	Vecindario.	Distancia en kilómetros.	Número de etapas.	OBSERVACIONES DE LOS PUEBLOS.	DEL
Yecla, *v.*	2858	15,5		Buenas condiciones para alojamiento.	
Fuente del Pino, *ald.* (*i.*). . . .	28	16,5		Poca capacidad y escasos recursos, así como Alquería.	
Alquería, *ald.* (*d.*).	49	3,0			
Jumilla, *v.*.	2426	5,5		Buenas condiciones para alojamiento.	
Venta de San Roque.	»	38,0			
De la venta de San Roque á Murcia.	»	30,0		V. *Núm.* 620.	

de Alicante y Albacete. En aq
forma á la rambla Honda, lím
y Murcia; la cruza á 5,5 k., y
prano en los altos de Carrasc
sigue por ellos, y á 9,5 descie

En esta villa se separa, por
(*núm.* 692), el cual bifurca á
mero 757). Por la izquierda p
furca en otro á Sax (*núm.* 734)

A la salida de Yecla se pas
Júa, que corre á bastante dis
ántes de Jumilla, en cuya v
modo.

De Yecla á Jumilla la carre
tante accidentado y árido, las
derivacion de la sierra de Sal

En Jumilla se separa, por l
ñada *núm.* 758).

La carretera faldea la sierra
ra para salvar á 7 k. una deriv
de Jumilla, de fácil acceso;
entra en un valle, del que s
por terreno ondulado y árido
citadas sierras.

A 11,5 y 15 k. se separan
los caminos á Pinoso (*núm.* 7
gunda de las citadas distanci
nominadas del Algive, por e
dante en la estacion de las ll

PUEBLOS.	Vecindario.	Distancia en kilómetros.	Número de etapas.	OBSERVACIONES DE LOS PUEBLOS.	OBSERVACIONES DEL
					A 21,5 k. está la venta de R derecha, el camino á Calaspa Poco despues se cruza por cos la rambla del Moro, que rándose á medida que se avan A 31 k. cruza el ferro-carri censo, con pendiente muy poc en una derivacion de la sierra En el puerto se halla la ve palma esta carretera con la de En las inmediaciones se en A 31 k., y poco despues de camino de San Miguel de Sali

NÚMERO 728.

DE JUMILLA Á PINOSO.

30 kilómetros.

PUEBLOS.	Vecindario.	Distancia en kilómetros.	Número de etapas.	OBSERVACIONES DE LOS PUEBLOS.	D
Pinoso, *v.*	641	30,0		Buenas condiciones para alojamiento. En las cercanías está el cerro conocido por Cabezo de la Sal, de piedra, de cuyo artículo se extrae bastante cantidad. En el término municipal hay más de 700 edificios, repartidos en 31 caseríos, pero distantes, el que ménos, 2 k.	Es carretero natural, y a de la venta de la Encina á Desde dicho punto ascie no quebrado y cubierto en sar, á 4 k., ó 15,5 de Jum cia se encuentra una regu Curiosa. El camino desciende co un terreno ondulado y cu A 20 k. de Jumilla, y á 1 de Garquez, á 23,5, y alg paz caserío de la Barquill A 26 k. de Jumilla, ó 14 las Casicas una derivaci

PUEBLOS.	Vecindario.	Distancia en kilómetros.	Número de etapas.	OBSERVACIONES DE LOS PUEBLOS.	DEL
					desciende á Pinoso, con pe[illegible] sensible despues. El alto de las Casicas limi[illegible] Murcia y Alicante. 2,5 k. ántes de Pinoso se [illegible] camino empalma en aquella [illegible] *mero* 731).

NÚMERO 729.

DE JUMILLA Á CATRAL POR ABANILLA Y ALBATER

71,5 kilómetros.

PUEBLOS.	Vecindario.	Distancia en kilómetros.	Número de etapas.	OBSERVACIONES DE LOS PUEBLOS.	D
Abanilla, *v.*.	589	47,0		Dependen de esta villa varios caseríos y aldeas, con más de 500 vecinos. La poblacion reune buenas condiciones para alojamiento.	Arranca, á la izquierda á Murcia (*núm.* 727), á 15 Es carretero natural y tera con la de Valencia á Desde las expresadas por una derivacion de la cuesta de los Gabachos, á encuentran algunas casas lado del camino; éste es por las descendencias de accidentado. A 30,5 k. asciende con la sierra de Queipar, estri en zic-zac, y con piso ped por donde corre la ramb
Albatera, *v.*	901	17,5		Buenas condiciones para alojamiento, así como la villa siguiente.	
Catral, *v.*	358	7,0			

PUEBLOS.	Vecindario.	Distancia en kilómetros.	Número de etapas.	OBSERVACIONES DE LOS PUEBLOS.	DE
					curso sigue hasta 39 k., en quierda, y continúa en des Dulce. A 46 k. se [illegible] (*núm.* 731). De Abanilla á Albatera el y asciende por una descen 1,5 k. salva un pequeño col camino á Oribuela. (*núm.* 7 A 4 k. está el límite entre El camino desciende á la y sigue á Albatera por terre ra de este nombre. A 9,5 k., y 1 á la derecha, pendiente de la aldea de la En Albatera se corta la *mero* 604), y el camino reco tado por bastantes acequia En Catral empalma con natar (*núm.* 721).

NÚMERO 750.

DE JUMILLA Á CALASPARRA.

67,5 kilómetros.

PUEBLOS.	Vecindario.	Distancia en kilómetros.	Número de etapas.	OBSERVACIONES DE LOS PUEBLOS.	OBSERVACIONES DEL
Cieza, *v.*	2409	39,0		Buenas condiciones para alojamiento; tiene estacion en el ferro-carril de Cartagena, y un puente sobre el rio Segura, que corre por las inmediaciones de la poblacion.	Arranca, á la derecha de la á Murcia por Yecla (*núm.* 7 de Jumilla, ántes del puente Es carretero natural, y des mente por la citada rambla, la época de lluvias; la abandona Cieza por terreno cultivado. A 16 k. de la venta corta el En Cieza se cruza la carr *ro* 620). De Cieza á Ondonera faldea Larga, que forma la cuenca d gue el camino en alguna exte A la salida de Cieza se deja ro, que da paso al camino qu *ro* 745).
Ondonera, *cas.*	81	23,5		Poca capacidad y cortos recursos.	
Calasparra, *v.*	730	5,0		Buenas condiciones; tiene estacion en el ferro-carril citado.	

PUEBLOS.	Vecindario.	Distancia en kilómetros.	Número de etapas.	OBSERVACIONES DE LOS PUEBLOS.	DE
					A 3 k. se pasa la rambla del Collado. En Ondonera desciende s bla del Desarmador. A 2,5, empalma con el camino de I continúa á Calasparra. A 1,5 recha, un camino á Hellin (A 6 k. de Cieza, y 1 de O Cartagena.

NÚMERO 731.

DE YECLA Á FORTUNA POR PINOSO.

56,5 kilómetros.

PUEBLOS.	Vecindario.	Distancia en kilómetros.	Número de etapas.	OBSERVACIONES DE LOS PUEBLOS.	DEL C
					Arranca en Yecla, á la izqui de la Encina á Murcia (*núm.* 727) Es carretero natural hasta Ab restante.
Pinoso, *v.*	641	23,5		Buenas condiciones para alojamiento. En las cercanías está el cerro conocido por Cabezo de la Sal, de piedra, de cuyo artículo se extrae bastante cantidad. Tiene más de 700 edificios, repartidos en 31 caseríos, pero distantes, el que ménos, 2 k.	Atraviesa el Hondo del Cam ciende suavemente por las deri cubiertas en lo general de bosq de la venta de Cadijas, pasa el ladero conocido por los Estrech encuentra la venta de las Queb de Salinas, que limita las provi la que desciende á Pinoso por l á 18 k. está el caserío de este n
Abanilla, *v.* (1 k. i.)	589	26,0		Dependen de esta villa varios caseríos y aldeas, con más de 500 vecinos; la poblacion reune buenas condiciones para alojamiento.	regulares. En Pinoso se separa, por la
Fortuna, *v.*	1261	7,0		Cuenta ademas 12 caseríos, con más	(*núm.* 732), que bifurca despues palma, por la derecha, el de Ju

PUEBLOS.	Vecindario.	Distancia en kilómetros.	Número de etapas.	OBSERVACIONES DE LOS PUEBLOS.	DEL
				de 300 vecinos; la poblacion se halla en el mismo caso que las anteriores.	A la salida de dicho punto f por la cañada del Paredon, y á divide por esta parte las prov está formada por la sierra de Agudo ó Abanilla. El camino rias veces; á 17 k. se separa diente el monte Garrobo, del chísimo desfiladero al rio Dul afluye la de Cotillas. A 22 k. se aproxima al rio, cuyo cauc cla se corta el camino de Jum A 3 y 12 k. de Pinoso están llo y Canton; el primero se recha. El camino, desde el cruce dura; abandona la rambla de descendencias de la sierra de empalma con el de San Migu

NÚMERO 732.

DE NOVELDA Á PINOSO POR MONÓVAR.

27,5 kilómetros.

PUEBLOS.	Vecindario.	Distancia en kilómetros.	Número de etapas.	OBSERVACIONES DE LOS PUEBLOS.	DEL C
Monóvar, *v*.	1759	8,0		Buenas condiciones para alojamiento. En su término hay 37 caseríos con un total de 644 edificios bastante regulares, de los que pueden utilizarse varios, por distar ménos de 1 k. de la villa. Esta tiene estacion en el ferro-carril de Madrid á Alicante.	Arranca, á la derecha de la (*núm*. 604), á la entrada en Nove Es carretero natural; remon cauce del expresado rio, y la o de Betíes, desde dicha distanci El ferro-carril de Alicante sigue Novelda hasta otros dos ántes la entrada en esta última villa s
Pinoso, *v*.	641	19,5		Buenas condiciones para alojamiento. Tiene más de 700 edificios, repartidos en 31 caseríos, pero distantes, el que ménos, 2 k. En las cercanías de la villa está el cerro llamado Cabezo de la Sal, de piedra, de cuyo artículo se extrae bastante cantidad.	Desde Monóvar remonta el cu cultivado, por las derivaciones d y 0,5 á la derecha, se encuentr edificios regulares; el camino za á 8 k., y asciende suavement está el caserío de Mañar, con 14,5, en el alto del Chirivell, e regulares; en este último caser mino de Sax (*núm*. 733). El que se describe desciende en Pinoso empalma con el de Y

NÚMERO 733.

DE SAX Á PINOSO.

25 kilómetros.

PUEBLOS.	Vecindario.	Distancia en kilómetros.	Número de etapas.	OBSERVACIONES DE LOS PUEBLOS.	DEL
Pinoso, *v.*	641	25,0		Buenas condiciones para alojamiento. En sus inmediaciones está el cerro conocido por Cabezo de la Sal, de piedra, de cuyo artículo se extrae bastante cantidad. Tiene más de 700 edificios, repartidos en 31 caseríos, pero distantes, el que ménos, 2 k.	Arranca en Sax, á la der (*núm.* 734). Es carretero natural, y rec la cordillera formada por las bría y de la Sima. A 2 k. se c 6 k., y á la derecha del camin á la orilla de una laguna de tientes de las expresadas sier en la orilla opuesta se encuen con 238 vecinos. El camino continúa por terr se cruza la Rambleta. A 20, en el alto de Chirivell mado por 57 edificios, y en Novelda á Pinoso (*núm.* 732),

NÚMERO 734.

DE YECLA Á SAX.

26,5 kilómetros.

PUEBLOS.	Vecindario.	Distancia en kilómetros.	Número de etapas.	OBSERVACIONES DE LOS PUEBLOS.	OBSERVACIONES DEL C
Sax, *v.*	659	26,5		Su caserío es reducido. Tiene estacion en el ferro-carril de Alicante.	Arranca, á la izquierda del de tes de Yecla. Es carretero natural, y ascien formada por una serie de coli pasa el puerto de la Harina, en las provincias de Murcia y Alica terreno cultivado, á corta dist afluente del rio Vinalopó, al pié 0,5 k. ántes de Sax, despues d te de mampostería con dos arco Valencia á Alicante por Villena En Sax se separa, por la der *mero* 733). Dos k. ántes de Sax se cruza

NÚMERO 735.

DE CARTAGENA Á TOTANA.

2 etapas.—50 kilómetros.

RESÚMEN POR ETAPAS.

	Núm.	Kilóm.
De Cartagena á Fuente-Álamo.	1	19,5
» Totana.	2	30,5
TOTAL.	2	50

PUEBLOS.	Vecindario.	Distancia en kilómetros.	Número de etapas.	OBSERVACIONES DE LOS PUEBLOS.	OBSERVACIONES DEL
					Arranca, á la derecha de (*núm.* 716), en el arrabal de
San Antonio Abad, *arr.* de Cartagena.	572	2,0	1ª	Regulares condiciones para alojamiento.	Existe el proyecto de cons den, que unirá aquella impo tera de Murcia á Granada en municaciones.
Fuente-Alamo, *v.*	136	17,5		Dependen de ella seis caseríos con más de 1,200 vecinos. Los edificios de la villa son reducidos, y de los diseminados en el término pueden	El camino que ahora se s un terreno llano y cultivad

PUEBLOS.	Vecindario.	Distancia en kilómetros.	Número de etapas.	OBSERVACIONES DE LOS PUEBLOS.	OBSERVACIONES DEL C[AMINO]
				utilizarse algunos, separados de ella 1 y 2 k.	Fuente-Álamo, limitados á la iz[quierda] sierra de Almenara. A 11 k. de [...] bla de la Yesera, y asciende sua[...] collado del mismo nombre, una [...] de la que desciende al campo d[...] gonera.
Cuevas de Reillo, *cas.*	225	7,0	2ª	Este caserío y el siguiente son de los citados en la observacion anterior.	Continúa por el valle, en el q[...] de caseríos; uno de los más n[...] cuentra á 1 k. del de Maldonad[...] cuenta 140 vecinos.
Maldonados, *cas.*.	12	2,5			
Totana, *v.*	1631	21,0		Buenas condiciones para alojamiento; existen várias fábricas de salitre, que surten á la que el cuerpo de artillería tiene en Lorca.	A 12,5 k. de Maldonados se v[...] cida en la provincia de Almería [...] Lorca por rio Guadalentin; el [...] valle, y en Totana empalma co[...] nada (*núm.* 639).

NÚMERO 736.

DE TOTANA Á MAZARRON.

28 kilómetros.

PUEBLOS.	Vecindario.	Distancia en kilómetros.	Número de etapas.	OBSERVACIONES. DE LOS PUEBLOS.	DE
Mazarron, *v.*	891	28,0		Buenas condiciones para alojamiento; dependientes de su ayuntamiento, se encuentran diseminados en el término várias aldeas, cortijos y caseríos, con más de 800 vecinos. La poblacion está unida al puerto por un camino carretero de 4 k. de longitud. En la torre de su nombre, situada en la punta Azoya, hay un faro de quinto órden.	Arranca en Totana, á la i Granada (*núm.* 639). Existe el proyecto de con El camino que ahora se sig Recorre un terreno llano ra, que está cortado por h que se encuentran algunos A 6 k. se pasa el Sangon El camino asciende suav sierra de Almenara, cubie que desciende en la misma por cuyo cauce se sigue en A 10 k., en las cercanías por la derecha, un camino A 18,5 k. el terreno se pr el valle del Reventon, el cu y 24 se cruza, y á 25,5 aban

TOTANA Á MAZARRON.

PUEBLOS.	Vecindario.	Distancia en kilómetros.	Número de etapas.	OBSERVACIONES DE LOS PUEBLOS.	DEL C
				En el puerto sólo entran buques de pequeño porte, dedicados al cabotaje, y hay una aldea, conocida por Puerto de Mazarron, con 146 vecinos, pescadores ó pertenecientes al gremio de mar en su mayor parte.	ron por la falda de las deriva que forman un desfiladero des aquella villa, en la que el cami Águilas (*núm.* 719). En el tránsito desde el case otros varios de reducida capac Totana, la aldea de Gañuelas, c derecha, y dependiente del ayu

NÚMERO 737.

DE MAZARRON Á VELEZ RUBIO.

75 kilómetros.

PUEBLOS.	Vecindario.	Distancia en kilómetros.	Número de etapas.	OBSERVACIONES DE LOS PUEBLOS.	DEL
Lorca, *c.*	4631	39,5		Buenas condiciones para alojamiento; tiene estacion telegráfica en proyecto, y una salitrería á cargo del cuerpo de artillería. El ayuntamiento cuenta 11,031 vecinos, de los que 6,000 habitan las diferentes aldeas y caseríos de su extenso término.	Arranca, á la derecha del [illegible] en las cercanías del caserío [illegible] punto ó 18 del segundo. Es carretero natural. Falde[illegible] de Enmedio, derivacion de la [illegible] que ó 21 de Mazarron, entra [illegible] que continúa. A 28 k. de la mi[illegible] nera, conocido tambien por ri[illegible] provincia de Almería por ric[illegible] A 32 k. vuelve á cruzarse del m[illegible] la huerta de Lorca ó valle de S[illegible] está cortado por acequias de ri[illegible]
Velez Rubio, *v.*	1315	35,5		Buenas condiciones para alojamiento. En su término hay unos 800 edificios agrupados en varios caseríos ó cortijos, de los que son contados los que distan ménos de 2 k. de la villa.	mitan los cultivos; á 37,5 k. [illegible] sale poco despues para entrar [illegible] ta la carretera de Murcia á Gra[illegible] la izquierda, el camino á Alm[illegible] En el tránsito del caserío [illegible] tran otros varios diseminados [illegible] tre ellos están la venta de C[illegible] 20,5 k. de Mazarron; el ventor[illegible]

MAZARRON Á VELEZ RUBIO.

PUEBLOS.	Vecindario.	Distancia en kilómetros.	Número de etapas.	OBSERVACIONES DE LOS PUEBLOS.	DEL C.
					de Hinojares, con ocho vecinos Españuela á 28. El camino vuelve á entrar en conocido aquí por Guadalentin ó por el mismo cauce, al pié de derivaciones de la de las Estanc montar el de la rambla de los aguas entre ambas; á 8,5 desci á 11,5 se aproxima otra vez al quierda continúa remontando po la Muela de Montienche; por la nado por las de la sierra del Vi las Estancias. A 17,5 k. está una cortijada lla ve á entrar el camino en el lecho que se remonta hasta 26,5; á est tinuar remontando la orilla izqu citada Muela de Montienche y de A 27,5 k. y 0,5 á la izquierda, Viento, está el castillo de Xique provincias de Murcia y Almería, Valencia y Granada. A 30 k. se vadea el arroyo C 0,5 despues se encuentra el cas mado por 23 edificios, y dependi Blanco, y á 32,5 k. se vadea el ri En Velez Rubio empalma con da (*núm.* 639).

NÚMERO 738.

DE LUMBRERAS Á ÁGUILAS.

28 kilómetros.

PUEBLOS.	Vecindario.	Distancia en kilómetros.	Número de etapas.	OBSERVACIONES DE LOS PUEBLOS.	OBSERVACIONES DEL
Águilas, *v*..	1152	28,0		Buenas condiciones para alojamiento. En su término hay varios caseríos con cerca de 500 vecinos, ademas de los que se expresan en la columna correspondiente. En la punta negra del cerro de San Juan hay un faro de sexto órden. En su puerto entran solamente buques de poco calado y dedicados al cabotaje. Dista 35 millas de Cartagena, 67 de Almería y 156 de Ceuta.	Arranca en Lumbreras, á la cia á Granada (*núm*. 639). Es transitable á carros, y Lorca á Águilas, que continúa Sigue el curso de la rambla y al pié de las últimas ramific la Jara; á 7 k. abandona la r á 14,5 la sierra de Almenara que desciende, para continua accidentado. En este trayecto se encue bastantes edificios dependien á 9 y 17,5 k. respectivamente, de Murtalejos, de regular cap A 20 k. empalma con la carr tinúa á Almería *núm*. 640).

NÚMERO 739.

DE HELLIN Á LORCA POR CALASPARRA.

110 kilómetros.

PUEBLOS.	Vecindario.	Distancia en kilómetros.	Número de etapas.	OBSERVACIONES DE LOS PUEBLOS.	DEL C
Agramon, *ald.*	100	11,5		Poca capacidad y cortos recursos; depende del ayuntamiento de Hellin, y tiene estacion en el ferro-carril de Cartagena.	Arranca, á la izquierda de la (*núm.* 620), y 1,5 k. ántes de He en el ferro-carril de Cartagena. Es carretero natural y de her Está en estudio el proyecto d de segundo órden entre Calaspa tacion del primer punto en el carretera de primer órden de M puntos importantes de estas do Asciende suavemente, para p en una ramificacion de la sierr misma forma al rio Mundo. A la entrada en Agramon se se pasa el rio, por un puente de El camino vuelve á ascender, de Maeso, la sierra de Cabares, Mundo, y divisoria de aguas en Desde este punto el camino e
Maeso, *ald.*	36	10,0		Corta capacidad y escasos recursos; depende tambien del ayuntamiento de Hellin.	
Calasparra, *v.*	730	19,5		Buenas condiciones para alojamiento; tiene estacion en el citado ferro-carril.	

PUEBLOS.	Vecindario.	Distancia en kilómetros.	Número de etapas.	OBSERVACIONES DE LOS PUEBLOS.
Búllas, *v.*	1153	20,0		Buenas condiciones para alojamiento.
Avilés, *cas.*	102	20,5		Poca capacidad y cortos recursos; depende del ayuntamiento de Lorca.
Lorca, *c.*	4631	28,5		Buenas condiciones; tiene estacion telegráfica en proyecto, y hay una salitrería á cargo del cuerpo de artillería. El ayuntamiento cuenta 11,031 vecinos, de los que más de 6,000 habitan las diferentes aldeas, caseríos y edificios esparcidos por su extenso término.

OBSERVACIONES DEL

terreno sembrado de espart
gura, á cuyo rio se aproxima

De Maeso al rio Mundo el
continúa por la falda del mer
de la orilla izquierda del Se
Mundo, cerca de su confluen
de madera, en el que se hall
bacete y Murcia.

A 2,5 k. de Maeso, está la
tillería.

El ferro-carril de Cartagen
tante distancia del camino, a
bre el rio Mundo; en sus inn
Minas.

El camino de Agramon á e
época de lluvias, y entónces
dura, que sigue desde Ag
rio Mundo y la falda de las
mona.

En el citado puente el c
con pendiente sensible; á 14
lasparra, en la sierra del Pu
vuelve á ser carretero, y des
Segura; pasa á 17 k. por un
mampostería, y asciende co
por una estribacion de la sie

El ferro-carril sigue por l
mino; ántes de llegar á Calas
la izquierda, para dirigirse á

PUEBLOS.	Vecindario.	Distancia en kilómetros.	Número de etapas.	OBSERVACIONES DE LOS PUEBLOS.	OBSERVACIONES DEL
					A 9 k. se atraviesa la rambla En el puente sobre el Segu camino á Jumilla (*núm.* 730), q ca en otro á Hellin (*núm.* 740). De Calasparra parte, por la Don Fadrique (*núm.* 741), y po *ro* 743). El camino es de herradura rio Caravaca, Argos ó Chopea, despues, para atravesar, á 10,5, sierra del Buitre, de fácil ascen rio y el Quipar. A 7 k. pasa la referido desciende al de Quipar cender por la sierra Culebrina, par y el Mula. A 14,5 y 18 k. de Calasparra, el cortijo del Chaparral, con 2 labor. En Búllas se corta el camino y el que se describe desciende se vadea á 2,5 k., y remonta su la orilla derecha, por una rami A 10 k. se pasa el barranco d bla de Aceniche; remonta hasta ce, y empieza la subida al puer vacion de la citada sierra. A vuelve á ser carretero, y descien Entre Búllas y el barranco d dos cortijos regulares, y á 4 de

PUEBLOS.	Vecindario.	Distancia en kilómetros.	Número de etapas.	OBSERVACIONES DE LOS PUEBLOS.	DEL
					A 10,5 k. de Avilés se une ravaca (*núm.* 744); á 16 cru efectuarlo se deja, á la izqu A 18,5 k. el camino entra cauce sigue hasta 21,5; pasa retas, la sierra del Caño, y lentin ó de Lorca; se vadea mino empalma con la carret

NÚMERO 740.

DE CALASPARRA Á HELLIN POR LA VENTA DEL OLIVO

52,5 kilómetros.

PUEBLOS.	Vecindario.	Distancia en kilómetros.	Número de etapas.	OBSERVACIONES DE LOS PUEBLOS.	OBSERVACIONES DEL CA
					Arranca, á la derecha del cam *mero* 730), á 1,5 k. del caserío d sobre el Segura, en el que dicho llin á Lorca (*núm.* 739). Es carretero natural, y aunqu mino (*núm.* 739) comprendido en ferible á éste, por ser de tránsit Atraviesa un terreno accidenta derecha, y un estribo de la Gui encuentra poblacion alguna en casas de labor. A 18,5 k. se cruza la rambla d ma con la carretera de Murcia á del Olivo, situada entre Cieza y ó 31 del segundo.
Venta del Olivo.	»	21,5		Poca capacidad; tiene 60 pesebres y un pequeño horno.	
De la Venta á Hellin..	»	31,0		V. *Núm.* 620.	

NÚMERO 741.

DE CALASPARRA Á PUEBLA DE DON FADRIQUE POR CAR

78,5 kilómetros.

PUEBLOS.	Vecindario.	Distancia en kilómetros.	Número de etapas.	OBSERVACIONES DE LOS PUEBLOS.
Caravaca, *c.*	1683	22,0		Buenas condiciones para alojamiento.
Archivel, *ald.*	342	15,0		Esta aldea y los caseríos siguientes pertenecen al ayuntamiento de Caravaca, del que dependen tambien otros muchos, con más de 1,700 vecinos. Su capacidad y recursos son escasos.
Moral, *cas.*	57	21,0		
Entredicho, *cas.*	7	4,0		
Almasiles, *ald.*	179	7,0		Depende del ayuntamiento de Puebla de Don Fadrique, y cuenta con limitados recursos y escasa capacidad.
Puebla de Don Fadrique, *v.*	1150	9,5		Buenas condiciones para alojamiento.

DEL

Parte en Calasparra, á la
mero 740).

Es carretero natural y de he
truccion de una carretera de
bla de Don Fadrique.

Recorre un terreno cultivac
Pozuelo, en una ramificacio
á 5 k., y desciende en la misn
deja ésta, para faldear la sier
entre el rio del mismo nomb
por Argos y Chopea.

En Caravaca se separa, por
truccion á Murcia (*núm.* 742)
que á 4 k. bifurca en otro á M
recha, á Hellin (*núm.* 747).

Desde Caravaca el que se d
la cultivada huerta de aquell
del Baladre, y continúa despu

CALASPARRA Á PUEBLA DE DON FADRIQUE.

PUEBLOS.	Vecindario.	Distancia en kilómetros.	Número de etapas.	OBSERVACIONES DE LOS PUEBLOS.	OBSERVACIONES DEL CA
					A 6 k. se vadea el rio Caravaca, tivado. De Archivel, á 7,5 k. del mism y sigue por la falda de las ramifi que en muchos puntos están cub De Moral à Puebla de Don Fa A 3,5 k. de Entredicho pasa l las provincias de Murcia y Gran les de Valencia y Granada. A 7 k. de Almasiles atravies llado de la Plata, en un estribo Sagra, y desciende á Puebla de En esta villa se une con el ca *ro* 791), el cual continúa á Albac

NÚMERO 742.

DE MURCIA Á CARAVACA POR MULA.

70 kilómetros.

PUEBLOS.	Vecindario.	Distancia en kilómetros.	Número de etapas.	OBSERVACIONES DE LOS PUEBLOS.
Alcantarilla, *v.*	938	7,0		Buenas condiciones para alojamiento; tiene estacion en el ferro-carril de Cartagena.
Albudeite, *v.* (1 k. *d.*)	300	14,0		Su caserío es muy malo y escasean los recursos.
Baños de Mula, *cas.*	62	6,0		En este caserío hay dos establecimientos de baños salino-termales.
Puebla de Mula, *ald.*	156	2,0		Regulares condiciones para alojamiento.
Mula, *v.*	1683	4,5		Buenas condiciones para alojamiento, así como los tres siguientes pueblos.
Búllas, *v.*	1153	20,0		
Cehegín, *v.* (*i.*)	1505	11,0		
Caravaca, *c.*	1683	5,5		

DE:

Arranca, á la derecha de
(*núm.* 639), á ménos de 0,5 k
el ferro-carril de Albacete á
Es carretera de segundo o
ta al tránsito desde Alcantar
Faldea por terreno cultiv
España; á 5 k. de Alcantari
barranco de Albudeite; á 1
Pliego, y á 2 de Puebla el r
continuando al Segura con
rientes se atraviesan por pu
A 2 k. de Puebla de Mula
no de Murcia (*núm.* 746).
En Mula se une por el mi
nos de 0,5 k. se separa por
(*núm.* 745).
La carretera vuelve á cruz
dra á 2,5 k., y á 4,5 concluy
Desde el expresado punto

MURCIA Á CARAVACA.

PUEBLOS.	Vecindario.	Distancia en kilómetros.	Número de etapas.	OBSERVACIONES DE LOS PUEBLOS.	OBSERVACIONES DEL C
					ral, que 1,5 k. despues asciend ta del Murteral, para entrar en de la de Ricote. A 7,5 k. termina la subida; s mino á Calasparra (*núm.* 743), y la cultivada meseta de la sierra En Búllas corta el camino de Desde dicho punto es de her del Royo de Burete, en la sier 9 k., y continúa por la falda hegin. En este punto desciende al r vadea á 0,5 k., y asciende fuert rio, que corre por la izquierda. En Caravaca empalma con e de Don Fadrique (*núm.* 741).

NÚMERO 743.

DE MULA Á CALASPARRA.

31,5 kilómetros.

PUEBLOS.	Vecindario.	Distancia en kilómetros.	Número de etapas.	OBSERVACIONES DE LOS PUEBLOS.	OBSERVACIONES DEL
Calasparra, *v.*	730	31,5		Buenas condiciones para alojamiento; tiene estacion en el ferro-carril de Cartagena.	Arranca, á la derecha de la cia á Caravaca (*núm.* 742), á 7,5 de Murteral, en la sierra Cule Es de herradura, y sigue po á 17,5 k. desciende al rio (atraviesa la sierra del Buitre, y el Caravaca, Argos ó Chopea no asciende á Calasparra, do Lorca (*núm.* 739).

NÚMERO 744.

DE CARAVACA Á LORCA.

55 kilómetros.

PUEBLOS.	Vecindario.	Distancia en kilómetros.	Número de etapas.	OBSERVACIONES DE LOS PUEBLOS.	OBSERVACIONES DEL
					Se separa en Caravaca, á la bla de Don Fadrique (*núm.* 741), Es carretero natural. A 2 k. se vadea el rio Carava asciende fuertemente por una visoria de agua entre aquel r por la derecha, un camino á M Quipar; á 7,5 k. entra en el des cuya orilla izquierda remonta; desfiladero. A 10 k. está el caserio de la camino asciende la cuesta de la mas derivaciones de la sierra 14,5 k. se atraviesa, y desciend A 16,5 de Caravaca está el 26,5 un grupo de casas conocid A 7 k. de Paca empalma con *mero* 739), por el que se contin
Paca, *ald.*	118	30,0		Depende del ayuntamiento de Lorca, al que tambien pertenecen otras várias aldeas y caseríos con más de 6,000 vecinos; es de escasa capacidad y de insignificantes recursos.	
Lorca, *c.*	4631	25,0		Buenas condiciones para alojamiento. Tiene estacion telegráfica en proyecto, y hay una salitrería á cargo del cuerpo de artillería.	

NÚMERO 745.

DE CIEZA Á TOTANA.

64 kilómetros.

PUEBLOS.	Vecindario.	Distancia en kilómetros.	Número de etapas.	OBSERVACIONES DE LOS PUEBLOS.	DEL (
					Este camino se separa, á l lasparra (*núm.* 730), á la salida Es carretero natural los 1(restantes, y existe el proyecto cer órden. Pasa el Segura á la salida d(y asciende por la sierra de Ri valle del Segura; la atraviesa desciende á la llanura del Cap rias casas de campo. A 22,5 k. sale de dicha lla de corre la rambla del Capit 24,5 la abandona, y asciende f para atravesar, á 26,5, una ra Ricote, de la cual desciende a En Mula se une con la carre
Mula, *v.*	1683	30,5		Buenas condiciones para alojamiento, así como los otros dos pueblos. Hay várias salitrerías particulares que surten á la que el cuerpo de artillería tiene en Lorca.	
Pliego, *v.*	763	6,5			
Totana, *v.*	1631	27,0			

PUEBLOS.	Vecindario.	Distancia en kilómetros.	Número de etapas.	OBSERVACIONES DE LOS PUEBLOS.	DEL
					Caravaca (*núm.* 742), de la q ménos de 0,5 k. de aquella vi Desciende en Mula al rio Pl asciende por la sierra del Pin Pliego aumenta la pendiente camino está abierto en la roc tante profundidad, un gran ba y desciende por la falda de la puña al barranco de Geba, de vias; se vadea á 12 k., y á 13 Desde dicho barranco el ca desfiladero llamado el Paso d distancia desciende con rápid guiendo el curso del barranc A 17,5 k. se separa, por la gitud, que conduce á Alhama Murcia á Granada (*núm.* 639). A la misma distancia se a Mula, para seguir por la fal la sierra de España hasta T con la carretera acabada de c

NÚMERO 746.

DE MURCIA Á MULA POR ARCHENA.

46 kilómetros.

PUEBLOS.	Vecindario.	Distancia en kilómetros.	Número de etapas.	OBSERVACIONES DE LOS PUEBLOS.	OBSERVACIONES DEL CA
De Murcia á Molina.	»	11,0		V. *Núm.* 620.	Arranca, á la izquierda de la por Hellin (*núm.* 620), á 9,5 k. d
Archena, *v.*	414	13,0		Tiene estacion en el ferro-carril de Cartagena, pero distante 4,5 k. A 1 de la villa están los baños sulfuroso-termales de su nombre.	Hasta Archena es carretera d por la derecha de la de Murcia á aquella villa en el ferro-carril de 1 k. del expresado arranque ó 4 á Mula el camino es carretero na
Yéchar, *cas.*	50	15,0		Depende del ayuntamiento de Mula, y no cuenta con recursos.	Desciende suavemente al Seg puente de hierro con pilares d 12,5 de Molina.
Mula, *v.*.	1683	7,0			A ménos de 1 k. del expresad derecha, un ramal de 1 de longi la citada carretera de Murcia á A En Archena se separa, por la extension, que conduce á los bai nombre, situado en la márgen

MURCIA Á MULA.

PUEBLOS.	Vecindario.	Distancia en kilómetros.	Número de etapas.	OBSERVACIONES DE LOS PUEBLOS.	OBSERVACIONES DEL
					ños hay dos establecimientos 102 vecinos. El camino, carretero natura por la sierra de Ricote ; á 2, Amarga, y á 8 entra en la Ca dero sigue para desembocar de Mula. A 6 k. de Archena, y algo tran algunas casas. A 1,5 k. de Yéchar cruza la puente sobre el Mula, empalm de Murcia á Caravaca (*núm.* 7

NÚMERO 747.

DE CARAVACA Á HELLIN POR ISO.

61,5 kilómetros.

PUEBLOS.	Vecindario.	Distancia en kilómetros.	Número de etapas.	OBSERVACIONES DE LOS PUEBLOS.
Moratalla, *v.*	1188	9,5		Buenas condiciones para alojamiento. El vecindario total es de 2,439, pero más de la mitad están diseminados en los caseríos y edificios esparcidos por su extenso término.
Olmos, *ald.*	50	22,5		Depende del ayuntamiento de Socovos; su caserío es reducidísimo.
Iso, *ald.*	339	25,0		Pertenece al ayuntamiento de Hellin, del que dependen tambien otras dos y cerca de 300 edificios; su caserío es regular, pero carece de recursos.
Hellin, *v.*	1917	4,5		Buenas condiciones para alojamiento. Tiene estacion en el ferro-carril de Cartagena. En su término existen 3 aldeas y 300 edificios aislados ó agrupados en caseríos.

OBSERVACIONES DEL CA

Parte en Caravaca, por la derec
de Don Fadrique (*núm.* 741).
Es carretero y de herradura.
Desde Caravaca es de herradu
diente, por la cuesta de Santa B
divisoria de aguas entre el rio Ca
namor; cruza un gran barranco
so á este último rio por terreno c
ra, que está cubierta de pinos. A
puente de piedra, y asciende, pa
rio y el Grande, su afluente.
Desde Moratalla el camino es t
el rio Grande por un puente de p
cendencias de la sierra Guillerm
la Parra, y á 11 asciende con b
del Cerezo; la atraviesa á 11,5, y
de pinares, por la sierra de los C
de las de Segura.
A 18,5 k., y 1 á la derecha, se
llas, y á 19 k., en la sierra de los

CARAVACA Á HELLIN.

PUEBLOS.	Vecindario.	Distancia en kilómetros.	Número de etapas.	OBSERVACIONES DE LOS PUEBLOS.	DEL C
					las provincias de Murcia y Albac la izquierda, un camino á Alcar El que se describe es de herr tes Carrizales, que originan gra dirige en muchos trozos. A 7 k. fiar, la que sigue hasta el Segura rio, que corre á bastante profu 2 k. á la izquierda del camino, y Alcantarilla de Jover, aldea co cual hay un vado. Pasado el Segura, el camino y con fuerte pendiente por la s de la del Calar del Mundo, y div el Segura; la atraviesa á 10,5 k., brado de esparto en gran extensi gunas tierras labradas. A 14 k. el camino se hace tran la rambla del Escaramujo, por la nes de la citada sierra. A 19,5 k. está la venta del Pic por un puente de mampostería e núa á Hellin por terreno cultivad ra de Alcaráz. En la venta del Pico se separa Yeste (*núm.* 748). En Hellin empalma con la carr *mero* 620).

NÚMERO 748.

DE HELLIN Á YESTE por ELCHE DE LA SIERRA.

61 kilómetros.

PUEBLOS.	Vecindario.	Distancia en kilómetros.	Número de etapas.	OBSERVACIONES DE LOS PUEBLOS.	OBSERVACIONES DE
					Se separa, á la izquierda en la venta del Pico, situa primer punto ó 5,5 del segu Es carretero natural hast la parte restante; existe el de segundo órden.
Iso, *ald.*	339	4,5		Depende del ayuntamiento de Hellin; su caserío es regular, pero carece de recursos.	Asciende por las estriba do, divisoria de aguas entr Iso cruza la rambla del Ch
Elche de la Sierra, *v.*	537	29,0		Buenas condiciones para alojamiento. En su término hay 5 aldeas y más de 100 edificios aislados ó agrupados en caseríos.	A 20 atraviesa la sierra y d nes de la de Alcaráz. A 25, El camino es de herradur de entre huertas cercadas
Peñarrubia, *ald.*	52	12,5		Pertenece al ayuntamiento de Elche de la Sierra; su caserío es reducido y carece de recursos.	y á 1,5 la rambla de Navas. á 2,5 k., el puerto de Lopez de por la falda de ellos, p
Yeste, *v.*	455	15,0		Regulares condiciones para aloja-	espesos pinares. A 7 k. se

PUEBLOS.	Vecindario.	Distancia en kilómetros.	Número de etapas.	OBSERVACIONES DE LOS PUEBLOS.	DEL C
				miento. En un sitio elevado existe un antiguo castillo, que hoy sirve de cárcel del juzgado. En el término municipal hay 18 aldeas y unos 600 edificios aislados ó formando caseríos, con un total de 1,000 vecinos.	11 entra en el valle de la balsa d Peñarrubia ; ántes de entrar en su nombre, y en la poblacion se ráz (*núm.* 750). El que se describe continúa p pues las derivaciones de las s desciende al rio Tus, que es v puente roto y habilitado para el el arroyo de Jastos, que cruza á dona el camino, para continuar á Yeste, donde empalma con el drique (*núm.* 749).

NÚMERO 749.

DE ALBACETE Á PUEBLA DE DON FADRIQUE POR PEÑAS DE SAN P

186 kilómetros.

PUEBLOS.	Vecindario.	Distancia en kilómetros.	Número de etapas.	OBSERVACIONES DE LOS PUEBLOS.	OBSERVACIONES DE[L]
					Este camino párte en Alb[…] Madrid á Valencia (*núm.* 7). Es carretero natural hast[…] restante. Enlaza las provinc[…] sando la mayor parte de la […]
Salobral (El), *l*.	183	15,0		Depende del ayuntamiento de Albacete; su caserio es reducido, y escasísimos sus recursos.	Recorre un terreno llano, […] de bosque en la restante, p[…] sierra de Alcaráz, las cual[…] puntos.
Peñas de San Pedro, *v*.	495	16,5		En su término existen 9 aldeas y 80 edificios con un total de 391 vecinos; la villa reune buenas condiciones para alojamiento, y está dominada por un castillo, situado en una elevada roca, el cual se ha mandado abandonar.	En Peñas de San Pedro c[…] (*núm.* 753), y en Alcadozo el[…] Desde dicho pueblo es d[…] cubierto de bosque, para a[…] sierra de Alcaráz, y descend[…] salida de Ayna.

PUEBLOS.	Vecindario.	Distancia en kilómetros.	Número de etapas.	OBSERVACIONES DE LOS PUEBLOS.	OBSERVACIONES DEL C
Alcadozo, *l.*	108	11,0		Corta capacidad y escasos recursos; existen en su jurisdiccion 7 aldeas y 39 edificios, con 187 vecinos.	A 3 k. de Alcadozo se encuen 8 edificios, dependiente del ay En esta poblacion entra el ca
Ayna, *v.*	311	11,0		Reducido caserío y escasísimos recursos; existen en su término 3 aldeas y 67 edificios aislados ó formando caseríos, con 105 vecinos.	Mundo, ramificacion de las de S los rios de ambos nombres ; at varios estribos de dicha sierra, á 6 k. de Molinicos, y el camin
Molinicos, *v.*	81	14,5		Hay en su jurisdiccion 9 aldeas y 147 edificios, con 268 vecinos; la villa tiene mal caserío y no cuenta con recursos.	gura á Yeste. A 9 k. de Ayna se encuentra diente de Elche de la Sierra, cios.
Yeste, *v.*	455	11,5		Regulares condiciones para alojamiento; en el centro de la villa, y en un sitio elevado, existe un antiguo castillo, que hoy sirve de cárcel del juzgado. En la jurisdiccion municipal hay 18 aldeas y 600 edificios aislados ó agrupados en caseríos, con un total de 1,000 vecinos.	A 12 se separa, por la derech sion, que conduce á las minas de Alcaráz. En Molinicos corta el camino En Yeste se une, por la izqu por la derecha, el de Santistéba El que se describe desciende 3 k.; asciende despues, para a las aguas de aquel y del Taivil
Graya (La), *ald.*	126	9,0		Depende del ayuntamiento de Yeste; su caserío es reducido, y escasísimos los recursos, así como en la aldea siguiente.	de monte en su mayor parte, p bo y sus derivaciones, y en de En Nerpio se aproxima á su 1 k., el arroyo de la Fuente, y
Yetas-Bex, *ald.*	94	8,0		Depende del ayuntamiento de Nerpio, y el caserío lo forman en gran parte cortijos diseminados.	el Taivilla, y el camino entra se cruza la rambla de la Guij por terreno quebrado, para pa
Nerpio, *v.*	482	10,5		Regulares condiciones para alojamiento; en su término existen 6 al-	del que desciende á la rambla vincias de Albacete y Granada,

PUEBLOS.	Vecindario.	Distancia en kilómetros.	Número de etapas.	OBSERVACIONES DE LOS PUEBLOS.	OBSERVACIONES DEL
Puebla de Don Fadrique, *v.* . . .	1150	29,0		deas y más de 700 edificios, con un total de 524 vecinos. Buenas condiciones para alojamiento.	lencia y Granada. Se cruza á 2 ondulado, por las ramificacion entra en el valle en que está desde cuya villa continúa el *ro* 791). En la referida poblacion em lasparra (*núm.* 741).

NÚMERO 750.

DE OLMOS Á ALCARÁZ POR MOLINICOS.

76,5 kilómetros.

PUEBLOS.	Vecindario.	Distancia en kilómetros.	Número de etapas.	OBSERVACIONES DE LOS PUEBLOS.	OBSERVACIONES DEL C
					Se separa en Olmos, á la izq (*núm.* 747).
Socovos, *v.*.	258	7,5		Su caserío es reducido y sus recursos escasos; en su término municipal hay una aldea y 117 edificios aislados ó formando caseríos, con un total de 149 vecinos.	Es de herradura desde Socov ral la parte restante. Recorre un terreno cubierto de las sierras de Segura, y en a vesar, á 12 k. de Socovos, la di Segura; desciende á éste, que las derivaciones de la sierra d los rios Segura y Mundo.
Peñarrubia, *ald.*	52	19,0		Depende del ayuntamiento de Elche de la Sierra y carece de recursos, siendo ademas su caserío muy reducido.	En Peñarrubia corta el camin en Molinicos el de Albacete á *ro* 749).
Molinicos, *v.*	81	8,0		Sus condiciones son las mismas que las de la aldea anterior; en su jurisdiccion hay 9 aldeas y 147 edificios, con 268 vecinos.	A 6 k. de Molinicos pasa el ri dera. A 14 están las fábricas d que parte, por la derecha, un que empalma con el ya citado d
Riópar, *v.*	64	21,0		Está en el mismo caso que las dos poblaciones que la anteceden; en su	

PUEBLOS.	Vecindario.	Distancia en kilómetros.	Número de etapas.	OBSERVACIONES DE LOS PUEBLOS.	DE[L …]
				término hay 4 aldeas y 283 edificios, con 352 vecinos.	drique, entre Ayna y Molini[…] del segundo. Pasado el rio Mundo, entr[…] cuyas laderas están cultivad[…] asciende hasta Riópar. En este pueblo desciende […] sierra hasta Alcaráz. A 5 k. de Riópar está la ca[…] En Alcaráz empalma con e[…] *ro* 641), y desde aquel punto […] (*núm.* 116).
Vianos, *v.*	449	17,0		Regulares condiciones para alojamiento; en su jurisdiccion hay una aldea y 54 edificios, con 54 vecinos.	
Alcaráz, *c.*	900	4,0		Buenas condiciones para alojamiento; en su término municipal hay 7 aldeas y 232 edificios aislados ó agrupados en caseríos, con un total de 267 vecinos.	

NÚMERO 751.

DE HELLIN Á BALLESTERO POR ALCADOZO.

77,5 kilómetros.

PUEBLOS.	Vecindario.	Distancia en kilómetros.	Número de etapas.	OBSERVACIONES DE LOS PUEBLOS.	DEL C
					Se separa, por la izquierda d cete (*núm.* 620), en Hellin. Es carretero natural hasta La restante. Existe el proyecto de órden.—Recorre un terreno cul descendencias de la sierra de A En Alcadozo corta el camino drique (*núm.* 749). El terreno se accidenta notab mino, de herradura, continúa po caráz, que en lo general están Navalengua entra en una rambl por la cual desciende; á 4,5 pas un pequeño puente de madera, para continuar desde 5,5 k. por sierra, y por terreno más despe marcadas entre Peñarrubia y Ma
Rincon del Moro, *cas.*	23	12,0		Depende del ayuntamiento de Hellin; su caserío es reducido, y carece de recursos.	
Casablanca, *ald.*	17	12,5		Pertenece al ayuntamiento de Lietor, y se encuentra en el mismo caso que el anterior caserío.	
Alcadozo, *l.*	108	3,5		Corta capacidad y escasos recursos; en su término existen siete aldeas y 39 edificios, con 187 vecinos.	
Casasola (La), *ald.*	19	8,0		Es una de las citadas en la observacion anterior.	
Santa Ana, *ald.*	18	5,5		Es otra de las mencionadas en la observacion de Alcadozo.	
Navalengua, *ald.*	36	7,5		Depende del ayuntamiento de Casas de Lázaro.	

PUEBLOS.	Vecindario.	Distancia en kilómetros.	Número de etapas.	OBSERVACIONES DE LOS PUEBLOS.	DEL
Peñarrubia, *ald.*	41	9,5		Depende de la municipalidad de Masegoso.	A 4,5 k. de esta villa cruza, de los Ojos del Arguillo; asci ginan el rio de Balazote co de 5,5 k. por terreno bastant de la sierra de Alcaráz. En Cubillo corta el camino El que se describe es carret sa un espeso bosque. En Ballestero empalma con *mero* 68).
Masegoso, *v.*	141	4,0		Corta capacidad y escasos recursos. En su término hay tres aldeas y 10 edificios aislados, con 230 vecinos.	
Cubillo, *ald.*	88	9,5		Depende del ayuntamiento de Robledo.	
Ballestero, *v.*	310	5,5		Corta capacidad y escasos recursos.	

NÚMERO 752.

DE BALAZOTE Á ROBLEDO POR CUBILLO.

33,5 kilómetros.

PUEBLOS.	Vecindario.	Distancia en kilómetros.	Número de etapas.	OBSERVACIONES DE LOS PUEBLOS.	OBSERVACIONES DEL C
Chospes, *ald.* (0,5 k. *d.*). . . .	64	25,5		Esta aldea y la siguiente dependen del ayuntamiento de Robledo, y son de escasísima capacidad y recursos.	Arranca en Balazote, á la dere cete por Manzanares y Ruidera Es carretero natural, y recorre en lo general de monte, por la Alcaráz. A 22,5 se cruza el arroyo Oj forman el rio Balazote. En Cubillo corta el camino d bledo empalma con el de Albace
Cubillo, *ald.*	88	4,0			
Robledo, *v.*	158	4,0		Corta capacidad; en su término existen, ademas de las dos aldeas anteriores, 75 edificios aislados ó agrupados en caseríos.	

NÚMERO 753.

DE EL PROVENCIO Á HELLIN POR VILLARROBLEDO Y PEÑAS DE

193 kilómetros.

PUEBLOS.	Vecindario.	Distancia en kilómetros.	Número de etapas.	OBSERVACIONES DE LOS PUEBLOS.	DEL
					Se separa, por la derecha cia por Albacete (*núm.* 7), en Es carretero natural, y en de Albacete conduce á Jaen ;
Villarrobledo, *v.*	1710	115,0		Buenas condiciones para alojamiento. Tiene estacion en el ferro-carril del Mediterráneo. En su extenso término municipal hay dos aldeas y 392 edificios aislados ó formando caseríos, con 364 vecinos.	Recorre un terreno llano, bosque en lo restante. A 1,5 el límite de las provincias (nías generales de Castilla la En Villarrobledo se separa llestero (*núm.* 754), y á 1 k.
Moharras, *ald.*	9	20,0		Es una de las mencionadas en la observacion anterior, é insignificante por su capacidad y recursos.	ráneo. A 14,5 k. está la quin pacidad.
Santa Marta, *ald.*	50	7,0		Depende del ayuntamiento de Alcaráz, y está en el mismo caso que la anterior.	En Barrax se accidenta el últimas descendencias de la cuentran unas casas de labor
Barrax, *v.*	529	12,5		Regulares condiciones para aloja-	En Balazote corta el cami*mero* 68), que desde la se

PUEBLOS.	Vecindario.	Distancia en kilómetros.	Número de etapas.	OBSERVACIONES DE LOS PUEBLOS.	OBSERVACIONES DEL
Balazote, *v.*	372	17,0		miento, así como las dos villas siguientes.	Ballestero es comun con el c
Pozuelo, *v.*	349	8,5		En su término hay tres aldeas y 50 edificios, con 95 vecinos.	A la salida de Balazote se p de su nombre, y el camino atr ramificaciones de la sierra de A no accidentado y generalmente estribaciones de la misma sie del Mundo, la cuenca de este
Zarza (La), *ald.*	25	3,5		Es una de las comprendidas en la observacion anterior; su capacidad es reducida y sus recursos insignificantes.	En Peñas de San Pedro se c bla de Don Fadrique (*núm.* 749
Solana (La), *ald.*	125	4,0		Depende del ayuntamiento de Peñas de San Pedro, y está en el mismo caso que la aldea anterior.	A 8 k., y 1,5 á la izquierda vecinos.
Peñas de San Pedro, *v.*	495	4,0		Buenas condiciones para alojamiento. Está dominada por un castillo situado en una elevada roca, el cual está mandado abandonar. En el término municipal existen nueve aldeas y 80 edificios, con 391 vecinos.	En Hellin empalma con la ca *mero* 620).
Nava de Arriba, *ald.* (1 k. *d.*).	132	6,5		Esta aldea y la siguiente dependen del ayuntamiento de Pozohondo, y son insignificantes por su reducida capacidad y escasísimos recursos.	
Nava de Abajo, *ald.*	85	5,5			
Hellin, *v.*	1917	23,0		Buenas condiciones para alojamiento. Tiene estacion en el ferro-carril de Albacete á Murcia y Cartagena. En su extenso término hay tres aldeas y 300 edificios aislados ó agrupados en caseríos, con un total de 673 vecinos.	

NÚMERO 754.

DE EL PROVENCIO Á BALLESTERO POR VILLARROBLE[D

58,5 kilómetros.

PUEBLOS.	Vecindario.	Distancia en kilómetros.	Número de etapas.	OBSERVACIONES DE LOS PUEBLOS.	OBSERVACIONES DEL
Villarrobledo, v.	1710	11,5		Buenas condiciones para alojamiento; tiene estacion en el ferro-carril del Mediterráneo. En su extenso término municipal hay dos aldeas y 392 edificios aislados ó agrupados en caseríos, con 364 vecinos.	Se separa en Villarrobledo, vencio á Hellin (*núm.* 753). Hay el proyecto de construi camino que ahora une los do: A 1 k. de Villarrobledo cru y el camino sigue por terreno de monte bajo. A 13 k. se encuentra una v pesebres. En Munera desciende al ri poco despues entra el camino de Alcaráz, por las cuales c cultivado en gran parte, y cu sabinas en lo restante. En Ballestero empalma con cete por Manzanares y Riuder yectada de Albacete á Jaen (n
Munera, v.	598	24,5		Regulares condiciones para alojamiento.	
Bonillo (El), v.	1017	11,5		Buenas condiciones.	
Ballestero, v.	310	11,0		Corta capacidad y escasos recursos.	

NÚMERO 755.

DE REQUENA Á ALBACETE POR CASAS-IBAÑEZ.

107 kilómetros.

PUEBLOS.	Vecindario.	Distancia en kilómetros.	Número de etapas.	OBSERVACIONES DE LOS PUEBLOS.	OBSERVACIONES DEL C
					Es carretero natural; se sepa la carretera de las Cabrillas (ná conduce tambien á Valencia pe ferro-carriles del Mediterráneo. Entre Casas-Ibañez y Albacete de una carretera de segundo ór
Casas de las Monjas, *cas*. . . .	11	19,5		Se encuentra en medio del monte y sin recursos de ninguna especie.	A 2 k. se vadea el rio Oleana, asciende insensiblemente por l
Casas de Pradas, *cas*.	55	4,0		Este caserío, y la aldea que la sigue, son de escasa capacidad y cortísimos recursos.	menta la pendiente, para atrave de la Atalaya, cubierta de mon 3,5 de Casas de las Monjas, pa
Tamayo, *ald*.	10	16,5		Depende del ayuntamiento de Villamalea.	con terreno quebrado por las de las cuales producen bastantes ra
Casas-Ibañez, *v*.	523	13,5		Buenas condiciones para alojamiento; en su término hay una aldea y 73 edificios, con 84 vecinos.	de lluvias llevan gran caudal de A la entrada en Tamayo se va existe un pequeño puente de m

PUEBLOS.	Vecindario.	Distancia en kilómetros.	Número de etapas.	ORSERVACIONES DE LOS PUEBLOS.
Fuentealbilla, *v*.	318	7,0		Regulares condiciones para alojamiento.
Mahora, *v*..	371	17,0		Regular capacidad, pero pocos recursos.
Motilleja, *l*..	213	6,5		Corta capacidad y escasos recursos.
Albacete, *v*.	2829	23,5		Capital de la provincia de su nombre; tiene estacion en los ferro-carriles de Valencia, Alicante y Cartagena, y telegráfica, con servicio de dia, completo. En su extenso término municipal existen 2 lugares, 3 aldeas y 515 edificios aislados ó formando caseríos, con un total de 1,108 vecinos.

DEI

sonas.—El expresado rio, l
y Albacete, forma un gran l
vadeable en épocas normale
En Tamayo asciende fuer
pero, para salvar á 3,5 k. la
sus afluentes; á 5 k. pasa és
pues de un ascenso suave de
llanura, por la que continúa
En Casa-Ibañez se corta
nilla (*núm.* 698).
En Fuentealbilla desciend
una cañada de difícil tráns
despues de una suave subida
de la cual desciende con reg
car; pasa este rio á 3,5 k. po
dera, con estribos de piedra
por un espeso pinar. A 11,5
terreno despejado, en el que
tancia; 1,5 k. ántes de Alba
diterráneo, y 0,5 k. despues
canal de María Cristina.
En Albacete empalma con
(*núm.* 7).

NÚMERO 756.

DE ALMANSA Á HELLIN.

63,5 kilómetros.

PUEBLOS.	Vecindario.	Distancia en kilómetros.	Número de etapas.	OBSERVACIONES DE LOS PUEBLOS.
Montealegre, *v.*	607	20,0		Buenas condiciones para alojamiento; en su término hay 127 edificios aislados ó formando caseríos, de los cuales pueden utilizarse algunos, que distan poco más de 1 k.
Fuente-Álamo, *v.*	412	13,5		Regulares condiciones para alojamiento, así como Ontur.
Ontur, *v.*	401	11,0		
Mora de Santiago, *ald.*	45	9,0		Estas tres aldeas están formadas por algunos grupos de casas de labor y otras várias diseminadas por el término de Tobara, á cuyo ayuntamiento corresponden.
Cordobilla. *ald.*	76	4,5		
Sierra, *ald.*	77	1,5		
Hellin, *v.*	1917	4,0		Buenas condiciones; tiene estacion en el ferro-carril de Cartagena. En su término municipal existen tres al-

OBSERVACIONES DEL

Arranca, á la derecha de la
por Albacete (*núm.* 7), á la ent
Es carretero natural, de fác
de Madrid á Murcia y Valencia
puntos.
Poco despues del arranque s
camino sigue por terreno acc
la sierra Mugron de Almansa,
á 2,5 k. pasa la rambla de la C
A 7,5 se encuentra la casa
tres edificios dependientes de
bastante capacidad. El camino
pejado, en el que hay várias c
halla, á 16,5 k., el caserío del
abundante, que recogen en el
En Montealegre desciende s
el Rento del Administrador, c

PUEBLOS.	Vecindario.	Distancia en kilómetros.	Número de etapas.	OBSERVACIONES DE LOS PUEBLOS.	OBSERVACIONES DEL (
				deas y 300 edificios aislados ó agrupados en caseríos, con un total de 673 vecinos.	bastante capacidad, y empieza cigalgo, para atravesar, con lig tredicho, y continúa á Ontur p de este pueblo se cruza el arr En Fuente-Álamo corta el c *mero* 757), y en Ontur el de P De Ontur á Cordobilla el can Sierra pasa el collado de este tellar y el monte Almuz. A 1 k. de Sierra cruza el fe empalma con la carretera de Mı por la que continúa hasta Helli

NÚMERO 757.

DE CHINCHILLA DE MONTE-ARAGON Á YECLA.

67 kilómetros.

PUEBLOS.	Vecindario.	Distancia en kilómetros.	Número de etapas.	OBSERVACIONES DE LOS PUEBLOS.	OBSERVACIONES DEL
					Es carretero natural, y acor dirijan de Madrid á Murcia ó A Se separa, por la derecha, c cia por Albacete (*núm.* 7), á 3 A 3,5 de esta poblacion, y á tra la estacion del ferro-carril para en dicha estacion, por la gena. A 3 k. se atraviesa el d ciende suavemente por la c alto de las lomas del Descans de labor de Gualda; á 8 k. des que abandona despues, para lana. A 15, y á la izquierda del Pétrola, que no se explota por Desde Pétrola sigue por la c 7,5 k. con suaves pendientes por la montaña de Menela y la
Pétrola, *v.*	197	18,0		Corta capacidad y escasos recursos.	
Fuente-Álamo, *v.*	412	18,5		Regulares condiciones para alojamiento.	
Yecla, *v.*	2858	30,5		Buenas.	

PUEBLOS.	Vecindario.	Distancia en kilómetros.	Número de etapas.	OBSERVACIONES DE LOS PUEBLOS.	DEL
					la rambla de Tollos, cuyo c y asciende, para pasar con la de la Cruz del Cerro. A ménos de 11 k. y á 15,5 labor de las Charcas y del Q A 17 vuelve el camino á asc te-Álamo el collado de la R Serral y límite de las provinc En Fuente-Álamo corta el *ro* 757). El que se describe descienc continuar por terreno cubier tivado en la restante, por las de Moratalla y montañas de Yecla se encuentran bastant del camino, el cual empalma, de Chelva á Yecla (*núm.* 692). la venta de la Encina á Murc

NÚMERO 758.

DE POZO-CAÑADA Á JUMILLA POR ONTUR.

59,5 kilómetros.

PUEBLOS.	Vecindario.	Distancia en kilómetros.	Número de etapas.	OBSERVACIONES DE LOS PUEBLOS.	DEL
					Es carretero natural, y se se tera de Murcia á Albacete (núm entre Tobarra y Pozo-Cañada segundo.
Hoya de Santa Ana, *ald.*	15	20,0		Depende del ayuntamiento de Tobarra, y está formada por 11 edificios y 10 chozas ó barracas; carece de recursos.	Recorre un terreno ligera mayor parte de monte. A 8,5 k. de la venta Nueva cuentran tres reducidas casas
Ontur, *v.*	401	11,0		Regulares condiciones para alojamiento.	A 9 k. de Hoya de Santa An continúa por terreno ligerame
Jumilla, *v.*	2426	21,5		Buenas.	En Ontur cruza el de Alma el límite de las provincias de de Puntilla, de escasa capacid En Jumilla empalma con la á Murcia (*núm.* 727), despues

NÚMERO 759.

DE COFRENTES Á ALBACETE POR JORQUERA.

78 kilómetros.

PUEBLOS.	Vecindario.	Distancia en kilómetros.	Número de etapas.	OBSERVACIONES DE LOS PUEBLOS.
Villar, *ald.*	67	18,5		Depende del ayuntamiento de Villa de Ves; su capacidad y recursos son muy reducidos.
Heras (Las), *ald.*	62	15,0		Depende del ayuntamiento de Alcalá de Júcar, y está en el mismo caso que la anterior.
Alcalá de Júcar, *v.* (1 k. *i.*).	434	»		Regulares condiciones para alojamiento. En su jurisdiccion municipal hay 4 aldeas y 148 edificios aislados ó agrupados en caseríos, con 286 vecinos.
Jorquera, *v.*	282	8,5		Regulares condiciones para alojamiento. En su jurisdiccion municipal hay 5 aldeas y 58 edificios con un total de 332 vecinos.

DEL (

Se separa en Cofrentes, á la
(*núm.* 692).

Es de herradura hasta Jorq
punto á Albacete.

Asciende con ligera pendie
de Campilluelos, que forman
car. A 2 k. cruza el barranco d
desciende suavemente por terr

A 9,5 k. está el límite de la
cete.

En Villar vuelve á ascender
bajo, para salvar á 3,5 k. otra
car, cuyo curso remonta por la

A 7,5 k. bifurca en otro que
orilla izquierda de dicho rio.

En Las Heras cruza el camin
mero 698), y á 6,5 k. desciende
car, á la salida de Jorquera, p
bos de mampostería.

COFRENTES Á ALBACETE.

PUEBLOS.	Vecindario.	Distancia en kilómetros.	Número de etapas.	OBSERVACIONES DE LOS PUEBLOS.	DEL
Albacete, *v.*	2829	36,0		Capital de la provincia de su nombre. Tiene estacion en el ferro-carril de Madrid á Valencia, del que se separa en Chinchilla el de Cartagena, y en la venta de la Encina el de Alicante. Hay estacion telegráfica, con servicio de dia, completo. En su extenso término municipal existen 2 lugares, 3 aldeas y 515 edificios, aislados ó agrupados en caseríos con un total de 1,108 vecinos.	Desde esta villa el camino e una fuerte subida sigue por cultivado. A 17 k. está la casa del ayuntamiento de Albacete de María Cristina, cuya orilla cruza por dos pequeños puent En Albacete empalma con (*núm.* 7).

NÚMERO 760.

DE JARAFUEL Á ALBACETE POR ALATOZ.

59,5 kilómetros.

PUEBLOS.	Vecindario.	Distancia en kilómetros.	Número de etapas.	OBSERVACIONES DE LOS PUEBLOS.	DEL C
					Parte de Jarafuel, á la derecl ro 692).
Carcelen, v.	381	22,5		Regulares condiciones para alojamiento; en su término hay una aldea y varios caseríos, con 27 vecinos.	Es de herradura hasta Alatoz á la de Albacete. Sigue una cañada formada Carcelen. A 14,5 k. está el limi y Albacete.
Alatoz, v.	325	4,0		Regulares condiciones para alojamiento, así como Casas de Juan Nuñez.	Desde Carcelen se dirige p de la sierra de Chinchilla, c monte.
Casas de Juan Nuñez, l. . . .	198	16,5			
Felipa, ald..	44	4,5		Depende del ayuntamiento de Chinchilla; su capacidad y recursos son muy reducidos.	En Alatoz corta el camino de ro 698).
Albacete, v.	2829	12,0		Capital de la provincia de su nombre; tiene estacion en el ferro-carril de Madrid á Valencia, del que se separa en Chinchilla el de Cartagena,	El que se describe es carrete se va separando de la sierra de bacete por un terreno llano y cu A 10,5 k. de Felipa cruza el fe

JARAFUEL Á ALBACETE.

PUEBLOS.	Vecindario.	Distancia en kilómetros.	Número de etapas.	OBSERVACIONES DE LOS PUEBLOS.	OBSERVACIONES DEL
				y en la venta de la Encina el de Alicante. Hay estacion telegráfica, con servicio de dia, completo. En el extenso término municipal de Albacete se encuentran 2 lugares, 3 aldeas y 515 edificios aislados ó formando caseríos, con un total de 1,108 vecinos.	Albacete se une el camino con (*núm.* 7).

FIN DEL TOMO CUARTO.

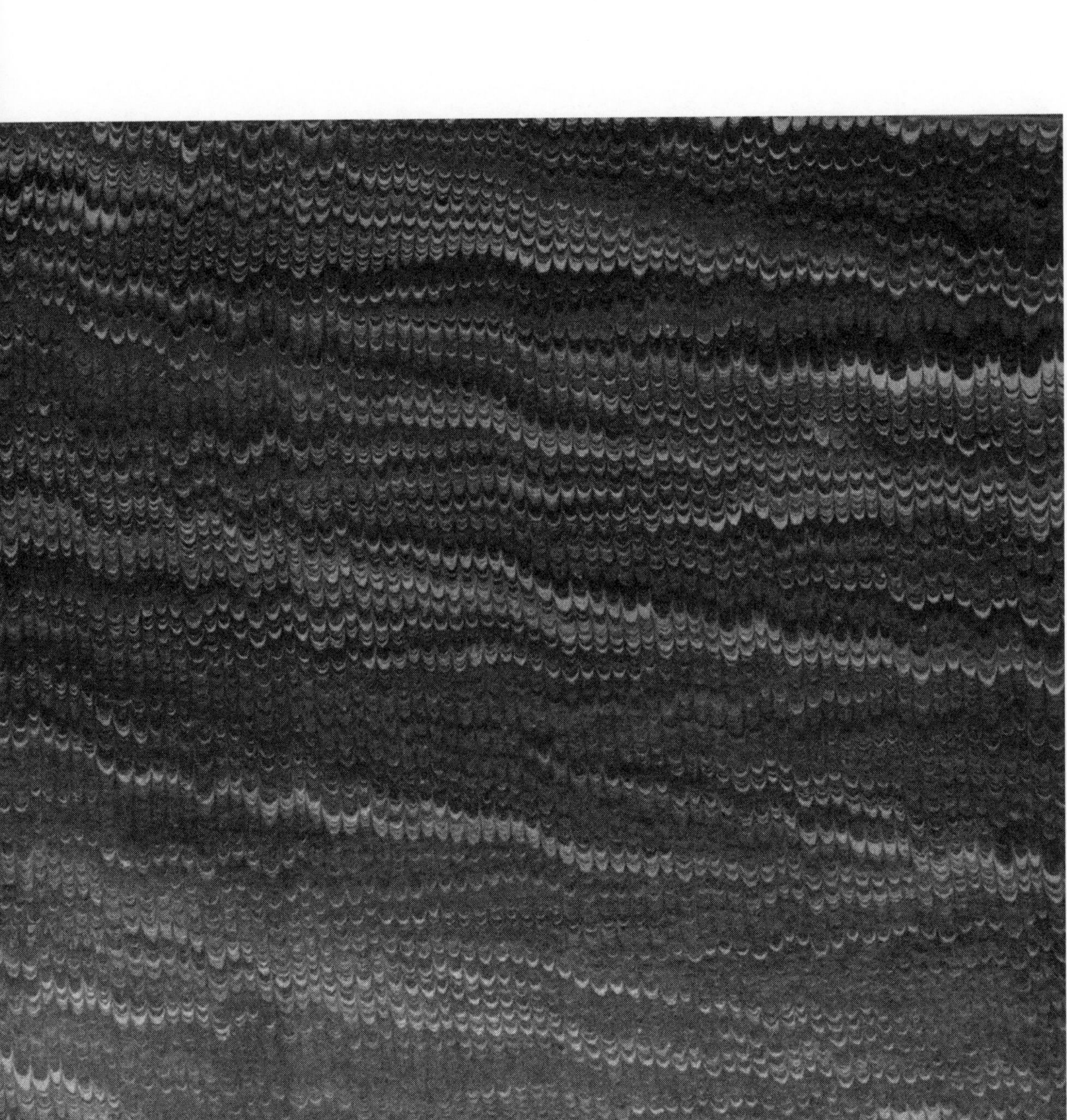

Lightning Source UK Ltd.
Milton Keynes UK
UKHW031134310520
364201UK00004B/57

9 781274 791887